POLITICAS DE AJUSTE Y POBREZA: FALSOS DILEMAS, VERDADEROS PROBLEMAS

José Núñez del Arco
Editor

Banco Interamericano de Desarrollo
Washington, D.C.
1995

Los puntos de vista expresados en esta publicación son los de los autores y no intentan representar los del Banco Interamericano de Desarrollo.

POLITICAS DE AJUSTE Y POBREZA:
FALSOS DILEMAS, VERDADEROS PROBLEMAS

© Banco Interamericano de Desarrollo, 1995

Esta publicación puede solicitarse a:
Banco Interamericano de Desarrollo
1300 New York Avenue, N.W.
Washington, D.C. 20577

Canje
Biblioteca
Banco Interamericano de Desarrollo

ISBN: 0-940602-88-1

CONTENIDO

Lista de autores vii
Presentación xi
Prefacio xiii

Capítulo 1
Macrocondiciones y pobreza en América Latina 1
Samuel A. Morley
    ¿Qué es el expediente de la pobreza? 2
    La pobreza y el proceso de ajuste 12
    Tres estudios típicos de ajuste 16
    Conclusiones 25
    Referencias 27
    Bibliografía 29

Capítulo 2
Crecimiento, ajuste, distribución del ingreso y pobreza en América Latina 31
Oscar Altimir
    Disparidades en los patrones distributivos 32
    Crecimiento y desigualdad en los años setenta 33
    Evolución de la pobreza en los años setenta 46
    Evolución de la pobreza en los años setenta, por países ... 50
    Evolución de la pobreza rural 51
    Crecimiento, productividad y empleo agrícolas 54
    Exodo, reserva de mano de obra y pobreza rural 56
    Aumento de las desigualdades sociales
        en los años ochenta 57
    Aumento de la pobreza urbana en los años ochenta ... 60
    Impacto distributivo de los ajustes y reformas 62
    Reflexiones finales 64
    Anexo metodológico 65
    Anexo de fuentes 71
    Referencias 72
    Bibliografía 76
    Comentarios de Nora Lustig a los capítulos 1 y 2 ... 77
    Comentarios de Juan Luis Londoño a
        los capítulos 1 y 2 82

Capítulo 3
Repercusiones de las finanzas públicas en materia de distribución 85
Ricardo Hausmann
    Repercusiones de la dualidad del mercado de trabajo
        sobre el régimen tributario 87
    El modelo 90
    Cómo hacer frente a la incertidumbre
        del ingreso fiscal 101
    El gasto fiscal y su carácter redistributivo 105
    Referencias 108
    Bibliografía 110
    Comentarios de Vito Tanzi 111

Capítulo 4
La macroeconomía de la pobreza en América Latina 117
Eliana Cardoso
    Medición de la pobreza 118
    ¿Importa la inflación? 124
    El impacto de la estabilización y la necesidad
        de programas contra la pobreza 137
    Referencias 148
    Bibliografía 150
    Comentarios de Felipe Larraín 152
    Comentarios de Allan Drazen 157
    Comentarios de Martín Werner 161

Capítulo 5
Liberalización del comercio, capital humano y pobreza 167
Luis A. Rivera-Batiz
    Liberalización del comercio: perspectiva tradicional
        y crecimiento endógeno 170
    Esquema de un modelo de crecimiento endógeno 172
    Efectos de la integración y de la reducción
        de los aranceles sobre el crecimiento 176
    La distribución del ingreso y la pobreza
        en un modelo de crecimiento endógeno 178
    Ejemplos ilustrativos: Chile y Corea 181
    Ejemplos de apertura en Chile 183
    Crecimiento orientado a la exportación
        y proceso de liberalización en Corea 186
    Conclusiones 189
    Referencias 191
    Bibliografía 192

Comentarios de Ramón López 193
Comentarios de Alberto Petrecolla 197

Capítulo 6
Políticas sociales, pobreza y distribución de ingresos en América Latina 201
Adolfo Figueroa
    Políticas sociales y de ajuste 202
    La economía política de la pobreza 205
    Programas de empleo público 209
    Oferta de servicios básicos 212
    Financiamiento 213
    Conclusiones 214
    Referencias 215
    Comentarios de Roberto Macedo 217
    Comentarios de Philip Musgrove 220

Capítulo 7
La pobreza: causas y programas de acción 227
Mesa redonda
    Roberto Macedo 227
    Rudiger Dornbusch 233
    Javier Iguiñiz 238
    Bibliografía 243

Indice temático 245

LISTA DE AUTORES*

Altimir, Oscar
 Economista, Secretario Ejecutivo Adjunto de la Comisión Económica para América Latina y el Caribe (CEPAL).
 Santiago, Chile.

Cardoso, Eliana
 Economista, Profesor de la cátedra de economía "William Clayton", Fletcher School, Tufts University.
 Medford, Massachusetts, Estados Unidos.

Dornbusch, Rudiger
 Profesor de la cátedra de economía "Ford International", Massachusetts Institute of Technology.
 Cambridge, Massachusetts, Estados Unidos.

Drazen, Allan
 Profesor de Economía, Universidad de Maryland en College Park.
 Maryland, Estados Unidos.

Figueroa, Adolfo
 Doctor en Economía de la Universidad de Vanderbilt, Profesor Principal en el Departamento de Economía de la Pontificia Universidad Católica del Perú.
 Lima, Perú.

Hausmann, Ricardo
 Economista, Profesor y Director del Centro de Políticas Públicas del Instituto de Estudios Superiores de Administración (IESA), Venezuela.

Iguíñiz, Javier
 Profesor Principal de Economía, Pontificia Universidad Católica del Perú.
 Lima, Perú.

---

* Los autores agradecen a Carla Chichizola y Gerardo Giannoni su colaboración editorial en este libro.

Larraín, Felipe
Profesor de Economía, Pontificia Universidad Católica de Chile.
Santiago, Chile.

Londoño, Juan Luis
Ministro de Salud.
Bogotá, Colombia.

López, Ramón
Profesor de Economía, Departamento de Economía Agraria y Recursos Naturales, Universidad de Maryland en College Park.
Maryland, Estados Unidos.

Lustig, Nora
Miembro Principal, The Brookings Institution.
Washington, D.C., Estados Unidos.

Macedo, Roberto
Profesor de Economía, Universidad de São Paulo e Instituto de Economía Mundial Fernand Braudel.
São Paulo, Brasil.

Morley, Samuel A.
Economista, Profesor de Economía en la Universidad de Vanderbilt, Tennessee y asesor principal en el Banco Interamericano de Desarrollo.
Washington, D.C., Estados Unidos.

Musgrove, Philip
Economista Principal, Departamento de Población, Salud y Nutrición, Banco Mundial.
Washington, D.C., Estados Unidos.

Núñez del Arco, José
Editor
Departamento de Integración y Programas Regionales
Banco Interamericano de Desarrollo
Washington, D.C., Estados Unidos

Petrecolla, Alberto
Director, Instituto Torcuato Di Tella.
Buenos Aires, Argentina.

Rivera-Batiz, Luis A.
Economista, Profesor de Economía de la Universidad de Florida y Universitat Pompeu Fabra.
Barcelona, España.

Tanzi, Vito
Director, Departamento de Asuntos Fiscales, Fondo Monetario Internacional.
Washington, D.C., Estados Unidos.

Werner, Martín
Director General de Banca de Desarrollo, Secretaría de Hacienda y Crédito Público.
Ciudad de México, México.

PRESENTACION

En este libro se recogen los trabajos preparados con motivo de la conferencia organizada por el Banco Interamericano de Desarrollo sobre: "Políticas de ajuste y pobreza: falsos dilemas, verdaderos problemas" que se realizó en la sede del Banco en Washington, D.C.

El propósito es dar a conocer las investigaciones que han llevado a cabo economistas de la región sobre el tema de la pobreza y los procesos de ajuste. Creo que la variedad de los temas presentados y los interesantes aportes de los comentaristas enriquecerán el acervo de conocimientos sobre el proceso de crecimiento y prosperidad para todos, una vez que se hayan establecido los equilibrios macroeconómicos indispensables.

Por último, quisiera señalar la importancia de esta publicación como referencia para las personas encargadas de formular políticas en la región así como para los estudiosos del tema de la pobreza.

Nohra Rey de Marulanda
Gerente
Departamento de Integración
y Programas Regionales

PREFACIO

La historia de América Latina en los últimos cincuenta años revela que la preocupación sobre los temas sociales y económicos ha seguido un movimiento pendular. En los últimos años el péndulo se desplazó hacia la eficiencia económica y en ese aspecto se ganó mucho terreno en cuanto a los principios para lograrla. En la actualidad el péndulo aparentemente empieza a desplazarse en sentido opuesto hacia el redescubrimiento de que el tema social esta íntimamente vinculado al económico. En el camino hacia este redescubrimiento, los autores de los trabajos que integran este compendio ponen de relieve la importancia de tener en cuenta la necesidad de buscar un equilibrio adecuado entre los aspectos sociales y los económicos.

En el Capítulo 1, Morley procura establecer el vínculo que existe entre la pobreza y el nivel de actividad económica. Para ello analiza estudios empíricos sobre la pobreza que se han escrito desde la década de 1960 hasta el presente, las relaciones a corto y largo plazo que existen entre la pobreza y el proceso de ajuste, y distingue los ajustes que se llevan a cabo para corregir la inflación o los déficit fiscales de los destinados a corregir los desequilibrios de balanza de pagos.

A continuación presenta tres estudios de caso sobre el proceso de ajuste en Argentina, Costa Rica y Venezuela, y contrasta los resultados del proceso en estos países. Morley concluye que la experiencia de cada país muestra que a largo plazo, el crecimiento económico, siempre que sea suficientemente rápido, reduce la pobreza aun cuando la estrategia de este crecimiento no sea equitativa. Señala asimismo que durante los períodos de ajuste, la pobreza sigue el curso de la economía, incrementándose abruptamente durante la transición regresiva, para caer de la misma forma durante los períodos de recuperación.

En el Capítulo 2, Altimir lleva a cabo un análisis detallado de la distribución del ingreso y la pobreza en América Latina en las dos décadas pasadas. Al respecto, señala que las disparidades en los patrones de distribución de los países de la región no se explican únicamente en función de los diferentes niveles de desarrollo, sino también por la dimensión relativa y el grado de subdesarrollo del sector agrícola y de los recursos humanos. Sostiene que tanto la concentración del ingreso como la pobreza absoluta aparecen inversamente relacionadas con el nivel de escolaridad de la población económicamente activa. A continuación, el autor estudia la evolución de la distribución del ingreso en once países de la región, y señala que a pesar de que el ritmo y la estabilidad del crecimiento aparecen como un factor habilitador de la posibilidad de disminuir las desigualdades en el ingreso, en la década de 1970, ésta sólo se ha concretado con notable intensidad en dos países (México y Venezuela), no sucediendo lo mismo en el caso de Brasil. Asimismo destaca que la inestabilidad y la debilidad del crecimiento están más asociadas con los aumentos en la desigualdad. Al estudiar la década de 1970, Altimir indica que la pobreza disminuyó más significativamente en esa década que en los años ochenta. Por último, analiza la evolución de la pobreza rural, y señala que ésta ha disminuido considerablemente en los países en los que era muy elevada, y que el campesinado se mantiene como un refugio de la población excedente que no emigra a la ciudad.

En el Capítulo 3, Ricardo Hausmann hace algunas consideraciones específicas asociadas con la distribución del ingreso, que guardan relación con tres aspectos de la política económica: el régimen tributario, el gasto fiscal y la transferencia de recursos a los pobres. Respecto al régimen tributario, aborda el tema de las consecuencias de la presencia del sector informal sobre la estructura tributaria óptima. También, presenta un modelo de equilibrio a largo plazo congruente con la existencia de un sector informal en una economía abierta y plantea interrogantes acerca de los efectos que los diferentes instrumentos tributarios tienen sobre el empleo y los precios relativos de los factores. El modelo es compatible con el equilibrio de mercado y permite elaborar el marco necesario para tener en cuenta los efectos tributarios, igualmente supone que existe pleno empleo y que después de la aplicación de impuestos, los salarios se igualan entre sectores.

El autor afirma que los impuestos sobre el trabajo se transfieren totalmente al salario del trabajador, y que los impuestos sobre el capital también se transfieren a los trabajadores. El efecto neto de los impuestos sobre la renta del capital es una reducción de la renta nacional. Por su parte, el impuesto al valor agregado (IVA) no influye sobre los salarios ni sobre la relación entre el capital y el trabajo; es el único impuesto que siempre aumenta la renta nacional y el empleo del sector moderno.

Más adelante, Hausmann busca una respuesta al interrogante sobre cuál es la estructura tributaria ideal y qué relación guarda con la estructura tributaria actual de América Latina. Sugiere que otra manera de abordar el tema consiste en hallar los valores de las tasas tributarias del trabajo, del capital y del IVA que incrementan al máximo el salario real. De acuerdo con su modelo, maximizar el salario real significa también lograr la distribución más favorable de la renta compatible con el pleno empleo y una perfecta movilidad del capital. Como la solución analítica de este problema es muy engorrosa, el autor propone varias soluciones numéricas, entre las cuales puede mencionarse que si el gobierno sólo tiene la posibilidad de aplicar tasas tributarias positivas, fijará el impuesto al trabajo y el impuesto al capital en cero y sólo se valdrá del IVA para financiar un determinado monto de gasto fiscal. Asevera además que si se adopta la definición de equilibrio a largo plazo de Marshall, el hecho de que se encuentren tasas tributarias positivas sobre el capital y el trabajo puede constituir un indicio de una transacción entre el corto y el largo plazo, donde la capacidad instalada quede de rehén a corto plazo pero al costo de reducir futuros salarios.

En lo que se refiere a la forma de hacer frente a la incertidumbre del ingreso fiscal, Hausmann señala que una de las enseñanzas que puede extraerse de la experiencia de América Latina es que el déficit presupuestario es un proceso estocástico. Debido a esta característica, las cuentas fiscales se ven afectadas por cambios al azar en ciertos precios internacionales decisivos que recaen, en una medida considerable, sobre los pobres. En estas circunstancias, el problema que enfrenta el gobierno se asemeja a un problema de seguros, en el que la compra de ciertos instrumentos contingentes puede transferir el riesgo a otros agentes, reduciendo la incertidumbre a niveles adecuados. Debido a que es improbable o difícil hallar mercados para esos riesgos, Hausmann estudia modelos de autogarantía. Este enfoque consiste en decidir un nivel de gasto óptimo que tenga en cuenta el costo ocasionado por la modificación del gasto y la posibilidad de que resulte difícil financiar los efectos de las perturbaciones externas. La regla del gasto óptimo depende de procesos estocásticos que afectan las cuentas fiscales y el carácter de los costos de ajuste involucrados. Si el proceso estocástico se parece a una cadena de Markov, todas las perturbaciones son permanentes y por lo tanto no tiene ningún sentido ahorrar. No obstante, si el ajuste supone costos, lo óptimo no es gastar todo el ingreso permanente. En este contexto, el flujo de ingresos que debe estabilizarse va a un fondo y el gobierno sólo puede presupuestar un monto calculado mediante una regla de gasto óptimo derivada de un problema de optimización.

Seguidamente, Hausmann indica que en los años ochenta, los gobiernos se vieron obligados a aplicar medidas redistributivas de corto plazo para atender las deficiencias de los sectores de menores recursos. Se plantea entonces la pregunta de cómo medir los resultados de un programa de transferencias. Para tal efecto, es preciso definir e indicar la progresividad de la transferencia tanto en términos absolutos como relativos. La diferencia fundamental entre estas definiciones está dada por la función de utilidad que se supone para la sociedad (por ejemplo, una función de utilidad lineal o una función de utilidad no lineal), puesto que ambas procuran mejorar el bienestar de los grupos de menores ingresos.

Por último, plantea el siguiente interrogante: ¿cómo reaccionaron los gobiernos latinoamericanos ante el deterioro de la distribución del ingreso registrado durante las últimas décadas? Para responderlo señala que debido a que la red social —los sistemas de salud, de educación, etc.— era o es ineficiente, la transferencia de recursos a los grupos más necesitados mediante estos servicios resultaba difícil y hasta imposible. Entonces, los gobiernos se vieron obligados a utilizar mecanismos alternativos a los programas tradicionales y terminaron modificando el sistema tributario y los precios relativos de algunos productos, otorgando subsidios directos a los sectores productivos.

Los mecanismos utilizados presentan problemas de eficiencia y de focalización, y en general terminan siendo regresivos en términos absolutos, pero progresivos en términos relativos, lo cual hace que sea casi imposible su eliminación sin que se produzca un problema social. Es decir, los gobiernos caen en una trampa derivada de la inexistencia de una red social eficiente y del diseño de mecanismos de transferencia que terminan también siendo ineficientes, pero que en términos relativos son importantes para las clases sociales de menores ingresos y no pueden ser eliminados. Por otra parte, Hausmann aduce que se debe atender el problema de corto plazo mediante un sistema de transferencias a través del gasto público en salud y educación.

En el Capítulo 4, Eliana Cardoso analiza los efectos de la inflación y la recesión sobre la pobreza en América Latina. En la primera sección examina los problemas relacionados con las definiciones y los métodos de medición de la pobreza. Luego estudia cuatro métodos de medición específicos y concluye que la utilización de todos ellos sirve para obtener una mejor apreciación sobre la distribución de la pobreza que si se utiliza un solo índice. En la segunda sección examina los efectos de la inflación sobre la pobreza. En la tercera sección afirma que la estabilización de la inflación no se logra sin un costo y que, generalmente, este costo se asocia a una recesión que con frecuencia significa más desempleo y menores salarios reales. Asimismo señala que la inflación acelerada también reduce los salarios reales y aumenta la pobreza, y que este último efecto fue el que dominó el panorama de América Latina entre 1977 y 1989. Con base en datos de siete países latinoamericanos para dicho período,

Cardoso estima una ecuación de regresión que relaciona el salario real con la inflación. Según esta ecuación, los salarios reales caen un 14 por ciento cuando la inflación se duplica. Por otra parte, menciona un estudio de la pobreza en Argentina que confirma la importancia de la disminución de los salarios reales como factor determinante del crecimiento de la pobreza en ese país.

Seguidamente, Cardoso asevera que el análisis del efecto que los programas de ajuste tienen sobre los pobres plantea un engañoso dilema: aunque algunos de ellos disminuyen el ingreso real y aumentan el desempleo en el corto plazo, el ajuste es inevitable en la mayoría de los casos. Cabe entonces preguntarse si algunos programas son más onerosos que otros en lo que se refiere a la pobreza. Al comparar cuatro casos de estabilización en procesos altamente inflacionarios, aduce que el desempleo y la pobreza aumentaron en forma considerable en Bolivia y Chile durante los años de estabilización, pero ambos programas coincidieron con una enorme reducción de los términos de intercambio de dichos países, lo cual explica en parte la severidad de las recesiones y el aumento de la pobreza en los dos países. En Brasil y en México, aun cuando la recesión que acompañó al proceso de estabilización fue menos pronunciada que en Chile y Bolivia, no existen pruebas de que la política de ingresos haya ayudado a los pobres. Por otra parte, los programas de estabilización —como el Plan Cruzado en Brasil y el Plan Austral en Argentina—, que fracasaron por la falta de coherencia macroeconómica, aumentaron aún más la pobreza porque condujeron a una inflación creciente y a una mayor recesión.

Después de analizar los cuatro casos de estabilización, Cardoso concluye que la inflación, la estabilización y el ajuste son onerosos y acepta que la única alternativa congruente que le queda a los gobiernos es el mantenimiento de políticas macroeconómicas conservadoras. Sobre esta base examina el caso de Colombia, que experimentó un proceso de crecimiento económico sostenido desde comienzos del siglo hasta 1988 y eludió las crisis espectaculares que se produjeron en otros lugares de América Latina. En este país se registró un marcado deterioro en la igualdad de ingresos hasta los años sesenta y un mejoramiento a partir de entonces. Tanto en la década de 1970 como en la de 1980, los programas de educación y salud, el mejoramiento de los servicios públicos (como el suministro de agua potable y electricidad) y los programas de bienestar social elevaron los niveles de vida de las familias de bajos ingresos. No obstante esos avances, el grave problema de la pobreza ha persistido durante este período de crecimiento económico sostenido y de cambio social, y el progreso ha sido lento.

Por último, Cardoso asevera que cualquier programa para combatir la pobreza requerirá combinar políticas que permitan a los pobres aumentar el consumo actual, con inversiones destinadas a generar un crecimiento futuro de los ingresos. Estas políticas deben considerar las relaciones que existen entre el ingreso, la salud y la educación y asignar importancia especial a la educación femenina, por su efecto fuertemente positivo en la reducción de las tasas de fecundidad y mortalidad infantil.

Rivera-Batiz examina los problemas de la liberalización del comercio exterior, la distribución del ingreso y la pobreza, e intenta documentar y explicar, en forma selectiva, la dinámica de la liberalización y del comercio exterior mediante un modelo de crecimiento endógeno.

La liberalización, según el análisis del autor, incrementa la diferencia que existe entre la retribución de la mano de obra calificada y la no calificada, y por ende entraña un deterioro de la distribución observada del ingreso. Ese aumento de la desigualdad desaparece cuando la inversión en capital humano reduce la retribución de los trabajadores calificados. Por su parte, el desempleo derivado del ajuste estructural y el descenso de los salarios reales puede ser mínimo o incluso inexistente, si la liberalización se realiza en forma paulatina, abriendo los mercados y fomentando nuevas actividades de exportación o ampliando las ya existentes, como resultado de las cuales se produce una mayor transferencia de tecnología.

Rivera-Batiz explica el fenómeno de la pobreza en términos de conocimientos poco transables con la presencia de una "solución sin salida" determinada por una inelasticidad de reacción de los grupos pobres con respecto a las diferencias entre la retribución de la mano de obra y a otros cambios provocados por la reforma del comercio. Dicho fenómeno es susceptible de acentuarse en el marco de una liberalización del comercio exterior. A corto y largo plazo será imposible llegar a los grupos de ingresos más bajos si se deja que el mercado actúe por sí solo.

Seguidamente, examina el proceso de transformación de una economía totalmente aislada que culmina en una integración plena en materia de bienes y servicios, pero que no permite la movilidad de la mano de obra. Señala que en su modelo la integración no acelera el crecimiento si no se produce difusión de tecnología entre los países. Si los países son simétricos, se registra un efecto de escala en el sector manufacturero, pero no una redistribución de los recursos hacia el sector de investigación y desarrollo. Esta situación produce un efecto de nivelación de la renta per cápita, pero no afecta permanentemente la tasa de crecimiento. Cuando los países son asimétricos y no hay difusión de tecnología, la tasa de crecimiento se sitúa entre el valor más alto y el valor más bajo de crecimiento que existía en la situación de aislamiento. Sin embargo, la integración plena de bienes e ideas induce una tasa de crecimiento más alta, aun en el caso de países asimétricos.

El examen de la política arancelaria y la integración económica —suponiendo que la difusión plena de la tecnología se produzca antes de la reducción de los aranceles— en el caso de dos países que tienen la misma dotación de factores y aplican las mismas medidas de política, sugiere que existe una tasa arancelaria "crítica" por debajo de la cual la reducción de los aranceles da lugar a un crecimiento más elevado y por encima de la cual, si siguen aumentando los aranceles, se desacelera el crecimiento. En el caso de reducciones unilaterales de aranceles por parte de un país pequeño en desarrollo que no genera tecnología, también ocurre que los aranceles más bajos aumentan la tasa de crecimiento económico del país. Este tipo de modelo es más favorable al comercio exterior que al libre comercio. La expansión del comercio exterior aumenta la rentabilidad de los nuevos inventos y estimula una mayor innovación. Los efectos que produce la liberalización en términos de crecimiento y nivelación del ingreso reducen las desigualdades, pero diversos factores pueden generar otras diferencias transitorias aún mayores. En estas circunstancias, la liberalización tiende a causar un deterioro en la distribución registrada del ingreso.

Por su parte, una economía orientada hacia las exportaciones estimula la concentración geográfica en las regiones de bajos salarios que permiten producir a un costo unitario también bajo, y respalda a los sectores que compiten internacionalmente en base a estos salarios. El resultado es un repunte de las actividades que se retribuyen con salarios bajos y un posible deterioro de la distribución del ingreso en medio de una expansión económica. Con el tiempo estas desigualdades se corrigen mediante la inversión en capital humano y la movilidad regional o sectorial de la mano de obra. Sin embargo, los grupos de ingresos más bajos pueden caer en una trampa de equilibrio de bajos ingresos, que constituye el núcleo principal de la pobreza a largo plazo. La liberalización crea las condiciones necesarias para que la acumulación de capital humano sea más rentable, pero no las requeridas para que los grupos sociales de ingresos más bajos puedan sacar provecho de ese aumento del diferencial de rentabilidad. Las "soluciones sin salida" que enfrentan las familias cuyos miembros carecen de capacitación profesional, las mantiene presas en una trampa de equilibrio de bajos ingresos. A medida que suben los salarios, el resto de la economía progresa e invierte más en esos grupos, pero la distribución del ingreso se deteriora debido a la situación sin salida. Para abordar estos problemas especiales es necesario instrumentar soluciones auspiciadas por el gobierno destinadas a orientar los sectores público y privado.

En el Capítulo 6, Adolfo Figueroa indica que en la última década, la pobreza se ha agudizado en América Latina y menciona un estudio de Fields que apoya ampliamente la hipótesis de que la pobreza disminuye en períodos de crecimiento económico. Según esta hipótesis, el crecimiento económico constituye un requisito para reducir la pobreza. El interrogante es, entonces, cómo definir una política que facilite el tránsito de la recesión o el estancamiento a un crecimiento sostenido en el más breve plazo. Existe, sin embargo, el peligro de que durante ese tránsito la pobreza empeore a tal punto que el proyecto deje de ser socialmente viable. Por esta razón, generalmente se propone un programa complementario que compense a los pobres por el costo del ajuste (en Bolivia, se puso en marcha el Fondo de Emergencia Social; en Perú, el Fondo de Compensación y Desarrollo Social; en Honduras, el Fondo de Inversión Social; en Venezuela, el Fondo de Desarrollo Social). Estos programas pueden estar dirigidos a: i) contrarrestar en cierta forma la recesión que inducirá el ajuste, ii) canalizar la ayuda externa hacia los pobres; iii) compensar a los que resulten directamente perjudicados por las medidas de ajuste, y iv) proteger a los más pobres durante el ajuste.

Según el autor, la excesiva desigualdad en la distribución del ingreso que resulta del funcionamiento del mercado puede considerarse como una falla —mal funcionamiento— del mercado. En consecuencia, el Estado tiene allí un papel que desempeñar. Existen dos relaciones básicas entre la pobreza y la inversión privada: i) la pobreza depende de la inversión privada en una relación inversa (a mayor inversión, menor pobreza), y ii) la inversión privada depende de la pobreza, en una relación también inversa (a mayor pobreza a partir del umbral, menor inversión). La mayor pobreza genera inestabilidad social y mayor incertidumbre económica. La situación actual de la región puede interpretarse como un equilibrio de bajo nivel en este sistema de ecuaciones. El punto de intersección de las dos ecuaciones implica que la inversión privada es baja porque la pobreza es muy alta y el nivel de la pobreza es muy alto porque la inversión es baja. ¿Cómo salir de este círculo vicioso? ¿Cuáles son las variables exógenas del modelo?

Figueroa señala que la política social, como la protección y la promoción de los recursos humanos, desempeña un papel fundamental en la formación de una base social para lograr un crecimiento sostenido, y el gasto social es un instrumento para poner límites a la pobreza. Desde este punto de vista, el gasto social es un gasto de inversión, y si se dejan de realizar gastos sociales, la sociedad no repone su capital humano, lo cual producirá no solo una degradación de un factor productivo —el trabajo— sino una degradación social. La disminución del gasto social en la región ha sido sustancial durante la última década y junto con la recesión y la inflación se produjo también una mayor pobreza y una caída de la inversión privada.

Para encarar seriamente la modernización en América Latina, el autor considera que es preciso invertir en la gente y especialmente en el sector pobre; la cuestión es cómo hacerlo en un contexto de crisis y de programas de ajuste. El gasto social como protección de los recursos humanos recibiría prioridad en las actuales circunstancias, orientándose a establecer una plataforma social. La política de ajuste debería incorporar en su programa el problema distributivo y hacerlo seriamente. Los programas de compensación social no pueden realizar la tarea de atacar las raíces de la pobreza. Tales programas son de corto plazo, transitorios y de emergencia, por lo cual no se institucionalizan ni crean derechos.

Roberto Macedo concentra su análisis en la política social en el marco de los programas de estabilización y ajuste macroeconómico. Afirma que lo mejor que puede hacerse en Brasil en favor de los pobres es estabilizar la economía. Ello es necesario para recuperar el crecimiento económico, lo cual puede aliviar la pobreza, aunque no necesariamente la distribución de los ingresos. Para impartir a la política económica una dimensión social sin comprometer los esfuerzos de estabilización y ajuste, es necesario concentrarse principalmente en el cambio de la composición de los impuestos y de los gastos del gobierno.

En América Latina, los sistemas tributarios son regresivos, porque se basan en impuestos indirectos, impuestos laborales muy altos y otros impuestos. La administración tributaria es también muy deficiente y se ve afectada por la disminución del personal del servicio de impuestos internos. En los gastos presupuestarios se observan muchas distorsiones: por ejemplo, algunos son regresivos porque los beneficiarios de esos gastos no se encuentran en los grupos más pobres. Para modificar el panorama de la desigualdad existente y poner en práctica una política social que merezca llamarse tal, es esencial introducir cambios en el sistema tributario y su administración. Será también fundamental fijar nuevas prioridades de gasto, volcándolas hacia los grupos vulnerables y a los bienes y servicios públicos, como la educación. También será importante integrar las acciones de los distintos organismos y orientar el gasto hacia los pobres.

En otro orden de ideas, Macedo señala que los principales problemas que percibe en lo que atañe a la política social brasileña son cómo difundir información, cómo llevar las ideas a la práctica y cómo trabajar dentro del sistema político. Piensa además que deben emplearse mucha persuasión y aprovecharse las oportunidades. Los progresos son lentos, particularmente en un país tan complejo y diverso como Brasil. En consecuencia no prevé movimientos muy rápidos porque no existe una clase política con fuerza para concretarlos.

Rudiger Dornbusch examina el papel del Estado frente a la pobreza. Afirma que una corriente de opinión ultraconservadora sostiene que la miseria existe simplemente porque el Estado todopoderoso y obstruccionista frena el avance del progreso. La otra opinión sostiene que el Estado puede y debe, sin duda, contribuir a la consecución de una vida mejor para los integrantes de los estratos inferiores, no a costa del resto de la población, sino en beneficio común. Seguidamente, el autor se propone evaluar ambas opiniones y señala que en Estados Unidos, que ha sido una fuente de ideas que se utilizan en el mundo, el péndulo oscila entre una posición conservadora en extremo y las intervenciones moderadas, y lo mismo sucederá, a su debido tiempo, en América Latina. Los programas en beneficio de los pobres fueron las principales víctimas del predominio de las políticas conservadoras, pero ahora esos programas tendrán la oportunidad de reactivarse. La miseria y la deficiente distribución del ingreso, que es injustificada, son los principales problemas de América Latina. Existen soluciones, pero la voluntad de ponerlas en práctica constituye una de las responsabilidades económicas que debe asumir un Estado moderno y democrático.

Según Dornbusch, el buen Estado debe reunir cuatro características:

i) Una sana ideología, como la economía social de mercado de Alemania, donde se parte de la premisa de que el mercado es el principal organizador central, incluyendo la competencia. Empero, una economía de mercado no tiene que generar, ni automáticamente ni por sí misma, su propia competencia. Por consiguiente, se necesita la intervención del Estado para garantizar la competencia. El mercado tampoco facilita una distribución del ingreso que sea socialmente aceptable, y por ello la intervención del Estado es legítima cuando se trata de equiparar la distribución del ingreso producida por el mercado. Asimismo, existen aspectos obvios para los cuales los factores externos justifican e incluso exigen la intervención pública. Pero supuestamente la intervención requiere una excusa aceptable y específica.

ii) Capacidad administrativa. Generalmente se usa el subdesarrollo para justificar la falta de capacidad administrativa: el desperdicio, la holgazanería y la corrupción se aceptan, cuando no se disculpan, como parte de la cultura del subdesarrollo. Pero queda a la vista que los bajos niveles de ingreso per cápita no guardan relación directa con una deficiente capacidad administrativa. Hay dos principios que promueven especialmente la capacidad administrativa: la descentralización y la obligación de rendir cuentas. La descentralización desplaza al poder y la responsabilidad desde el centro omnipotente hasta un punto cercano a los usuarios. La obligación de rendir cuentas compensa la ausencia de un sistema regulador de los precios; donde no la hay surge la prebenda política, el despilfarro y la corrupción. En cambio, cuando se exige responsabilidad, el público ejerce un control directo y de viva voz. Pero es imposible edificar una capacidad administrativa eficiente en uno o dos años: para ello se requieren varios años y hasta una década entera.

iii) Instrumentos para combatir la pobreza. Existen tres instrumentos especialmente aptos para tal propósito: la estabilidad macroeconómica, los programas de salud y un plan educacional de amplia base. La recaudación tributaria es el primer paso hacia la estabilidad macroeconómica. El segundo ingrediente esencial es un tipo de cambio real estable.

iv) Liderazgo político. Los países de la región requieren un liderazgo de inusitada calidad para llevar adelante la reconstrucción y la edificación del Estado moderno. Los economistas saben que existen soluciones para el problema de la pobreza y que las soluciones eficaces no producen alivio instantáneo, ya que necesitan tiempo para consolidarse.

Javier Iguíñiz plantea una cronología relativa a la relación entre los programas de estabilización y la pobreza. En los primeros programas de estabilización, se dijo que la preocupación respecto de la pobreza era infundada. Después se dijo que el perjuicio causado era evidente, pero de corto plazo. Posteriormente se reconoció que era de corto y mediano plazo, pero que el aumento de la pobreza era inevitable y que la responsabilidad correspondía a las políticas del pasado. Más recientemente, se afirma que se observa un aumento de la pobreza, pero que la situación sería aún peor si no existiera el tipo de ajuste al que se acusa de haberla generado. Por último, está adelantándose la hipótesis de que a fin de cuentas la política económica no es responsable por el incremento de la pobreza, porque los factores políticos extraeconómicos son los exógenos en este asunto y tanto la inflación como la caída del salario real son simples consecuencias de esta influencia exógena sobre la política económica. El problema de la sensibilización frente al deterioro de las condiciones de vida de nuestras mayorías, y el del adecuado orden de prioridades que le sigue, figuran todavía en el programa de la lucha contra la pobreza.

El segundo punto de Iguiñiz se relaciona con lo que llamamos social. Es evidentemente "social" el problema de la propiedad y de la reorganización de las entidades públicas y privadas. Considera que es crucial analizar la calidad de la privatización, su descentralización regional, la difusión o no de la propiedad que resulta de esa política, y otros factores similares. El ajuste estructural tiene su razón de ser en una opción de desarrollo a largo plazo, y desde ese criterio debe ser evaluado explícitamente.

La propia política de estabilización antiinflacionaria es una política social, pues afecta los derechos de los agentes a un cierto ingreso actual y futuro. La interacción entre la política de ajuste estructural y la de estabilización es mayor de lo que suele suponerse y lo social está muy presente en ambas. Después de todo, la estabilización tiene un efecto de reestructuración productiva. ¿Cómo hacemos el balance social de estos complejos procesos?

Son sociales los servicios que se relacionan con las actividades o funcionamientos básicos, como la educación, la salud, la vivienda, etc. Aquí entramos en la acepción más tradicional y restringida del término "social", lo que constituye mayor razón para que esta dimensión de lo social figure en la agenda. También llamamos sociales a los programas de emergencia o de compensación social. En este caso estamos en la etapa de estudio de experiencias nacionales o regionales y de su sistematización. Falta mucho camino por recorrer, pero el avance logrado no es solo técnico sino moral, pues tiene el mérito de colocar la reducción de la pobreza en el primer plano y de medir la eficacia de las acciones sobre la base de dicha reducción. Existe así una menor propensión a invertir el orden de prioridades. En resumen, lo social tiene varios planos que no pueden desvincularse, y que si se enfocan correctamente, se influyen entre sí. Establecer esas relaciones es un punto de la agenda futura.

Iguiñiz señala que durante la reunión se ha mostrado que la estabilización está asociada al aumento de la pobreza y que el crecimiento no asegura la "filtración" hacia abajo. Asimismo se ha planteado la necesidad de complementar la estabilización con el ajuste estructural, aunque también se enfatizó que el ajuste estructural tiene su propio costo en términos de pobreza. El nexo entre la estabilidad y el crecimiento es poco conocido, y el crecimiento es poco eficaz. Cómo reducir el efecto pobreza de la estabilización y cómo elevar el del crecimiento constituye un problema crucial de investigación.

Entre otros ejemplos, Iguiñiz plantea la necesidad de investigar el vínculo estabilización-pobreza relacionado con la pobreza en el mundo rural. Aparentemente no existen análisis de la estructura social agraria que sean pertinentes para estudiar el problema de la estabilización. Un tema similar surge cuando se relaciona al crecimiento con la pobreza.

El autor cree que la preocupación por la pobreza tiene que alterar el significado, el diseño y la puesta en práctica de la estabilización y del ajuste estructural. En América Latina hemos pasado demasiado pendularmente de una visión globalista e impráctica de las cosas a una fragmentación extrema de la aproximación al problema de la pobreza. Sin duda, es preciso evitar la pérdida que significa no tomar en cuenta el rigor del especialista, pero también la incomunicación entre las partes.

La estabilidad de las reformas estructurales en el campo de la propiedad dependerá de una legitimidad que se gana con la inversión y la generación de empleos y no de la legitimación del derecho a ser propietario y rico por cualquier medio. Iguiñiz cree que ese problema político o quizá cultural, en la concepción básica sobre estabilización o sobre reforma estructural, es un muro fatal. Si no se supera ese escollo, no habrá una gran posibilidad de ver el problema de la pobreza en los planos que requiere.

La concepción dominante del problema inflacionario es que los derechos económicos de las mayorías son peligrosos. Así cuando las mayorías presionan por acceder a ellos, se quita autoridad y firmeza a los gobiernos estabilizadores y, a largo plazo por lo menos, se reducen los incentivos para invertir y crecer. Mientras esa concepción sea la principal, no hay mucho que hacer en materia de política contra la pobreza. Los programas sociales tienen por finalidad evitar, consciente o inconscientemente, esa habilitación social que a juicio de Iguiñiz es fundamental para el éxito de los programas destinados a combatir la pobreza.

José Núñez del Arco
Editor

Capítulo 1

MACROCONDICIONES Y POBREZA EN AMERICA LATINA

Samuel A. Morley

La distribución del ingreso y la pobreza siempre han sido el aspecto sombrío del desarrollo en América Latina. Antes de la década de 1980, el desarrollo económico fue rápido pero no equitativo. Como promedio la distribución del ingreso fue la más desigual del mundo, lo cual implica un grado excesivamente elevado de pobreza en relación con los niveles de ingreso. Hace 10 años se suponía que el crecimiento económico, a la tasa registrada entonces, reduciría más o menos rápidamente los niveles de pobreza, pero ese fácil optimismo desapareció en los años ochenta. El ajuste estructural y la recesión han ejercido un fuerte impacto sobre los pobres y al parecer es poco probable que el crecimiento vuelva alguna vez a acercarse a los niveles alcanzados en los años sesenta y setenta.

En estas rígidas circunstancias, la reducción de la pobreza se presenta como un problema crucial, tanto desde el punto de vista social como político. Si los países ya no pueden resolver por sí mismos el problema de la pobreza y si el ajuste ha tenido tal impacto, ¿qué pueden hacer los gobiernos —si es que algo pueden hacer— para ayudar a los pobres a revertir el deterioro de los últimos 10 años?

En este documento se procura analizar las pruebas empíricas relativas a la pobreza en las últimas décadas, con el fin de establecer el vínculo crucial que existe entre la pobreza y el nivel de actividad económica, en particular el crecimiento a largo plazo y el ajuste estructural a corto plazo. Con respecto a este último, señalaremos que debe distinguirse entre los efectos a corto plazo del ajuste mismo y el impacto a largo plazo de los efectos provocados por el programa de ajuste. Por ejemplo, supongamos que el propósito del ajuste estructural es abrir la economía y producir una devaluación real. A corto plazo, ese cambio invariablemente desencadenará una recesión que incrementará la pobreza, pero a largo plazo los pobres sacarán provecho de la devaluación real.

El hecho de que esos avances a largo plazo superen los costos a corto plazo y de que existan medidas políticas que puedan tomarse para reducir esos costos a corto plazo plantean un problema clave al debatir lo que debe hacerse con respecto a la pobreza.

El plan de este capítulo es el siguiente. Primero se reúnen todos los datos demostrativos sobre la pobreza desde la década de 1960 hasta el presente, para la mayor cantidad posible de países. La idea es ofrecer un panorama cabal de lo que ocurrió durante ambos períodos de crecimiento a largo plazo, ajuste estructural y recuperación. Luego se analiza la relación a largo y corto plazo que existe entre la pobreza y el proceso de ajuste, distinguiendo entre ajustes para corregir déficit de balanza de pagos y ajustes para eliminar la inflación o los déficit fiscales. En la tercera parte se muestran los resultados de los estudios del proceso de ajuste en Argentina, Venezuela y Costa Rica. Por último se presentan conclusiones políticas en cuanto a la relación que existe entre las condiciones macroeconómicas y la pobreza, y se analizan las opciones que podrían aminorar la carga del ajuste que pesa sobre los hombros de los pobres.

¿Qué es el expediente de la pobreza?

La gran dificultad que se presenta con respecto a las medidas relativas a la pobreza tiene que ver con la comparabilidad, ya sea entre los países o a través del tiempo. No obstante, la comparabilidad es crucial si quieren extraerse conclusiones de tipo político o pensar en las relaciones de causalidad que tienen que ver con la pobreza. En la actualidad se ha escrito mucho sobre las medidas alternativas de la pobreza (véase Ravallion, s.f., y Foster, 1984). En interés de la simplicidad, la medida que utilizaremos aquí es la de la tasa de capitación o el número de personas u hogares por debajo de un cierto nivel de ingreso denominado línea de pobreza. Ciertamente, establecer esta línea constituye un problema clave en la determinación del nivel de pobreza que existe en un país. El procedimiento típico es determinar esa línea con referencia al costo de una canasta mínima de productos. En América Latina ello en general se define como el doble del costo del componente de alimentos de una canasta mínima. Los estudios del consumo por hogares se utilizan para determinar el costo de alimentos que contengan los nutrientes mínimos de calorías y proteínas. (Para un cuidadoso análisis de la determinación de las líneas de pobreza, véase CEPAL, 1990). Luego se establecen las líneas de pobreza en moneda local nominal para otros años efectuando un ajuste ya sea sobre la base del alza general del costo de vida, del aumento en los precios de los alimentos o del incremento en el índice de precios especiales para los pobres. Es importante señalar que este procedimiento es arbitrario y que tiene importantes connotaciones en la medición de la pobreza, ya que en la mayoría de los países latinoamericanos un gran segmento de la población tiene un ingreso que está cercano a la línea de pobreza. Por lo tanto, las pequeñas variaciones que se produzcan en la definición de esa línea pueden afectar de manera significativa el número de personas a quienes se define como pobres.

Es interesante comparar el procedimiento de medición empleado en América Latina con el que se utiliza en otras partes. En Estados Unidos, por ejemplo, se sigue el mismo procedimiento general que acabamos de describir, pero con dos diferencias importantes. En primer lugar, el costo de la canasta de alimentos básicos se multiplica por tres en vez de dos, para reflejar el costo mínimo de conceptos no alimentarios, como vivienda y vestuario. En segundo lugar, el multiplicador se ajusta por la composición familiar con el objeto de reflejar las economías de escala en el costo de la vivienda, la alimentación y otros productos. Estos dos ajustes tienen un efecto muy importante en las mediciones de la pobreza. Por ejemplo, en Venezuela encontramos que si usamos más o menos los factores de ajuste estadounidenses de 0,5 para los niños y 0,7 para los miembros adultos de la familia al establecer el multiplicador para cada familia, la tasa de capitación en 1981 cae de un 24 a un 8,7 por ciento, lo cual, como se ve, constituye un cambio muy grande.

Para hacer el panorama más incierto aún, las mediciones del ingreso sobre las cuales se basan los índices de pobreza varían mucho de país en país. Algunos informan sólo sobre los ingresos laborales, en tanto que otros informan también sobre ingresos no laborales. Virtualmente ningún informe estableció renta sobre la vivienda ocupada por su propio dueño o algún ingreso similar, lo cual sin duda reviste importancia en el sector rural, donde la gente cultiva gran parte de lo que utiliza para su propio consumo alimentario.

Al plantear todas estas dificultades, ¿de qué sirve reunir y comparar diferentes medidas como estamos a punto de hacer aquí? Nosotros indicamos que las distintas mediciones no pueden compararse excepto en casos donde se ha utilizado la misma metodología en momentos o países diferentes. Sin embargo, pueden compararse los cambios en los índices de pobreza a lo largo del tiempo en el mismo país con mucha mayor confianza. Ello es así porque parecería haber una enorme reducción en la sensibilidad ante errores en la medición si se utilizan cambios en el índice de pobreza y no en el tiempo o el momento del índice. Veamos un ejemplo de nuestro estudio de Costa Rica, en el cual calculamos que en 1981 la incidencia de la pobreza fue del 25,4 por ciento. Si hubiéramos elevado la línea de pobreza en un 20 por ciento o reducido nuestro cálculo del ingreso en ese mismo porcentaje, la estimación de la pobreza habría pasado a alrededor de 25 por ciento, lo cual ilustra la sensibilidad de la medición al nivel de la línea de pobreza. Sin embargo, si hubiéramos cometido el mismo error de medición tanto en 1981 como 1989, virtualmente no se habría producido alteración alguna en nuestro cambio en la línea de pobreza (la pobreza habría bajado un 59 por ciento y no un 60 por ciento). Por ello es que parecería que los cambios en la pobreza con el tiempo son relativamente insensibles respecto al punto donde se establece la línea de pobreza, aun cuando el nivel de pobreza en cualquier punto del tiempo sea en sí sensible.

Esta característica de los índices de pobreza es extremadamente importante. Indica que aunque probablemente sea difícil comparar la pobreza entre los países o a lo largo del tiempo cuando los estudios básicos utilizan diferentes líneas de pobreza o mediciones de ingreso, pueden compararse tendencias a través del tiempo en el mismo país, siempre que sea el mismo investigador el que esté realizando los cálculos y esté utilizando la misma metodología para todos los puntos que son objeto de comparación.

Hemos recopilado la mayor cantidad de medidas de pobreza internamente consistentes que pudimos encontrar y las damos a conocer para cada país en forma separada en los gráficos 1.1 al 1.10. Cada gráfico muestra la fracción de población que se halla por debajo del nivel de pobreza para años diferentes. Debido a que no puede haber seguridad sobre la consistencia de los cálculos efectuados por diferentes autores, cada serie se muestra en forma separada. Por las razones mencionadas anteriormente, no puede prestarse demasiada atención a los niveles de las diferentes series, ya sea con el mismo país o entre países. Más bien, deberían utilizarse los gráficos para captar un sentido de la dirección probable de los cambios en la pobreza a lo largo del tiempo en cada uno de los países.

Revisten particular interés los efectos del crecimiento y del ajuste en el nivel de la pobreza. A fin de subrayar esta última relación, en cada gráfico hemos señalado los años en que el ingreso per cápita estaba decreciendo, lo cual hemos caracterizado como recesión. Los datos que se muestran en los gráficos sugieren las propuestas que se indican a continuación.

Gráfico 1.1. Proporción de la población bajo la línea de pobreza según distintas mediciones. Argentina, 1970-1989
(Porcentajes)

40
30
20
10
0
70 71 72 73 74 75 76 77 78 79 80* 81* 82* 83 84* 85* 86 87* 88* 89*
Total (CEPAL, 1990)
Urbano (CEPAL, 1990)
Rural (CEPAL, 1990)
Area metropolitana (CEPAL, 1990)
Area metropolitana (Morley y Alvarez, 1990)
Area metropolitana (INDEC, 1990)

* Años recesivos.

Gráfico 1.2. Proporción de la población bajo la línea de pobreza según distintas mediciones. Brasil, 1960-1989
(Porcentajes)

100
80
60
40
20
0
60 70 71 72 73 74 75 76 77 78 79 80 81* 82* 83* 84 85 86 87* 88* 89*
Total (Fox, 1990)
Total (Fox y Morley, 1991a,b)
Urbano (Fox y Morley, 1991a,b)
Rural (Fox y Morley, 1991a,b)
Total (Fox y Morley, 1991a,b, y BID, 1993)
Urbano (Fox y Morley, 1991a,b, y BID, 1993)
Rural (Fox y Morley, 1991a,b, y BID, 1993)
Total (Tolosa, 1991)
Urbano (Tolosa, 1991)
Rural (Tolosa, 1991)

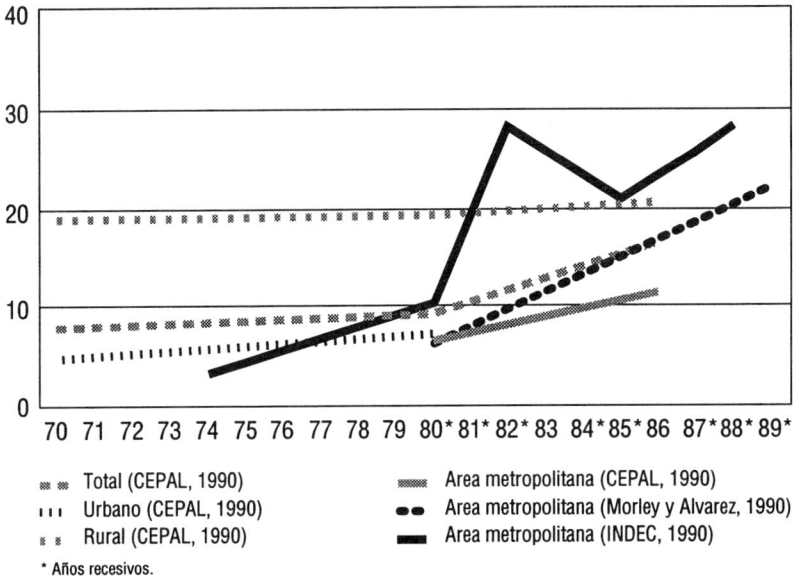

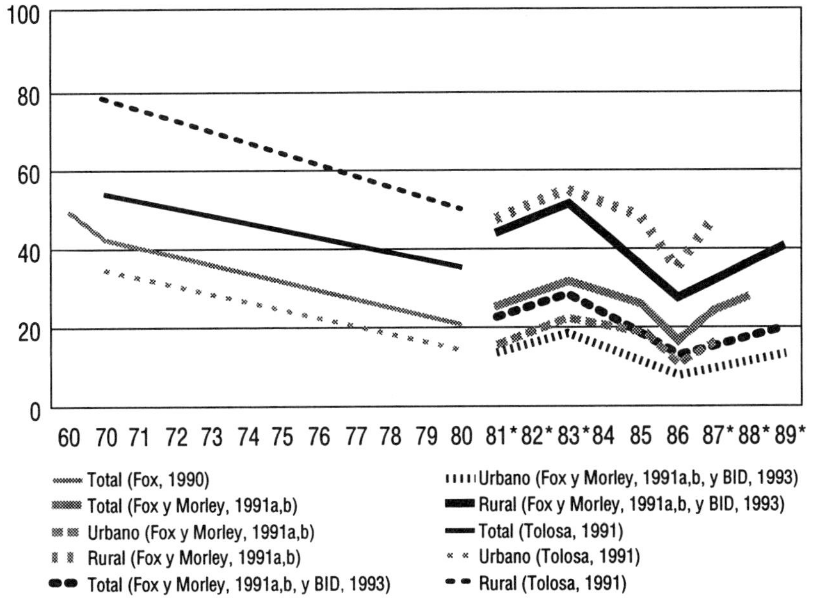

Gráfico 1.3. Proporción de la población bajo la línea de pobreza en el Gran Santiago. Chile, 1969-1987
(Porcentajes)

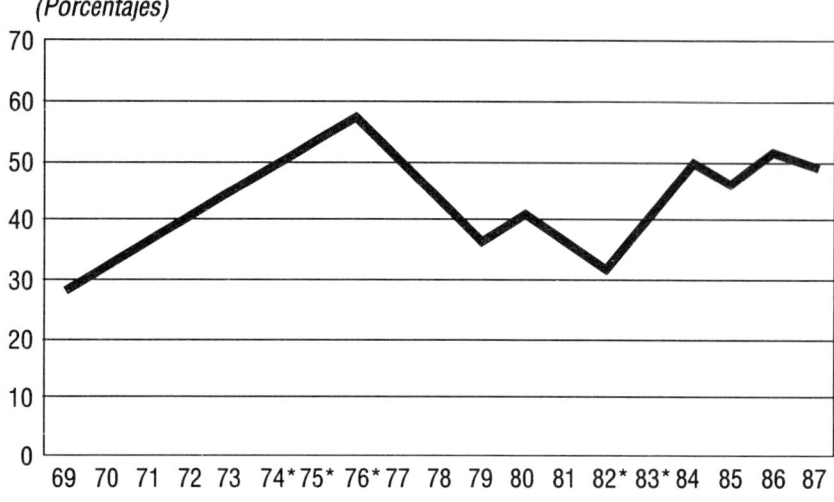

Fuente: PREALC, 1990a.
* Años recesivos.

Gráfico 1.4. Proporción de la población bajo la línea de pobreza según distintas mediciones. Colombia, 1964-1989
(Porcentajes)

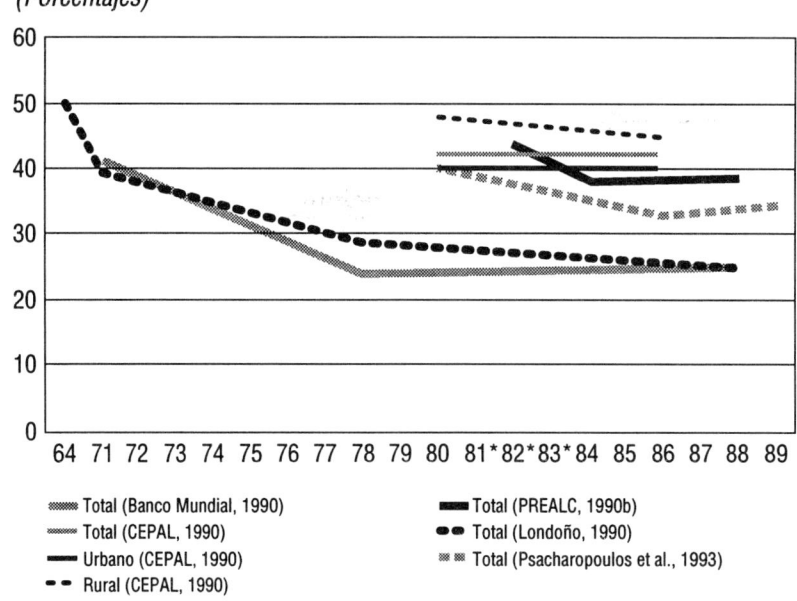

- Total (Banco Mundial, 1990)
- Total (CEPAL, 1990)
- Urbano (CEPAL, 1990)
- Rural (CEPAL, 1990)
- Total (PREALC, 1990b)
- Total (Londoño, 1990)
- Total (Psacharopoulos et al., 1993)

* Años recesivos.

Gráfico 1.5. Proporción de la población bajo la línea de pobreza según distintas mediciones. Costa Rica, 1961-1989
(Porcentajes)

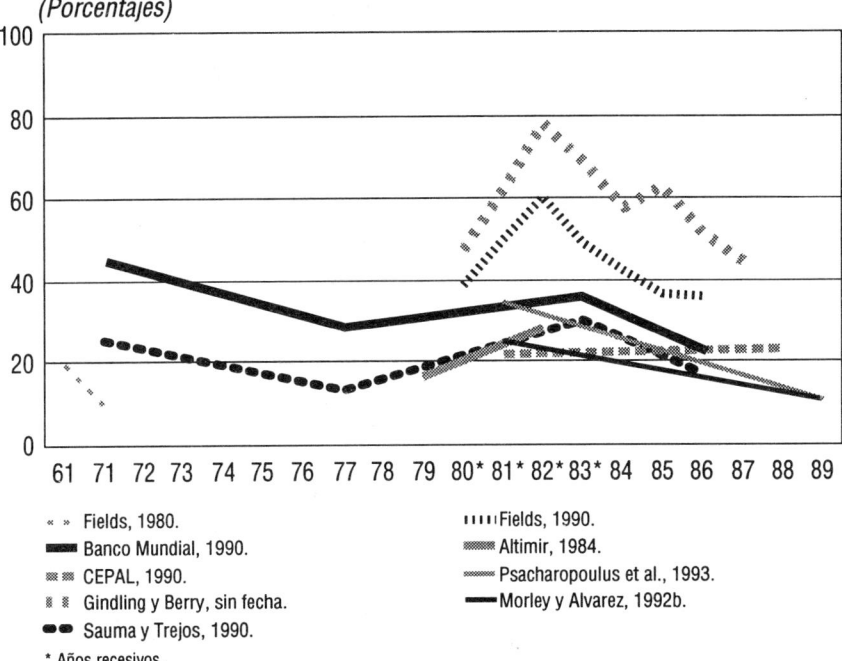

« » Fields, 1980.
▬ Banco Mundial, 1990.
▩▩ CEPAL, 1990.
▩ ▩ Gindling y Berry, sin fecha.
●● Sauma y Trejos, 1990.
* Años recesivos.

ıııı Fields, 1990.
▩▩▩ Altimir, 1984.
═══ Psacharopoulus et al., 1993.
▬ Morley y Alvarez, 1992b.

Gráfico 1.6. Proporción de la población bajo la línea de pobreza según distintas mediciones. Guatemala, 1980-1989
(Porcentajes)

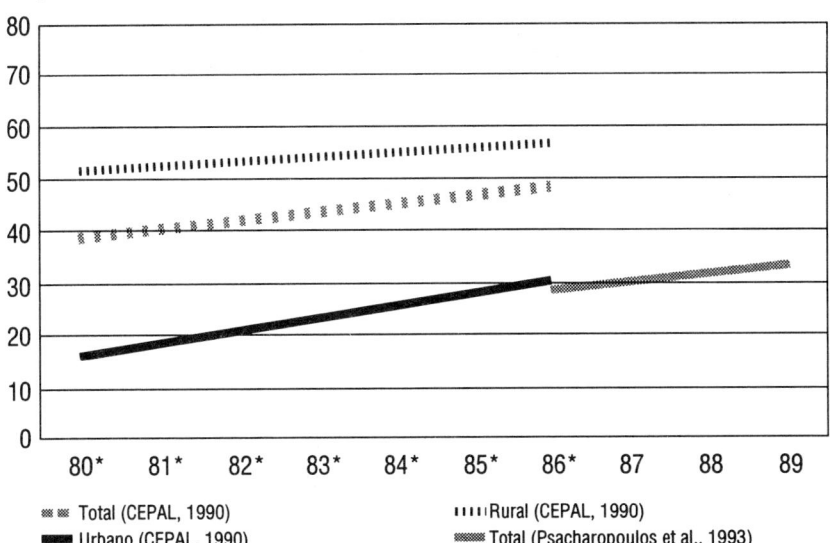

▩▩ Total (CEPAL, 1990)
▬ Urbano (CEPAL, 1990)

ıııı Rural (CEPAL, 1990)
▩▩▩ Total (Psacharopoulos et al., 1993)

Gráfico 1.7. Proporción de la población bajo la línea de pobreza según distintas mediciones. México, 1963-1984
(Porcentajes)

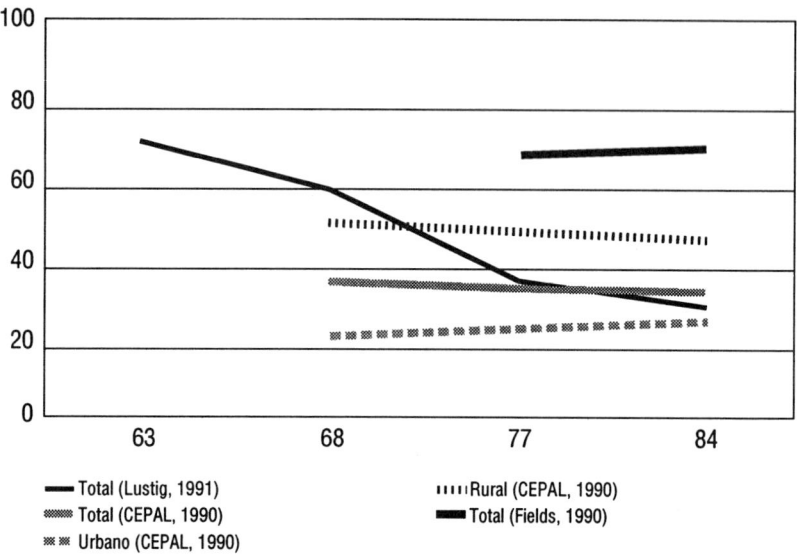

— Total (Lustig, 1991)
▓▓▓ Total (CEPAL, 1990)
▓ ▓ Urbano (CEPAL, 1990)
ıııı Rural (CEPAL, 1990)
▬ Total (Fields, 1990)

Gráfico 1.8. Proporción de la población bajo la línea de pobreza según distintas mediciones. Panamá, 1979-1989
(Porcentajes)

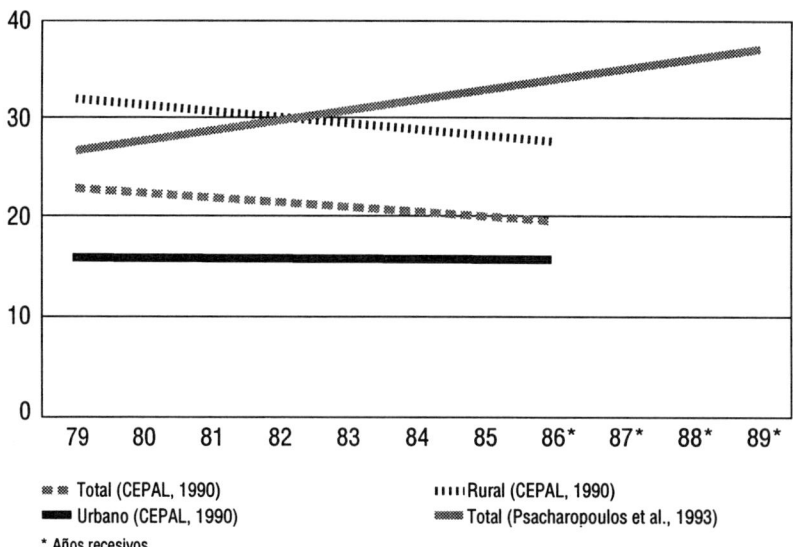

▓ ▓ Total (CEPAL, 1990)
▬ Urbano (CEPAL, 1990)
* Años recesivos.
ıııı Rural (CEPAL, 1990)
▬▬ Total (Psacharopoulos et al., 1993)

Gráfico 1.9. Proporción de la población bajo la línea de pobreza según distintas mediciones. Perú, 1979-1990
(Porcentajes)

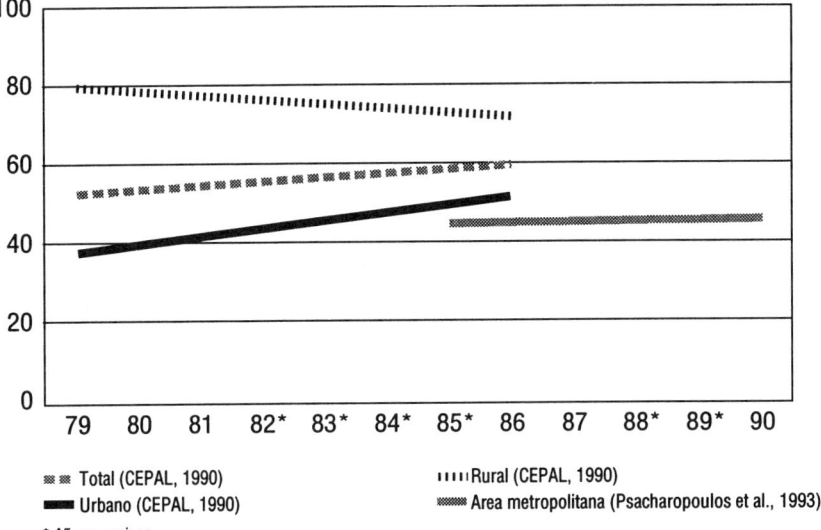

- Total (CEPAL, 1990)
- Urbano (CEPAL, 1990)
- Rural (CEPAL, 1990)
- Area metropolitana (Psacharopoulos et al., 1993)

* Años recesivos.

Gráfico 1.10. Proporción de la población bajo la línea de pobreza según distintas mediciones. Venezuela, 1970-1990
(Porcentajes)

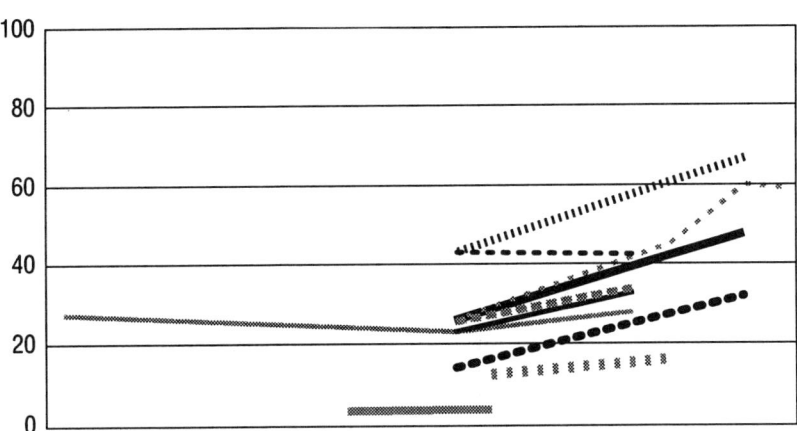

- Total (Altimir, 1992, y CEPAL 1990)
- Area metropolitana de Caracas (Altimir, 1984)
- Total (CEPAL 1990)
- Urbano (CEPAL 1990)
- Rural (CEPAL 1990)
- Total (Márquez et al., 1992)
- Total (García H. Newman J. Poverty in Venezuela. Washington, DC: Banco Mundial, 1988.)
- Total (Morley y Alvarez, 1992c)
- Area metropolitana de Caracas (Morley y Alvarez, 1992c)

Proposición 1: el crecimiento económico constituye una fuerza poderosa en la reducción de la pobreza

Ello es efectivo en lo que se refiere a la década de 1980, incluyendo los años de la recuperación.[1] Sin embargo, tal situación se advierte más claramente en Brasil, Colombia, México y Costa Rica, en el período previo a 1980, cuando el rápido crecimiento económico redujo la pobreza de forma sustancial y significativa.

En Costa Rica, por ejemplo, el ingreso per cápita aumentó un 40 por ciento entre 1961 y 1971 y la pobreza se redujo a la mitad. Para 1977 el ingreso había aumentado un 22 por ciento adicional y el nivel de pobreza se redujo nuevamente a la mitad. Brasil, un ejemplo elocuente, registró un aumento del 242 por ciento en el ingreso per cápita entre 1960 y 1980. Durante ese prolongado auge, la pobreza se redujo alrededor de un 45 por ciento.

Esta característica se confirma en aquellos países que no registraron crecimiento, como Chile entre 1969 y 1976, o que crecieron muy lentamente como Argentina entre 1970 y 1980. En ambos casos la pobreza se mantuvo constante o aumentó. De todo esto puede concluirse que el crecimiento, si es bastante rápido, resulta un factor suficiente para reducir la pobreza. Ello no significa de ninguna manera que sólo el crecimiento es el método más rápido, más efectivo y más deseable para eliminar la pobreza, sino más bien que tendrá resultados positivos si es lo suficientemente rápido. Los cálculos sugieren que, si no se adoptan políticas complementarias para reducir la pobreza, hará falta por lo menos un 3 por ciento de crecimiento anual en el ingreso per cápita para reducir la pobreza significativamente.

El crecimiento económico rápido, especialmente en el sector urbano, fue la solución latinoamericana al problema potencialmente explosivo de la pobreza y la justicia social. Hace 30 años, la mayor parte de los pobres estaba en el campo donde tenían poca tierra y recibían escasa educación. La reforma agraria, en la mayoría de los casos, no fue políticamente factible y la educación era costosa. El rá-

---

[1] En este caso nuestros datos confirman los estudios de Gary Fields (1991) contenidos en una muestra de países de todo el mundo. Nuestras conclusiones son más optimistas que las de Altimir (véase el Capítulo II), que se basan en datos de la CEPAL y parecen mostrar menos reducción de la pobreza durante la década de 1970 que los estudios utilizados en el presente trabajo. Ello parece ser así porque entre 1970 y 1980 la CEPAL cambió en forma considerable la composición de su canasta básica mínima, y por lo tanto aumentó marcadamente su costo. He efectuado una comparación de las líneas de pobreza de 1970 y 1980 utilizadas por la CEPAL y en la mayoría de los casos descubro que las líneas de 1980 aumentan más del doble del ingreso per cápita, el cual por supuesto eleva los cálculos de pobreza para 1980 y disminuye la cantidad de reducción de pobreza que tuvo lugar en los años ochenta.

pido crecimiento urbano fue una de las formas de resolver el problema social, dado que era políticamente factible y a los pobres del campo les ofrecía un escape hacia el sector urbano. Fue una solución que dio al traste con la vieja hipótesis de Turner. En vez de ser la frontera una válvula de escape para el pobre de las ciudades —como sostenía Turner— en América Latina la economía urbana se convirtió en una válvula de escape para los pobres campesinos sin tierra.

En esta solución se plantearon tres problemas. En primer lugar, el crecimiento resultante fue extremadamente injusto en el sentido de que aun cuando los pobres obtuvieron algún beneficio, los que estaban en mucho mejor posición sacaron un provecho mucho mayor. En segundo lugar, esa solución no dio buenos resultados en las pequeñas economías agrícolas y rurales de Centroamérica, porque éstas no tenían la posibilidad de generar un fuerte crecimiento urbano. Por último, y lo que es más importante todavía, la tasa de crecimiento que se precisaba para reducir la pobreza de modo significativo no fue sustentable después de 1980. De esta manera, incluso cuando el crecimiento rápido puede reducir la pobreza, en las circunstancias más difíciles posteriores a la crisis de la deuda, se requerirá más que un crecimiento permanente para conseguir un mayor progreso, por lo menos a largo plazo.

Proposición 2: la pobreza se ha reducido rápidamente durante los períodos de recuperación registrados en los procesos de ajuste estructural

En cierto sentido esto no es más que un simple corolario de la proposición uno. Sin embargo, las pruebas sugieren que la elasticidad del índice de pobreza con respecto al nivel de ingreso es probablemente mayor en la recuperación a corto plazo que en la de largo plazo. Ello se advierte en cada caso para el que se disponga de los datos necesarios. Citemos como ejemplo los casos de Costa Rica después de 1982, Brasil entre 1983 y 1986, Chile entre 1976 y 1982, y Guatemala en 1986-1989.

Proposición 3: las recesiones derivadas del ajuste estructural dieron como resultado un marcado aumento en el nivel de pobreza

Los datos son absolutamente claros y elocuentes en este sentido. Señalemos por ejemplo el caso de Argentina después de 1980, cuando en Buenos Aires la pobreza se cuadruplicó como reacción a una disminución del 26 por ciento en el ingreso real per cápita, o el de Venezuela, donde una declinación del 19 por ciento en el ingreso per cápita entre 1981 y 1989 condujo a un aumento de 154 por ciento en la tasa de pobreza. Puede observarse esa misma característica en Costa Rica entre 1979 y 1982, en Brasil entre 1981 y 1983, en Chile entre 1969 y 1976 o 1982-1985, o en Guatemala entre 1982 y 1986. Podría darse el caso de que estos ajustes fueran necesarios o que en el repunte económico los pobres recuperen con creces lo que perdieron durante la fase recesiva del ajuste estructural. Más adelante nos referiremos nuevamente a estas interrogantes. Pero no hay que engañarse con los costos que la política de ajuste impuso sobre los pobres. El ajuste estructural involucra un período de recesión que tiene un impacto particularmente fuerte sobre los pobres, porque son los que están menos capacitados para soportar el desempleo y la caída del ingreso. Es así que el ajuste ha creado lo que muchos califican como una deuda social con los pobres, que deberá recordarse en la formulación de una política para la recuperación.

Proposición 4: el ajuste estructural ha sido más nocivo para el sector urbano que para los pobres del campo

En todos los casos para los cuales disponemos de datos, el aumento de la pobreza rural durante la recesión fue menor que el correspondiente a la pobreza urbana. Más aún, por lo menos en un caso (Venezuela 1981-1986) la pobreza rural disminuyó durante la recesión. De la misma forma, durante los procesos de recuperación de los años ochenta, la disminución de la pobreza rural ha sido generalmente mayor que la del sector urbano. Ello puede explicarse por el hecho de que el sector rural produce bienes agrícolas transables, en tanto que el sector urbano produce mercancías principalmente no transables. Se espera que el ajuste estructural conduzca a una devaluación real y que ello ayude al sector de productos transables a costa del sector de productos no transables. En el caso de Costa Rica, nuestro estudio sugiere que por lo menos para esa economía, tanto la agricultura como quienes trabajan en actividades relacionadas con la agricultura, se beneficiaron de la devaluación real. Ya sea que esta característica o alguna otra explique la insensibilidad relativa del sector rural al ajuste estructural, el patrón es importante, puesto que una gran proporción de los pobres, en muchos países, todavía se encuentra en el sector rural.

La pobreza y el proceso de ajuste

Al pensar en la relación que existe entre la pobreza y el proceso de ajuste, es preciso efectuar varias distinciones y aclarar ciertos interrogantes. La primera es qué es lo que queremos decir cuando nos referimos al ajuste, la segunda es la distinción entre los efectos a largo y corto plazo del ajuste, y la tercera es si los pobres son objetivos del proceso de ajuste o sólo una de las muchas víctimas imprevistas.

Al analizar las recientes medidas de estabilización aplicadas en América Latina, quisiera distinguir entre dos tipos diferentes de ajuste. El primero es el ajuste de cambio externo (ACE) provocado por la crisis en la balanza de pagos. El segundo es un ajuste antiinflacionario (AA) generalmente resultante de una crisis fiscal del gobierno.

En el ACE se plantea el caso de una sociedad que vive más allá de sus propios medios, en la cual la demanda superior a la oferta interna es cubierta a través de un déficit comercial. En el ACE el gobierno gasta más que sus ingresos tributarios y financia el déficit con el impuesto de inflación. En ambos casos la política adecuada del gobierno es reducir la demanda agregada o elevar el ahorro interno mediante alguna combinación de mayores impuestos y/o una reducción del gasto. El problema de esta política es que la reducción de la demanda agregada casi siempre provoca una recesión. Una interrogante de la cual generalmente se hace caso omiso es por qué al reducirse la demanda se reducen la oferta o la producción en forma simultánea. La pregunta es particularmente difícil de responder en lo que se refiere al ACE por cuanto la mayor producción debería ayudar a corregir el déficit en la balanza de pagos. En cualquier caso, el problema reviste especial importancia para nosotros en este momento, porque se trata de la recesión que acompaña a un programa de ajuste típico que impone costos muy severos a los pobres.

Antes de considerar en más detalle por qué el ajuste estructural generalmente conduce a la recesión, deseamos hacer hincapié en la distinción que existe entre los efectos a corto y largo plazo del ajuste. La recesión es parte del proceso de ajuste a corto plazo. En efecto, se trata del mecanismo a través del cual la economía avanza a tientas por el camino que conduce a un equilibrio a largo plazo. En el ACE ese nuevo equilibrio a largo plazo será el del pleno empleo, un tipo de cambio más alto y un menor déficit en la balanza de pagos. En el AA habrá un menor déficit fiscal y posiblemente una diferente distribución de los ingresos de factores. Pero, una vez más, la economía no estará en recesión. Es por ello que deben distinguirse los costos o los beneficios de la nueva posición a largo plazo de los costos del proceso de transición. En el corto plazo, sin duda la recesión durante el período de transición afectará a los pobres. En el largo plazo, el que se vean afectados o se les ayude dependerá de que logren aprovechar un tipo de cambio real superior (en el ACE) o una tasa más baja de inflación (en el AA).

Uniendo ambos componentes, la pregunta lógica para los pobres (o cualquier otro grupo de la sociedad) es si los costos de la transición resultan neutralizados por los beneficios que podrían disfrutar con el cambio hacia el equilibrio a largo plazo. Evidentemente, ello depende del tiempo que dure la recesión y lo profunda que sea, lo cual nos lleva de nuevo a la pregunta de por qué invariablemente el proceso de ajuste causa recesión. Este problema parece ser demasiado abstracto para este capítulo, pero el lector deberá advertir que si pudiera acortarse el período de transición, podría mejorarse de manera drástica la proporción entre el beneficio y el costo del proceso de ajuste, no sólo para los pobres sino para la población en general.

En mi opinión, la causa básica de la recesión en ambos procesos de ajuste es el salario nominal o la rigidez de los precios. Consideremos primero el ACE en un déficit de balanza de pagos. Cuando finalmente la economía alcance un equilibrio a largo plazo, tendrá el nivel original de producción agregada y un menor déficit de balanza de pagos, pero para que ello ocurra debe producirse un cambio en los precios relativos. Los precios de los bienes extranjeros tienen que aumentar en relación con los de los artículos nacionales, con el fin de incrementar las exportaciones netas correspondientes a la producción de bienes transables. Si no se registra un cambio en los precios relativos, o si el cambio es insuficiente, el déficit de balanza de pagos se verá eliminado a través de la recesión, que es lo que yo llamaría un ajuste cuantitativo en vez de un ajuste relativo de precios. En el ajuste cuantitativo puro, el nivel de ingreso tiene que bajar al punto en que la demanda de importaciones se reduce al nivel de las exportaciones al tipo de cambio real original.

La recesión es la forma en que la economía de mercado provoca un cambio en los precios relativos o se mantiene con un déficit menor en la balanza de pagos. Supongamos que al comienzo del proceso de ajuste, el gobierno decida no devaluar y utilizar solamente una política de contracción para reducir la demanda. En ese caso la recesión reduce los precios internos en relación con el tipo de cambio, provocando una devaluación real. Si el gobierno devalúa la moneda, debe también reducir la absorción mediante una política de contracción. En este caso la recesión es el método mediante el cual se impide que los trabajadores y los empresarios nacionales transfieran el aumento del tipo de cambio a los precios internos. En ambos casos, la recesión continúa hasta que se haya producido la devaluación real. Puede pensarse que la recesión es el mecanismo mediante el cual la economía se ve obligada a aceptar un nuevo tipo de cambio real.

Cuando irremediablemente los salarios y los precios están en baja, o se les remarca cuando se registra una devaluación nominal, la alteración que se precisa en el tipo de cambio no puede producirse y la economía se mantiene en recesión. Esta es la razón por la cual indicamos desde el comienzo que la recesión de ajuste es causada por la rigidez de los salarios y los precios frente a la necesidad de eliminar un déficit de balanza de pagos. Valdría la pena señalar que la duración y la severidad de esta recesión será directamente proporcional tanto al volumen de la devaluación real que se precisa como a la rigidez del sistema interno de precios y salarios. Cualesquiera sean las medidas que se tomen para reducir ya sea la rigidez o el volumen de la devaluación real necesaria, aquéllas acortarán la recesión transitoria y moderarán el costo a corto plazo del ajuste.

La rigidez de los precios o los salarios es también la razón por la cual existe una recesión transitoria en el ajuste de la inflación. Resumiendo una gran cantidad de estudios técnicos, debe decirse que cuando existe una indización de salarios, precios remarcados o cualquier otra forma de rigidez nominal de precios y salarios, la línea de abastecimiento a corto plazo de la economía apuntará hacia arriba en las curvas y no en forma vertical. Ello significa que las variaciones provocadas por la política monetaria o fiscal en la demanda agregada tendrán su efecto sobre el nivel de producción más que sobre el nivel de precios. En especial, cuando el gobierno reduce la demanda mediante una política de contracción, como ocurre en el programa típico de reducción inflacionaria, la economía se desplaza hacia el "sudoeste", siguiendo una curva de oferta a corto plazo. La tasa de inflación cae y la economía entra en recesión. Pero tal como en el ACE, esa recesión es de corto plazo, un fenómeno transitorio. A largo plazo, la curva de suministro es vertical y no sube en forma sinuosa, lo que significa que las variaciones en la demanda agregada afectan sólo a la tasa de inflación y no al nivel de producción. Debería pensarse en el proceso de transición en AA como el mecanismo mediante el cual los salarios y los precios de la economía de mercado se ven obligados a bajar hasta que se ajusten a una tasa de inflación menor a corto plazo o a la tasa de expansión del circulante permitida por el gobierno. Como antes, mientras más inflexibles sean los precios y los salarios (o sea, cuanto más horizontal sea la curva de suministro a corto plazo) más prolongada y más profunda será la recesión transitoria.[2]

---

[2] La curva de Phillips es la forma tradicional mediante la que esto se expresa y analiza.

Tres estudios típicos de ajuste

Ahora demos una mirada más exhaustiva a tres ejemplos de los efectos del proceso de ajuste sobre los pobres. Argentina y Venezuela son dos países que han sufrido un prolongado período de ajuste en los años ochenta, cuando el ingreso per cápita cayó un 25 por ciento en el primer país y 19 por ciento en el segundo. Mostraremos el alto costo que ello ha significado para los pobres. Costa Rica, nuestro tercer caso, es el único ejemplo disponible de país que pasó tanto por la fase de ajuste a corto plazo (entre 1979 y 1982), como por una recuperación subsiguiente entre 1983 y 1989, permitiéndonos investigar los efectos a largo plazo del ajuste y compararlos con los costos a corto plazo de la recesión.

Consideremos primero los efectos de la recesión transitoria como los registrados en Venezuela entre 1981 y 1989 y por Argentina entre 1980 y 1989. En el Cuadro 1.1, documentamos el inmenso aumento de la pobreza a través de subgrupos diferentes de la población, provocado por la recesión. Para simplificar nuestra explicación respecto a la medición de la pobreza, utilizaremos la tasa de capitación. Las mediciones para estos países que aplican un mayor peso sobre los pobres pueden encontrarse en Morley y Alvarez (1992a y 1992c). La tasa de capitación tiene la ventaja de que es la medición de pobreza que más se utiliza y de que también puede desglosarse para mostrar quiénes son los pobres y cuáles fueron los subgrupos que más contribuyeron a los cambios en la pobreza con el transcurso del tiempo (véanse Ravallion y Huppi, 1991, y Morley y Alvarez, 1992a y 1992c). Nuestra línea de pobreza fue trazada directamente de CEPAL (1990) con un ajuste para los cambios en el costo de vida. El año índice básico para cada país es directamente comparable con los que pueden encontrarse en el estudio de CEPAL.[3]

Consideremos ahora las pruebas exhibidas en el Cuadro 1.1. Las tasas de capitación señalan la probabilidad de ser pobres para los miembros de diferentes subgrupos de la población. A la derecha vemos la fracción de pobres que provienen de diferentes grupos. Esas fracciones constituyen un buen indicador de quiénes son los pobres

---

[3] Son bien conocidas las deficiencias en la tasa de capitación, en particular su insensibilidad ante las transferencias dentro de la población pobre. En Ravallion (s.f.) y Foster (1984) se encuentran estudios de mediciones alternativas. Sin embargo, para nuestros propósitos, estas alternativas nos dan más o menos el mismo mensaje que la tasa de capitación respecto a la composición y los cambios en la pobreza. Véase también Morley y Alvarez (1992a y 1992c).

Cuadro 1.1. Efectos de la recesión en el aumento de la pobreza en los diferentes subgrupos de la población en Argentina y Venezuela

	Argentina				Venezuela			
	Tasa de capitación		Distribución		Tasa de capitación		Distribución	
Variables	1980	1989	1980	1989	1981	1989	1981	1989
Educación								
Analfabetos	0,336	0,514	0,365	0,108	0,436	0,826	0,311	0,173
Escuela primaria	0,053	0,270	0,506	0,697	0,243	0,688	0,538	0,542
Escuela secundaria	0,030	0,133	0,109	0,169	0,096	0,489	0,077	0,216
Universidad	0,012	0,043	0,018	0,022	0,021	0,184	0,005	0,026
Sexo								
Masculino	0,066	0,219	0,919	0,866	0,227	0,599	0,797	0,805
Femenino	0,040	0,191	0,081	0,134	0,303	0,660	0,208	0,195
Segmentos del mercado laboral urbano								
Formal	0,083	0,201	0,666	0,439	0,153	0,501	0,375	0,547
Informal	0,043	0,235	0,181	0,327	0,184	0,612	0,365	0,329
Desempleado	0,068	0,475	0,007	0,054	0,567	0,871	0,048	0,049
Incentivos	0,041	0,188	0,145	0,180	0,286	0,700	0,212	0,175
Sector de actividad económica								
Agricultura	—	0,589	—	0,003	0,480	0,786	0,277	0,175
Industria	0,046	0,203	0,178	0,195	0,183	0,558	0,100	0,116
Construcción	0,101	0,314	0,165	0,121	0,190	0,624	0,074	0,075
Comercio	0,028	0,188	0,054	0,115	0,177	0,569	0,115	0,155
Servicios	0,037	0,218	0,074	0,175	0,205	0,531	0,165	0,166
Transporte	0,041	0,183	0,041	0,076	0,128	0,553	0,046	0,069
No especificado	0,394	0,632	0,326	0,060	0,148	0,634	—	0,001
Desempleado	0,068	0,475	0,007	0,054	0,334	0,751	0,199	0,206
Area geográfica								
Metropolitana					0,132	0,445	0,149	0,154
Resto urbana					0,220	0,620	0,473	0,637
Rural					0,427	0,787	0,378	0,209
Total	0,063	0,215			0,240	0,610		

Fuente: Morley y Alvarez (1992a y 1992c).

o de las contribuciones de los diferentes grupos a la población pobre. Observemos por ejemplo el caso de Argentina. El cuadro indica que en 1980 el 33,6 por ciento de los analfabetos estaban por debajo de la línea de pobreza, y que comprendían el 36,5 por ciento de la población pobre. Para 1989, la incidencia de la pobreza en este grupo se había elevado al 51,4 por ciento, pero ahora comprendía sólo el 10,8 por ciento de los pobres. Ello significa que la pobreza entre los subgrupos más numerosos de la fuerza laboral (como los graduados de escuela primaria) se incrementó en tal medida durante la recesión, que excedió el aumento de la incidencia de la pobreza entre los analfabetos.

Ahora consideremos lo que el cuadro nos dice acerca de los efectos de la recesión. En primer lugar, notemos los enormes incrementos de la pobreza en ambos países. No cabe duda de que el ajuste impuso un costo a corto plazo muy duro sobre aquéllos que se hallaban en el fondo de la pirámide de ingresos. En segundo lugar, la pobreza no fue un problema principalmente confinado a aquéllos que estaban desempleados o jubilados. En ambos países se produjo un notable aumento en la incidencia de la pobreza en estos dos grupos, pero resulta claro, a juzgar por el cuadro, que la mayoría de los pobres trabajaban. En 1989, los trabajadores indigentes comprendían el 76 por ciento de los pobres en Argentina y el 87 por ciento en Venezuela. Tampoco la pobreza se limitó a quienes trabajaban en el sector informal. Más de la mitad de los pobres en el sector urbano de Venezuela trabajaba en el sector formal en 1989 y sólo una fracción ligeramente inferior lo hacía en Argentina. De esta manera, la evidencia nos sugiere que estas recesiones fueron lo suficientemente severas como para afectar a todos los integrantes del sector laboral y para impedir que las empresas del sector formal pagaran un sueldo vital a una fracción importante de sus empleados.

Una tercera característica que podemos observar sólo en Venezuela, debido a la falta de un estudio rural en Argentina, es la importante diferencia que existe entre el sector rural y el sector urbano. En el caso de Venezuela, el cuadro nos dice que aun cuando la pobreza se incrementó marcadamente en el campo, el aumento fue mucho mayor aún en las ciudades, especialmente en las más pequeñas. Por ello es que la pobreza rural, como fracción del total, cae del 38 por ciento al 21 por ciento entre 1981 y 1989. Pueden verse indicios de este mismo fenómeno en la comparación de los patrones de pobreza a través de las clases, según la educación de sus miembros. Como el lector podrá notar, en Venezuela la cuota de analfabetos en la población pobre cayó abruptamente entre 1981 y 1989, aun cuando la incidencia de la pobreza dentro del grupo casi se duplicó. Los analfabetos se concentraron en el sector rural. Su participación en la pobreza total se redujo debido al enorme incremento de la pobreza entre los más educados, en gran medida la fuerza laboral urbana.

También es evidente que el efecto de la recesión no se limitó solamente al segmento más bajo de la pirámide de la educación en el sector urbano. En Argentina, donde nuestra única observación se concentra en la zona metropolitana de Buenos Aires, la incidencia de la pobreza aumentó con tanta rapidez entre los que habían completado la educación primaria y la educación secundaria, que esa incidencia excedió el incremento de la pobreza entre los analfabetos.

Ahora cabe preguntarse cuál fue el efecto del ajuste en los diferenciales de remuneración y la distribución de ingresos en un hogar. La evidencia respecto a estos interrogantes se muestra en el Cuadro 1.2. Nótese que en este caso los datos se refieren a los ingresos por trabajador y no al ingreso per cápita de un hogar. En primer lugar, hubo un considerable aumento en la desigualdad de ingresos en ambos países. En una característica típica, en América Latina el crecimiento ha aumentado las desigualdades. Al parecer, lo mismo ocurre con la recesión. Aunque los salarios reales disminuyeron en todas las categorías, lo hicieron más todavía en el segmento más bajo de la pirámide de ingresos.

En segundo lugar, se produjo un aumento en los diferenciales de ingresos por edades. Las recesiones generalmente imponen duros costos a los nuevos integrantes de la fuerza laboral, debido a la escasez de fuentes de trabajo inicial en una economía en plena contracción. Argentina y Venezuela siguieron este patrón cuando los que recién ingresaban a la fuerza laboral se vieron obligados a aceptar empleos de baja remuneración o a quedar desempleados. La expansión del diferencial por edades fue más pronunciada en Argentina que en Venezuela.

Existe una curiosa y en cierta medida imprevista diferencia entre los dos países con respecto a lo que ocurrió con la educación o el diferencial de capacidad que se amplió en Argentina y se redujo en Venezuela. En los países en desarrollo podría esperarse que este diferencial sea procíclico si existe una oferta muy elástica de fuerza laboral de baja capacidad a sueldo de subsistencia mínima. En los lugares en que ello ocurre, el aumento en la demanda incrementará los salarios de la fuerza laboral capacitada y el empleo de la fuerza laboral no capacitada. Ello llevaría a esperar una reducción de los diferenciales durante situaciones recesivas. En los países desarrollados, la oferta de fuerza laboral no capacitada es menos elástica que la de fuerza laboral capacitada, por lo menos a corto plazo. Ello tendería a hacer que el diferencial sea contracíclico, contrayéndose en períodos de auge y ampliándose durante las recesiones. Si este razonamiento es válido, el mercado laboral en Argentina se comporta como el de un país en desarrollo y el de Venezuela como el de un país desarrollado.

Hemos encontrado que la recesión de ajuste aumentó la pobreza en ambos países y que también incrementó las desigualdades en los ingresos. En Argentina ese patrón se mantuvo, tanto en lo que se refiere a la distribución del ingreso por deciles, como por edad y educación. En Venezuela ocurrió lo mismo en las primeras dos categorías, pero no así en lo que se refiere a la educación. El cuadro señala que en Venezuela, aunque aumentó la desigualdad en los ingresos, el diferencial de educación se contrajo. Ello puede haber ocurrido en el caso de que se hubiera producido una cantidad consi-

Cuadro 1.2. Indices seleccionados de ingresos reales en Argentina, Costa Rica y Venezuela
*(Año base: 100)**

	Argentina		Venezuela		Costa Rica	
	Metropolitano		Urbano	Total	Urbano	Total
Variables	1986	1989	1989	1989	1989	1989
Decil						
1	0,93	0,28	0,05	0,09	1,65	1,96
2	0,97	0,35	0,37	0,27	1,38	1,66
3	0,96	0,35	0,35	0,36	1,30	1,50
4	0,97	0,33	0,36	0,36	1,27	1,42
5	0,94	0,32	0,37	0,38	1,29	1,40
6	0,91	0,31	0,39	0,39	1,30	1,39
7	0,92	0,31	0,40	0,40	1,28	1,42
8	0,93	0,33	0,41	0,41	1,26	1,41
9	0,85	0,33	0,41	0,42	1,30	1,36
10	0,88	0,41	0,47	0,46	1,38	1,43
Edad						
Menos de 16	0,89	0,33	0,44	0,45	2,82	3,22
16-20	0,87	0,44	0,51	0,50	1,98	2,23
21-25	0,92	0,46	0,46	0,46	1,27	1,37
26-30	0,91	0,51	0,44	0,45	1,17	1,21
31-35	0,95	0,51	0,42	0,43	1,27	1,33
36-40	1,09	0,54	0,44	0,45	1,33	1,40
41-45	0,92	0,51	0,46	0,47	1,41	1,40
46-50	0,86	0,56	0,48	0,48	1,10	1,25
51-55	0,77	0,45	0,50	0,50	1,52	1,50
56-60	0,83	0,48	0,47	0,48	1,37	1,42
61-65	0,73	0,52	0,49	0,50	0,84	1,11
66 y más	0,78	0,46	0,51	0,51	0,84	1,06
Educación						
Analfabetos	1,01	0,49	0,46	0,47		1,32
Educación primaria	0,93	0,47	0,44	0,44		1,49
Educación secundaria	0,89	0,48	0,46	0,46		1,34
Universidad	1,08	0,51	0,41	0,41		1,28
General				0,44		

Fuente: Elaborado por el autor con datos sacados de Morley y Alvarez (1992a, 1992b y 1992c).
* Año base para Argentina 1980, para Costa Rica y Venezuela, 1981.

derable de desplazamiento descendente, altos niveles de desempleo o muy bajos salarios iniciales para los educados. Cualquiera sea la causa, el cuadro subraya el patrón que ya hemos indicado anteriormente en cuanto a que los costos del proceso de ajuste no se limitaron al segmento más bajo de la pirámide educacional, especialmente en Venezuela.

En nuestro estudio de Argentina (Morley y Alvarez, 1992a), encontramos una diferencia cualitativa entre los dos subperíodos 1980-1986 y 1986-1989. En ambos la economía estaba en recesión. Sin embargo, el segundo es mucho más severo que el primero en cuanto a sus efectos sobre el salario real y la pobreza. Puede observarse la diferencia en los índices del salario real en el Cuadro 1.2, al advertir que en el primer período la pobreza en Buenos Aires se elevó del 6,3 por ciento a sólo el 10,9 por ciento, en tanto que en el segundo aumentó de 10,9 a 21,5 por ciento. Ya señalamos que el primer período fue esencialmente un ajuste de balanza de pagos, en el que la recesión produjo un gran excedente de cuenta corriente y una duplicación del tipo de cambio real. Lo que es más significativo, el índice nacional de salarios reales en efecto aumentó entre 1980 y 1986, echando por tierra la vieja teoría de que una devaluación real requiere una declinación en los salarios reales. El período siguiente (1986-1989) estuvo dominado por una caída de los salarios reales, una aceleración de la inflación y un esfuerzo infructuoso por controlar el déficit fiscal.

Aun cuando realizar una dicotomía de los dos períodos sería abundar demasiado, creo que el primero fue esencialmente un ajuste de tipo de cambio, en tanto que el segundo fue un ajuste de inflación. En el primer período mejoró la balanza comercial en un 4 por ciento del PIB, pero lo hizo en el marco de una inflación creciente. La contracción del segundo período fue provocada menos por una escasez de divisas que por un fuerte deseo de detener o al menos reducir la tasa de inflación que se había acelerado desde un 343 por ciento a nueve veces ese porcentaje entre 1988 y 1989. Sin duda una de las principales víctimas de esta lucha fue el salario real, que cayó en más de un 50 por ciento entre 1986 y 1989. Es típico que los ajustes de inflación se vean acompañados por una marcada reducción de los salarios reales y ello parece tener un grave impacto tanto sobre la pobreza como sobre la desigualdad.

En realidad, al observar estos dos países y estos tres períodos, sorprende la aparente relación entre lo ocurrido a los salarios reales, los diferenciales de salarios y la pobreza. Cuando los salarios reales decrecieron marcadamente como ocurrió en Argentina entre 1986 y 1989 o en Venezuela, donde se redujeron un 23 por ciento entre 1980 y 1989, aumentó tanto la pobreza como las desigualdades en los ingresos. En 1980-1986 en Argentina, cuando los salarios reales aumentaron a pesar de la disminución del ingreso per cápita, la pobreza aumentó ligeramente, pero no así la desigualdad.[4]

---

[4] En Brasil puede observarse exactamente esta misma distinción entre subperíodos. Su estabilización en 1980-1983 fue esencialmente un ACE en el cual se eliminó el déficit de balanza de pagos y se devaluó el tipo de cambio real. Al mismo tiempo, gracias a la indización progresiva, los salarios reales sólo se redujeron un 10 por ciento. En contraste, el ajuste posterior a 1987 estuvo vinculado más al problema de la inflación que al de balanza de pagos. Entre 1986 y 1989 el salario real cayó en un 16 por ciento y se produjo un fuerte incremento de la pobreza. Véase Fox y Morley (1992a) para un análisis más extenso de este tema.

Aunque este hecho histórico no sea una prueba de causalidad, sí sugiere que el mantenimiento de un salario real mínimo tenderá a neutralizar el impacto del ajuste sobre aquéllos que están en el segmento inferior. Por contraste, cualquier ajuste que produzca una considerable reducción del salario real aparece como la causa probable de una ampliación regresiva de los diferenciales de salarios además de graves aumentos en la pobreza. Ello debe tenerse particularmente en cuenta en aquellos países que son lo suficientemente afortunados como para no necesitar una caída en los salarios reales a largo plazo para su balanza de pagos.

En lo que se refiere a Argentina y Venezuela, es importante recordar que nuestras observaciones caen justo en medio de la recesión transitoria que acompañó al programa de ajuste. Por el contrario, Costa Rica ofrece la posibilidad de observar los efectos a largo plazo del ajuste. En el período 1980-1982, Costa Rica sufrió un severo ajuste de cambio durante el cual el ingreso per cápita cayó un 15 por ciento en tanto que los salarios reales decrecieron 27 por ciento. Después de 1982 la economía se recuperó y el ingreso per cápita aumentó un 10 por ciento para 1989, en tanto que los salarios reales recuperaban todo el terreno perdido durante la recesión. Nuestra observación inicial es para 1981, año que se encuentra en el medio del proceso de ajuste. Nuestra segunda observación es en 1989, momento en que la economía estaba casi recuperada de la recesión y retornaba al nivel de producción de largo plazo. Desafortunadamente, no contamos con una observación de los últimos años de la década de 1970, antes de que comenzara todo el proceso, por lo que no podemos comparar con precisión el nivel de pobreza antes y después del ajuste. Pero sí podemos rastrear el efecto de la recuperación sobre la pobreza y el mercado laboral. Otros datos nos permitirán calcular el efecto a largo plazo de todo el proceso de ajuste.

En el Cuadro 1.3 pueden verse las diversas estadísticas de pobreza ya descritas para Argentina y Venezuela. Al comparar 1989 con 1981, resulta claro que la recuperación fue altamente benéfica para los indigentes, con considerables reducciones de la pobreza en cada uno de los segmentos del mercado laboral. El impacto de la recuperación fue particularmente pronunciado en el sector rural. Allí, la incidencia de la pobreza se redujo en casi dos tercios, en tanto que lo mismo ocurría con la indigencia que afectaba a las familias rurales y las involucradas en la agricultura. Este patrón también debería explicar por qué el número de analfabetos y graduados de educación primaria en la población pobre se redujo tanto, ya que ambos sectores se concentran en gran medida en el campo.

La recuperación no sólo redujo la pobreza en Costa Rica, sino

Cuadro 1.3. Efectos de la recuperación económica en el aumento de la pobreza en los diferentes subgrupos de la población. Costa Rica, 1981 y 1989

	Tasa de capitación		Distribución	
	1981	1989	1981	1989
Educación				
Analfabetos	0,491	0,184	0,200	0,184
Primaria	0,293	0,115	0,745	0,679
Secundaria	0,072	0,057	0,046	0,111
Universitaria	0,034	0,028	0,009	0,025
Género				
Masculino	0,226	0,090	0,796	0,753
Femenino	0,488	0,177	0,204	0,247
Segmentos del mercado laboral urbano				
Desempleados	0,595	0,469	0,067	0,047
Incentivos	0,463	0,176	0,378	0,247
Formal privado	0,115	0,055	0,170	0,181
público	0,072	0,024	0,082	0,059
Informal	0,209	0,135	0,304	0,466
Sector de actividad económica				
Agricultura	0,307	0,139	0,377	0,363
Industria	0,110	0,070	0,051	0,093
Construcción	0,096	0,015	0,032	0,010
Comercio	0,120	0,081	0,053	0,100
Servicios	0,094	0,060	0,047	0,103
Transporte	0,041	0,183	0,041	0,076
Area geográfica				
Metropolitana	0,195	0,100	0,167	0,218
Resto urbana	0,204	0,088	0,186	0,232
Rural	0,298	0,110	0,110	0,550
Total	0,254	0,102		

Fuente: Morley y Alvarez (1992b).

que también fue muy progresista, como puede advertirse claramente en el Cuadro 1.2. En cada caso, los avances en lo que se refiere a salarios reales fueron mayores en el segmento más bajo de la distribución, ya sea por deciles de ingresos, educación o edad. Ello nos lleva a plantearnos dos interrogantes. Primero, ¿fue menor la pobreza al final del proceso de ajuste que lo que había sido al comienzo? y segundo, ¿qué características del ajuste en Costa Rica fueron causales de ese impulso progresista del proceso?

Para responder a la primera pregunta veamos el Gráfico 1.5, donde se muestran todos los índices de pobreza disponibles para Costa Rica. Dos de esos índices abarcan el período 1980-1986, y uno de ellos se extiende a 1987. Debe tenerse en cuenta que la observación de 1980 es previa al comienzo del período de ajuste. Según ambas mediciones, alrededor de 1986 la pobreza cayó por debajo de su nivel de 1980, resultado impresionante si se toma en cuenta que el ingreso per cápita fue un 8 por ciento inferior en 1987 respecto al de 1980. Ello sugiere que en el largo plazo, después del ajuste transitorio a tipos de cambios reales y más altos, en algunos países y en ciertas circunstancias, es posible que los pobres en efecto resulten beneficiados con el ajuste.

¿Cuáles podrían ser las circunstancias especiales que hacen que el ajuste tenga un carácter tan progresista en Costa Rica? En nuestro documento (Morley y Alvarez, 1992b) sostenemos que la principal razón es que los miembros de hogares indigentes trabajaban principalmente en el sector agrícola, produciendo mercancías transables. Este último factor es clave. El ajuste de balanza de pagos requiere un cambio de los recursos productivos al sector de bienes transables generalmente a través de una devaluación real. Ello es lo que ocurrió en Costa Rica. Podía esperarse que los salarios e ingresos de los factores de producción usados en forma generalizada en ese sector aumentarían como reacción al incremento del tipo de cambio real, y en efecto así ocurrió. En nuestro documento mostramos que los salarios reales en el sector de exportación, dominado por los productos agrícolas, se elevaron un 105 por ciento con relación a los salarios del sector de productos no transables. Debido a que las dos terceras partes de las exportaciones de Costa Rica provienen de la agricultura, y puesto que las exportaciones comprenden aproximadamente el mismo porcentaje de producción agrícola, la agricultura puede ser tratada como un sector de bienes transables por lo cual la devaluación debería tener un efecto fuertemente positivo.

El otro patrón, al cual ya nos hemos referido, es el desplazamiento de los salarios reales. En Costa Rica, para el año 1986 el salario real había recuperado su nivel de 1980, demostrando con ello que en un ajuste de tipo cambiario no es necesario que el salario disminuya a largo plazo. Que ello ocurra o no dependerá de la importancia relativa de los productos transables en la producción y el consumo. Costa Rica tuvo la fortuna de que gran parte de su producción estuviera concentrada en el sector de bienes transables. La devaluación real y otras políticas de promoción de las exportaciones permitieron un aumento económicamente justificable tanto de los salarios reales como de la demanda del tipo de trabajo que podía ser suministrado por los sectores más pobres. El sector urbano en Costa Rica, como ocurre en otros países de América Latina, tiende a producir bienes no transables. Aquí la devaluación real tendrá un efecto negativo, ya que aumenta tanto el costo de los insumos importados como el costo de vida en general. En tales circunstancias, puede esperarse que la devaluación real, que es un componente tan crítico en el programa de ajuste de los tipos cambiarios, resulte mucho más perjudicial para las ciudades que para el campo.

Conclusiones

Las macrocondiciones, especialmente el nivel de ingreso per cápita y los salarios reales, sin duda constituyen importantes determinantes del nivel de pobreza en América Latina. La experiencia de cada país demuestra que a largo plazo, el crecimiento económico reduce la pobreza aun si la estrategia de ese crecimiento no es equitativa, siempre que sea suficientemente rápido. En el caso latinoamericano típico, parecería requerirse una tasa de crecimiento de por lo menos un 3 por ciento anual en el ingreso per cápita para que se logre un avance importante en el alivio de la pobreza, que muy bien podría ser una tasa que excedería la capacidad actual de crecimiento de las economías latinoamericanas. De la misma forma, las pruebas nos demuestran que durante los períodos de ajuste, la pobreza sigue el curso de la economía, incrementándose abruptamente durante la transición recesiva para caer de la misma forma durante los períodos de recuperación.

Cuando se piensa en ajuste estructural y pobreza, es crucial distinguir entre el largo y el corto plazo. Analizamos dos tipos diferentes de ajuste, uno para corregir un déficit de balanza de pagos y el otro para corregir la inflación. A largo plazo, en el primer caso habrá una devaluación real y un aumento en la producción de bienes transables, y en el otro una caída de la inflación.

Ambos cambios probablemente beneficien a los pobres, pero para llegar a uno de esos dos tipos de equilibrio a largo plazo, generalmente se requiere una recesión en el corto plazo. Es esta recesión transitoria la que resulta costosa para los pobres en un programa de ajuste estructural, y no el cambio a largo plazo que la recesión ayuda a crear. Siendo ése el caso, el programa más efectivo contra la pobreza sería aquél que disminuyera la transición y redujera la severidad de la recesión que se registra durante el proceso de ajuste.

La política salarial también tiene importancia. Los países que trataron de proteger los salarios reales, como Costa Rica (1982-1989), Argentina y Brasil (1980-1986), sufrieron menos con el aumento de la pobreza durante la transición que aquellos países en los que el salario real cayó abruptamente, como Chile entre 1979 y 1986, o Argentina y Brasil entre 1986 y 1989. Más aún, la experiencia de Costa

Rica demuestra que durante el ajuste de tipo cambiario no es necesario que los salarios reales caigan en el largo plazo con el objeto de producir una devaluación real. Sin embargo, en la mayoría de los casos, incluyendo Costa Rica entre 1980 y 1982, los salarios reales declinaron durante el período de recesión transitoria.

De nuestro estudio de Argentina —y también de la experiencia de Brasil— parecería deducirse que en el corto plazo lo que se necesita para controlar la inflación es más nocivo para los pobres que lo que se requiere para corregir el déficit de balanza de pagos. Ello ocurre porque en el programa antiinflacionario típico los salarios reales cayeron más aún y el proceso demoró más que en el caso de una gestión destinada a establecer un tipo de cambio real más alto. Al contrario del ajuste de la balanza de pagos, no resulta claro si en el largo plazo es posible llegar a una inflación menor sin que se produzca cierta disminución de los salarios reales.

Sin embargo, es improbable que las reducciones de la magnitud observada en Argentina, Brasil, Venezuela, Chile, Perú y México sean necesarias en el equilibrio a largo plazo. Ellas son una desafortunada y onerosa característica de la recesión transitoria.[5]

En América Latina el sector rural se vio menos afectado por el ajuste estructural que el sector urbano. En todos los casos, el nivel de pobreza rural subió más lentamente durante la recesión y disminuyó más rápidamente durante la recuperación. En base a nuestro estudio de Costa Rica, hemos planteado la hipótesis de que ello puede deberse en mayor parte a que la agricultura produce bienes transables y el sector urbano no.

Por último, los resultados del estudio sugieren que las recesiones de ajuste incrementan la desigualdad en el ingreso. Aquéllos que están en la base de la pirámide de ingresos estuvieron en menor capacidad de defender sus salarios reales que quienes que se hallaban en la cima. En dos de nuestros tres casos la recesión también aumentó el diferencial de capacidad o educación. En Venezuela, donde eso no ocurrió a pesar del aumento de la desigualdad en el ingreso, el desplazamiento descendente y el desempleo deben haber afectado gravemente a los más educados, especialmente a aquéllos que recién iniciaban su vida profesional.

---

[5] En Chile el salario mínimo real cayó un 40 por ciento entre 1979 y 1986.

REFERENCIAS

Altimir, O. 1992. "The Extent of Poverty in Latin America". World Bank Staff Working Paper 522. Washington D.C.: Banco Mundial.

_____. 1984. Poverty, Income Distribution and Child Welfare in Latin America: A Comparison of Pre- and Post-Recession Data. *World Development*. 12(3).

Banco Mundial. 1990. *Informe sobre el desarrollo mundial*. Washington, D.C.: Banco Mundial.

Bergsman, J. 1980. "Income Distribution and Poverty in Mexico". World Bank Staff Working Paper 395. Washington D.C.: Banco Mundial.

CEPAL. 1990. "Magnitud de la pobreza en América Latina en los años ochenta". LC/L 533. Santiago de Chile: CEPAL.

Fields, G. 1991. Growth and Income Distribution. En: G. Psacharopoulos, ed. *Essays on Poverty. Equity and Growth*. Oxford: Pergammon Press.

_____. 1990. "Poverty and Inequality in Latin America; Some New Evidence". Documento mimeografiado.

_____. 1980. *Poverty, Inequality and Development*. Nueva York: Cambridge University Press.

Foster, J. 1984. On Economic Poverty: A Survey of Aggregate Measures. *Advances in Econometrics*. 3: 215-251.

Fox, M. L. 1990. "Poverty Alleviation in Brazil, 1970-1987". Washington, D.C.: Banco Mundial. Documento mimeografiado.

Fox, M.L. y Morley, S.A. 1991a. "Who Carried the Burden of Brazilian Adjustment in the Eighties?". Washington, D.C.: Banco Mundial. Documento mimeografiado.

_____. 1991b. "Who Paid the Bill? Adjustment and Poverty in Brazil 1980-85". Policy Research Working Paper Series No. 648. Washington, D.C.: Banco Mundial.

Gindling, T.H. y Berry, A. 1992. The Performance of the Labor Market during Recession and Structural Adjustment: Costa Rica in the 1980's. *World Development*. 20(11).

Instituto Nacional de Estadística y Censos (INDEC). 1990. *La pobreza urbana en Argentina*. Buenos Aires: INDEC.

Londoño de la Cuesta, J. 1990. "Income Distribution during the Structural Transformation: Colombia 1938-88". Documento presentado a Harvard University, Cambridge.

Lustig, N. 1991. "Mexico: The Social Impact of Adjustment". Washington, D.C.: Brookings Institution. Documento mimeografiado.

Morley, S. A. y Alvarez, C. 1992a. "Recession and the Growth of Poverty in Argentina". Documento de trabajo No.125. Washington, D.C.: Banco Interamericano de Desarrollo.

_____. 1992b. "Poverty and Adjustment in Costa Rica". Documento de trabajo No. 123. Washington, D.C.: Banco Interamericano de Desarrollo.

_____. 1992c. "Poverty and Adjustment in Venezuela". Documento de trabajo No. 123. Washington, D.C.: Banco Interamericano de Desarrollo.

PREALC. 1990a. "Pobreza y empleo: un análisis del período 1986-1987 en el Gran Santiago". Documento de trabajo No. 348. Santiago de Chile: PREALC.

_____. 1990b. *Colombia: la deuda social en los 80*. Ginebra: PREALC.

Ravallion, M. s.f. "Poverty Comparisons: A Guide to Concepts and Methods". Washington, D.C.: Banco Mundial. Documento mimeografiado.

Sauma, P. y Trejos, J.D. 1990. "Evolución reciente de la distribución del ingreso en Costa Rica: 1977-1986". Documento de trabajo No. 132. San José: Instituto de Investigaciones en Ciencias Económicas (IICE).

Tolosa, H.C. 1991. Pobreza no Brasil: Uma avaliação dos anos 80. En: J. P. dos Reis Velloso, ed. *A Questão Social no Brasil*. São Paulo: Nobel.

BIBLIOGRAFIA

Cardoso, E. 1992. "The Macroeconomics of Poverty in Latin America". Nueva York: NBER. Documento mimeografiado.

Cardoso, E. y Helwege, A. 1992. Below the Line: Poverty in Latin America. *World Development.* 20(1).

Cox Edwards, A. 1991. "Wage Trends in Latin America". LATHR No. 98. Washington, D.C.: Banco Mundial.

ECOCARIBE. 1992. "El impacto distributivo de la gestión fiscal en la República Dominicana". Documento de trabajo No. 107. Washington, D.C.: Banco Interamericano de Desarrollo.

Foster, J., Greer, J. y Thorbecke, E. 1984. A Class of Decomposable Poverty Measures. *Econometrica.* 52: 761-765.

Foster, J. y Shorrocks, A.F. 1988. Poverty Orderings. *Econometrica.* 52: 761-765.

Glewwe, P. y Tray, D. 1989. "The Poor in Latin America during Adjustment: A Case Study of Peru". LSMS No. 56. Washington, D.C.: Banco Mundial.

Kanbur, R. 1990. *Poverty and the Social Dimension of Structural Adjustment in Côte d'Ivoire.* Washington, D.C.: Banco Mundial, SDA.

_____. 1987. "Malnutrition and Poverty in Latin America". Warwick Economic Research Papers. Coventry: University of Warwick, Department of Economics.

_____. 1987. "Measurement and Alleviation of Poverty". IMF Staff Papers No. 36: 60-85. Washington, D.C.: Fondo Monetario Internacional.

Levy, S. 1991. "Poverty Alleviation in Mexico". Working Paper Series No. 679. Washington, D.C.: Banco Mundial.

Márquez, G. et al. 1992. "Gestión fiscal y distribución del ingreso en Venezuela". En: R. Hausmann y R. Rigobón, eds. *Gestión fiscal y distribución del ingreso en América Latina.* Caracas: Instituto de Estudios Superiores de Administración (IESA).

Pinera, S. 1979. *Medición, análisis y descripción de la pobreza en Costa Rica.* Santiago de Chile: CEPAL.

Pollack, M. 1990. Poverty and the Labour Market in Costa Rica. En: G. Rodgers, ed. *Poverty and the Labour Market: Access to Jobs and Incomes in Asian and Latin American Cities.* Ginebra: Oficina Internacional del Trabajo.

_____. 1985. "Household Behavior and Economic Crisis. Costa Rica 1979-1982". Documento de trabajo 0270. Santiago: PREALC.

Ravallion, M. y Huppi, M. 1991. Measuring Changes in Poverty: A Methodological Case Study of Indonesia during an Adjustment Period. *World Bank Economic Review.* 5: 57-84.

Sen, A. 1976. Poverty: An Ordinal Approach to Measurement. *Econometrica.* 44: 437-446.

Capítulo 2

CRECIMIENTO, AJUSTE, DISTRIBUCION DEL INGRESO Y POBREZA EN AMERICA LATINA

Oscar Altimir[1]

Este trabajo tiene por objeto contribuir a la interpretación histórica del desarrollo de los países latinoamericanos y de las transformaciones actuales, centrando la atención en su dimensión distributiva.

La dificultad inicial reside en los datos a utilizarse. Para un buen número de países de la región hay abundantes estadísticas sobre distribución del ingreso, de diversa cobertura, unidad estadística, concepto y, sobre todo, confiabilidad. Su utilización indiscriminada o regida por la facilidad de acceso puede producir resultados analíticos diametralmente opuestos, sin posibilidad de juzgar su validez. Por ello, se ha seleccionado una base de datos sobre la distribución del ingreso y la pobreza en los años setenta y ochenta, en su mayoría elaborados por la Comisión Económica para América Latina y el Caribe (CEPAL) o por el autor con fines comparativos, que por esa razón proporcionan garantías mínimas de comparabilidad intertemporal y entre países y cuya confiabilidad relativa es conocida. Sólo ocasionalmente se utilizan estimaciones nacionales realizadas por otros autores u organismos, aunque muchas de las disponibles puedan ser quizá más exactas.

El intento de analizar algunas características de los cambios en la distribución del ingreso y la pobreza en los países de la región ofrece ventajas, pero también entraña riesgos. La principal ventaja es la posibilidad de extraer enseñanzas generales acerca de los factores que han afectado los procesos de distribución en distintos países y en diferentes etapas. El principal peligro es el de derivar vastas generalizaciones de relaciones entre pocas variables (como, por ejem-

---

[1] El autor agradece la colaboración de Guillermo Mundt y Daniel Titelman en la preparación de cálculos y la de André Hofman en la adecuada utilización de la base de datos del proyecto de contabilidad del crecimiento. Agradece muy especialmente las atinadas y útiles observaciones realizadas por Ricardo Hausmann a un borrador preliminar, aunque lo descarga de toda responsabilidad por el resultado final.

plo, concentración y crecimiento), sin atender a las peculiares configuraciones de otros factores subyacentes en cada caso.

Tanto esta preocupación como la concerniente a la adecuada interpretación de datos de relativa confiabilidad han motivado que en muchas partes del trabajo se considere cada caso nacional, esperando que ello sirva para percibir con más claridad los procesos.

No se han usado métodos econométricos, debido a que el número de países involucrados no proporciona un número de observaciones suficiente para que los resultados sean confiables, ni se ha considerado válido salvar este obstáculo mediante una combinación analítica o estadísticamente arbitraria de las observaciones.

Las variables consideradas se refieren a la distribución del ingreso disponible de los hogares, compuesto tanto por ingresos primarios o factoriales como por transferencias monetarias de diferente tipo, incluidas las jubilaciones y las pensiones. Este concepto incorpora los efectos de la tributación, pero excluye los bienes y servicios que reciben los hogares mediante el gasto público real. Las conclusiones, por lo tanto, se limitan a los factores que determinan el ingreso disponible y no abarcan los efectos redistributivos del gasto de consumo público. Asimismo, se analiza la distribución de los hogares por niveles de ingreso total disponible, ya que es en este ámbito donde se realiza la mayor parte de las elecciones de bienestar que afectan a sus miembros.

Por último, en un anexo se han sintetizado algunos aspectos metodológicos que es necesario considerar para interpretar adecuadamente los datos o para apreciar las limitaciones del análisis.

Disparidades en los patrones distributivos

Alrededor de 1970, las disparidades en los patrones de distribución de los países de América Latina no se explicaban únicamente en función de los diferentes niveles de desarrollo, sino también por la dimensión relativa y el grado de subdesarrollo del sector agrícola y por la calidad de los recursos humanos.

En ese año existía alguna asociación entre las desigualdades de ingresos —sintetizadas en un indicador de concentración y en la incidencia de la pobreza— de los países de la región y su nivel de producto por habitante. Sin embargo, esta asociación no es estadísticamente tan estrecha como para confirmar la famosa relación en forma de U (Kuznets, 1955) entre la desigualdad y el grado de desarrollo (Cuadro 2.1).

Como también puede verse en el Cuadro 2.1, no existe evidencia de una relación entre la concentración del ingreso o la incidencia de la pobreza y la tasa de crecimiento del producto por habitante en la década inmediatamente anterior, lo cual coincide con las conclusiones de un análisis de corte transversal que realizara Ahluwalia (1976) para 62 países.

En cambio, sí se observa una fuerte asociación entre la desigualdad y la participación del sector agrícola en el empleo total, así como con la magnitud aproximada del subempleo en la agricultura, medido por la dimensión estimada de las actividades tradicionales.[2] Ambas relaciones se combinan para poner de manifiesto la influencia decisiva del subdesarrollo agrícola (y del hecho de que el conjunto de la economía no logra absorberlo) en la determinación de las desigualdades y de la incidencia de la pobreza absoluta a nivel nacional. Más aún, esta conclusión se ve reforzada por la distancia de productividad por persona ocupada en los sectores agrícola e industrial, que también registra una relación (aunque algo más débil que la de las otras dos variables) con las desigualdades del ingreso (véase el Cuadro 2.1).

Las relaciones observadas en torno a 1970 también confirmaban el papel positivo de la calidad de los recursos humanos sobre la equidad distributiva. Tanto la concentración del ingreso como la pobreza absoluta aparecen inversamente relacionadas con el nivel de instrucción de la población económicamente activa. En cambio la dotación de capital por trabajador, en los países para los que se dispone de estimaciones de esa variable, mostraba una relación ambigua con la equidad (Cuadro 2.1).

Crecimiento y desigualdad en los años setenta

En la década de 1970 el crecimiento sostenido estuvo relacionado con el mantenimiento o aun con la disminución de la desigualdad, mientras que la frustración del crecimiento se asoció a una mayor desigualdad. Claro que ello debe interpretarse en un marco de economía política.

La principal dificultad para obtener una visión general de la evolución de las desigualdades del ingreso en el tiempo en diferentes países radica en la falta de comparabilidad de las mediciones disponibles. En América Latina, este escollo es particularmente engo-

---

[2] Con respecto a la definición utilizada para medir la mano de obra agrícola en actividades tradicionales, véase la Advertencia 1 en el anexo metodológico.

Cuadro 2.1. Distribución del ingreso y características estructurales, 1970 y 1980

País		Distribución del ingreso				PIB per cápita[c]	Tasa de crecimiento PIB per cápita[d]	Productividad relativa agricultura/industria (%)	Empleo agrícola (% del total)	Años de educación de la PEA[e]	Capital por trabajador[g]	Subempleo[h,i] Agrícola	Subempleo[h,i] No agrícola
		Concentración[a]		Pobreza[b]									
		N	U	N	U								
Argentina	1970	0,46	0,41	8	5	3.391	2,8	44,0	16	12,5	10.200	6,7	5,6
	1980	0,48	0,47	7	9	3.704	0,9	51,0	13	12,5	14.910	6,8	21,4
Brasil	1970	0,60	0,59	49	35	1.847	2,6	18,4	46	4,7	7.879	33,4	14,9
	1980	0,59	0,59	42	35	3.341	6,1	20,9	32	6,3	15.555	18,9	22,3
Chile	1970	0,48	0,46	17	12	3.056	1,9	22,7	24	8,6	19.759	9,3	16,7
	1980	0,52	0,50	38	33	3.351	0,9	31,6	18	14,8	20.653	7,4	21,7
Colombia	1970	0,51	0,43	45	38	1.872	2,1	40,0	41	6,0	11.376	22,3	17,7
	1980	0,46	0,43	37	32	2.541	3,1	41,5	36	11,2	13.823	18,7	22,3
Costa Rica	1970	0,49	0,47	24	15	2.414	2,5	47,6	44	7,3		18,6	12,9
	1980	0,51	0,46	22	16	3.166	2,8	47,2	32	11,7		9,8	15,3
Guatemala	1980	—	—	65	41	2.135	2,7	34,1	57	4,9		37,8	18,9
México	1970	0,59	0,55	34	20	3.336	3,6	20,0	45	5,2	12.530	24,9	18,2
	1980	0,52	0,49	28	17	4.737	3,6	18,9	38	5,8[f]	17.404	18,4	22,0
Panamá	1970	0,57	0,49	36	25	2.451	4,8	23,1	44	8,6		31,7	15,8
	1980	—	—	36	31	3.185	2,7	22,5	34	12,7		22,0	14,8
Perú	1970	0,60	0,49	50	28	2.417	2,3	18,3	49	7,3		37,7	20,7
	1980	—	0,54	44	32	2.670	1,0	14,2	42	11,6		31,8	19,8
Uruguay	1970	—	0,45	—	10	2.824	0,5	68,4	20	10,4		6,9	16,8
	1980	—	0,44	11	9	3.666	2,7	58,3	17	15,3		8,0	19,0
Venezuela	1970	0,51	—	25	20	4.432	2,7	27,86	27	6,0	27.221	19,9	22,4
	1980	0,39	—	22	18	4.687	4,5*	39,9	17	10,5	35.555	12,6	18,5

Fuentes y notas:
[a] Coeficiente de Gini de la distribución del ingreso de los hogares. N: nacional; U: urbana.
[b] Incidencia de la pobreza entre los hogares, en los años cercanos a los indicados. N: nacional; U: urbana.
[c] Dólares internacionales de 1980, en base a los resultados de ICP fase IV.
[d] En la década previa.
[e] Calculado en base a CEPAL, *Anuario Estadístico 1990*, Cuadro 33, Nivel de instrucción de la población económicamente activa (PEA). Se aplicó una ponderación de 1 para el nivel primario, 2 para el secundario y 3 para el terciario.
[f] Estimación basada en el nivel educacional de la población total.
[g] Dólares internacionales de 1980. Estimaciones basadas en André Hofman (1992).
[h] García y Tokman (1985).
[i] Se considera que la totalidad de la PEA familiar (trabajadores por cuenta propia y familiares no remunerados) se desempeña en condiciones de subempleo.
[j] Actividades informales urbanas que comprenden a los trabajadores por cuenta propia, familiares no remunerados y el servicio doméstico, excluyendo de estas categorías el personal profesional y técnico.
[k] Corresponde al ingreso bruto nacional real por habitante.

rroso, dadas las abundantes pero diversas estadísticas existentes sobre la distribución del ingreso por niveles (Altimir, 1984). Por ello, se ha realizado una selección de las mediciones que se consideran recíprocamente más comparables o que mejor reflejan el grado de desigualdad en la distribución del ingreso. Esto último reviste importancia para la comparación de las desigualdades con otras características estructurales de las economías, como se hace en el Cuadro 2.1. En cambio, para la apreciación de los cambios ocurridos en el tiempo es importante la comparabilidad de las distribuciones. Si éstas están sesgadas, la comparación puede no obstante dar una idea aproximada de los cambios, siempre que los sesgos sean similares en ambos períodos. Cuando esto último no ocurre, se obtiene una mejor evaluación de los cambios ocurridos comparando distribuciones que hayan sido ajustadas tomando en consideración los diferentes sesgos de las distribuciones originales.[3]

Siguiendo esta lógica, se han seleccionado pares de distribuciones que se presumen más comparables, entre las disponibles para cada país, con el fin de apreciar las variaciones más notables en la distribución del ingreso de los hogares que puedan haber ocurrido entre principios y fines de los años setenta y entre diferentes períodos de los años ochenta[4] (Cuadro 2.2). Sin embargo, la adecuada interpretación de las medidas de desigualdad incluidas en el Cuadro 2.1 para los años 1970 y 1980 hace necesario un análisis sumario de la evidencia disponible para cada país.

En Argentina las disparidades del ingreso alcanzadas en la década de 1950[5], que habían registrado un deterioro en el siguiente decenio, continuaron ampliándose en los años setenta, en el contex-

---

[3] Véase la Advertencia 1 del anexo metodológico.

[4] La comparabilidad, sin embargo, nunca está plenamente garantizada, por lo que la variación en las participaciones de diferentes grupos de hogares en el ingreso total sólo puede tomarse como indicación de la dirección y magnitud general del cambio. Por razones similares, tampoco es plenamente válido sumar directamente los cambios observados para períodos sucesivos con el fin de estimar la magnitud de la transferencia de ingresos que puede haber ocurrido en el conjunto del período. Asimismo, debe señalarse que no todos los pares de estimaciones comparadas tienen la misma cobertura geográfica: algunos se refieren a la distribución de los hogares a nivel nacional, otros a la distribución urbana o a la rural, y otros aun a la distribución en las zonas metropolitanas. Estos problemas han sido tomados en consideración, por otra parte, para derivar las estimaciones comparables de la concentración en la distribución por niveles del ingreso total de los hogares —a nivel nacional y urbano— que se incluyen en el Cuadro 2.1.

[5] Se registra un moderado aumento de la concentración entre 1953 y 1961, con el deterioro temporario registrado en 1959 por efectos del proceso de ajuste que tuvo lugar ese año (Altimir, 1986).

Cuadro 2.2. Cambios en la participación y en la concentración de la distribución del ingreso por niveles

País	Período	Cobertura[a]	Distribución[b]	Cambios de los participantes en el ingreso			Variación C. Gini (%)	Variación (%)	
				40% Inferior	50% Intermed.	10% Superior		INBR[c]	Salario real[e]
ARGENTINA	1953-1961	N	YH	-1,1	-1,1	1,9	4,8	—	—
	1963-1970	AM	YH	-3,5	0,4	3,1	15,1	3,1[f]	-0,5[f]
	1970-1980	AM	YH	-2,8	-1,9	4,7	14,6	1,1	0,1
	1980-1989	AM	YHPC	-1,5	-2,8	4,7	11,2	-3,7	1,2
BRASIL	1960-1970	N	YH	-0,6	-2,1	2,7	—	3,8	—
	1970-1972	N	YH	-2,4	-3,5	5,9	—	9,0	6,5
		N	YH	-0,5	-1,6	2,1	—		
	1972-1976	N	YH	-1,3	-3,0	4,3	—		
		U	YH	0,7	-2,4	1,7	—	6,7	4,0
		U	YH	-0,4	-3,4	4,8	3,5		
	1979-1987	R	YH	2,5	5,5	-7,0	-10,5		
		N	YH			0,4	1,5	0,4	1,3
		AM	YHPC	-2,3	-1,3	3,6	3,8		
		RU	YHPC	-2,1	-0,7	2,8	8,0		
		R	YHPC	-1,5	-3,7	5,2	14,6		
	1987-1989	N	YH			1,8	4,5		
CHILE	1968-1987	N	YH	0,3	-2,2	1,9	8,9	-0,5[d]	0,1[d]
	1968-1980	AM	YH	-0,8	-4,4	5,2	8,2	—	1,2[d]
	1980-1983	AM	YH	-0,8	0,1	0,7	1,2	—	-2,8
	1987-1990	N	YHPC	0,5	-0,1	-0,4	-2,1	4,1	-0,8
		U	YHPC	1,0	-0,4	-0,6	-4,3		
		R	YHPC	-5,7	-1,8	7,5	9,8		
COLOMBIA	1964-1971	N	YR	1,1	2,7	-3,8	-5,3	10,4[a]	2,6[a]
	1967-1971	N	YR	0,8	1,7	-2,5	-3,6		
	1971-1978	U	YH	-1,5	2,9	-1,4	2,1		
	1970-1979	N	YR	1,7	2,7	-4,4	-9,4	4,3	-1,1
	1972-1979	7CP	YH	-3,3	-1,3	4,6	12,2	3,4	-0,3
		U/7CP	YH	-2,0	-0,4	2,4	7,8	3,5	1,8
	1978-1988	N	YR	0,2	0,3	-0,5	—	1,0	2,4
	1980-1986	AM	YHPC	0,2	0,8	-1,0	-2,1	0,5	3,1
		RU	YHPC	0,4	3,0	-3,4	-4,3		

INGRESO Y POBREZA   37

COSTA RICA	1971-1977	N	YH	-2,3	1,1	1,2	8,7	4,3	0,1
	1981-1988	AM	YHPC	-1,5	-1,6	3,1	5,9	-0,7	-0,8
		RU	YHPC	-1,9	-3,2	5,1	12,5		
		R	YHPC	-0,2	-0,6	0,8	—		
MEXICO	1963-1968	N	YH	0,4	-0,3	-0,1	-3,7		
		N	YH	0,6	1,3	-1,9	-7,2		
	1968-1977	N	YH	0,9	4,9	-5,8	-11,6	2,4[d]	3,8[d]
		N	YH	2,3	5,9	-8,2	-2,6		
		N	YH	-0,7	6,2	-5,5			
	1977-1984	N	YH	2,9	0,8	-3,7	-9,2	1,5	-5,0
	1968-1984	N	YH	3,8	5,7	-9,5	-15,9	1,7[d]	-0,9[d]
PERU	1973-1982	AM	YF	-2,1	1,6	0,5	6,5	-1,6	-5,8[e]
URUGUAY	1967-1986	U	YF	-0,2	-1,7	1,9	—		
	1981-1986	AM	YHFC	-1,2	2,4	3,6	6,2	-4,0	-2,8[e]
		RU	YHFC	-1,4	-3,5	5,9	13,2		
		AM	YHFC	0,2	0,7	-0,9	-2,5	-1,1	-3,3[e]
		RU	YHFC	0,1	-4,4	4,3	5,3		
VENEZUELA	1971-1981	N	YH	5,2	2,0	-7,2	-21,0	11,6	-0,4[e]
	1981-1986	AM	YHPC	-2,5	-1,7	4,2	6,6	-7,1	-1,5[e]
		RU	YHPC	-2,6	-3,1	5,7	18,0		
		R	YHPC	-2,9	-5,6	8,7	28,5		

Fuentes: Véase el Anexo de fuentes sobre distribución de ingreso.
[a] N: nacional; U: urbana; R: rural; AM: área metropolitana; CP: ciudades principales; RU: resto urbano.
[b] YH: ingreso total del hogar; YFPC: ingreso familiar per cápita; YR: ingreso de receptores individuales.
[c] Ingreso nacional bruto real per cápita.
[d] Calculado a partir de 1970.
[e] Corresponde al salario mínimo.
[f] Calculado a partir de 1960; salarios reales calculados para el período 1965-70.
[g] Calculado para el período 1965-70.

to de un lento crecimiento caracterizado por sucesivas desaceleraciones y repuntes y un programa de ajuste con reformas de la política económica en el período 1976-1978, así como por considerables fluctuaciones del salario real en torno a una tendencia estacionaria.

La interpretación de la indudable ampliación de las desigualdades del ingreso en Brasil en los años sesenta ha sido objeto de un conocido debate.[6] Posteriormente, el intenso crecimiento de los años setenta fue acompañado por considerables ampliaciones de las desigualdades del ingreso a principios de la década[7] (Cuadro 2.2), que aparentemente se atenuaron hacia fines de la misma, dando por resultado un grado de concentración de la distribución del ingreso de los hogares similar al imperante en 1970.[8]

La distribución del ingreso de Chile sufrió, durante los años setenta, un severo retroceso. Entre 1968 y 1980 (dejando de lado la transitoria redistribución progresiva que culminó en 1973[9]), en un contexto de contracción del ingreso real por habitante y de represión laboral, el decil superior de hogares habría logrado un aumento de más de 5 puntos del ingreso total, en desmedro de los estratos intermedios y también de los grupos más pobres, cuya participación habría perdido casi un punto (de menos de 12) del ingreso total. Esta evolución, registrada en el Gran Santiago, puede haberse dado en forma un poco más atenuada en el resto de las zonas urbanas, pero otros indicadores apuntan a una mayor redistribución en las zonas rurales, probablemente con mayor perjuicio relativo de los estratos más bajos.

La información disponible sobre Perú, a pesar de su poca comparabilidad, proporciona indicaciones de que la desigual distribución del ingreso imperante en ese país puede incluso haber empeorado, por lo menos en las zonas urbanas, durante la década de 1970 y que ello habría sido particularmente en perjuicio de los estratos de bajos ingresos. En un período de estancamiento del ingreso

---

[6] Véanse, principalmente, Fishlow (1972), Langoni (1973), Malan y Wells (1975) y Bacha y Taylor (1980).

[7] Aparentemente concentradas en las zonas urbanas y en perjuicio —relativo— tanto de los estratos intermedios como de los más pobres.

[8] Hoffmann (1991) constata (comparando los resultados de los censos, sin ajustar por sesgos de subestimación) que en el período 1970-1980 la desigualdad de la distribución del ingreso entre los receptores activos aumenta, pero que es prácticamente la misma en las distribuciones del ingreso entre los hogares. Estos resultados se reflejan en el Cuadro 1.

[9] Véase Sanfuentes (1989), Cuadro 3.

por habitante, ello habría representado un significativo retroceso del ingreso real de esos estratos.

Si se toma en consideración tanto el deterioro de la distribución del ingreso en las zonas urbanas de Uruguay ocurrido entre 1967 y 1986 como las indicaciones de que en el período 1981-1986 habría tenido lugar una redistribución de ingresos de magnitud considerablemente mayor, se deduce que la situación distributiva del país habría mejorado algo en los años setenta, en un contexto de moderado dinamismo (véase el Cuadro 2.2).

En Colombia, el proceso de disminución de las desigualdades sociales registrado durante los años sesenta parece haber continuado durante los años setenta a nivel nacional —quizá no en las zonas urbanas— aunque la evidencia no es concluyente al respecto.[10] También en Costa Rica, los cambios que pueden haber tenido lugar en la distribución del ingreso durante ese decenio, aunque de magnitud moderada, han significado una redistribución hacia los estratos medios y altos en perjuicio de los de menores ingresos (véase el Cuadro 2.2).

El patrón de la distribución del ingreso de México, que habría experimentado una mejoría en los años sesenta (Altimir, 1982), probablemente ha continuado progresando en los setenta[11], con un aumento de la participación de los estratos intermedios (corroborado por una tendencia sostenida del salario promedio industrial a crecer más que el ingreso per cápita) aunque no de los de menores ingresos, que incluso podrían haber perdido participación en un ingreso en expansión (véase el Cuadro 2.2).

---

[10] Para este período no se dispuso de distribuciones del ingreso entre los hogares a nivel nacional. Las correspondientes zonas urbanas que han sido seleccionadas en el Cuadro 2.2 indican un significativo deterioro, pero no ofrecen garantía de una adecuada comparabilidad; entre otras cosas, las encuestas utilizadas para 1970 y 1972 son de presupuestos familiares y la de 1979 de fuerza laboral; además, la cobertura urbana de la encuesta de 1972 no es estrictamente comparable con la de las otras dos, que cubrieron las siete ciudades principales. Por otra parte, Londoño (1990) estima —ajustando los resultados de las encuestas de mano de obra— una significativa disminución de la concentración en la distribución del ingreso entre los receptores activos, que puede ser consistente con un mejoramiento de la distribución en las zonas rurales y un cierto mantenimiento de la concentración entre los hogares urbanos; estas últimas tendencias son las que se tomaron en cuenta para el análisis (Cuadro 2.1).

[11] Así surgiría de la comparación tanto de los resultados originales de las encuestas de 1968 y 1977 como de los ajustados bajo diferentes hipótesis, aunque los distintos sesgos de ambas encuestas las tornan directamente incomparables y probablemente los ajustes realizados sobre los resultados originales no logren subsanar totalmente esa falta de comparabilidad (Altimir, 1982). Esta observación arroja una sombra de duda sobre la magnitud del mejoramiento en la concentración del ingreso que, de acuerdo con esos resultados, se indica en el Cuadro 2.1.

Gráfico 2.1. Evolución de la pobreza y del producto e ingreso reales por habitante. Argentina, 1970-1990

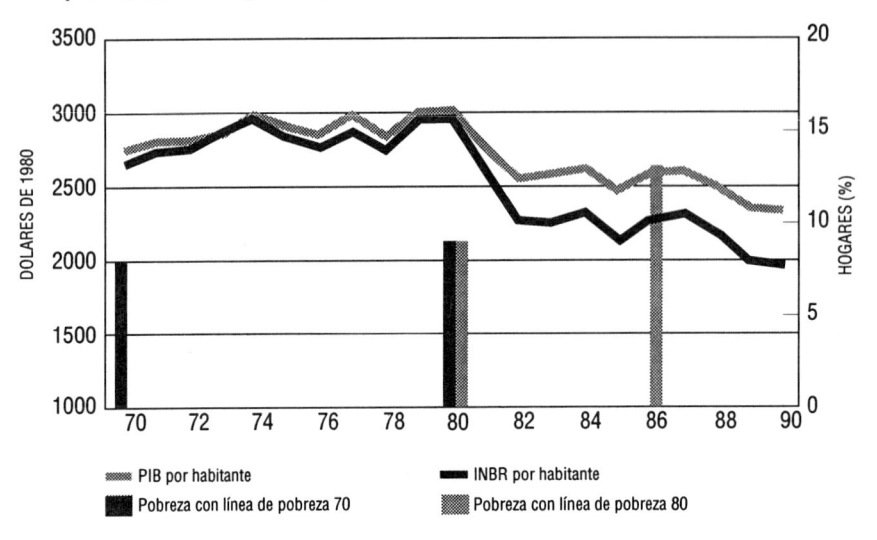

- PIB por habitante
- INBR por habitante
- Pobreza con línea de pobreza 70
- Pobreza con línea de pobreza 80

Fuentes: Pobreza, Cuadro 2.3; producto e ingreso reales, CEPAL.

Gráfico 2.2. Evolución de la pobreza y del producto e ingreso reales por habitante. Brasil, 1970-1990

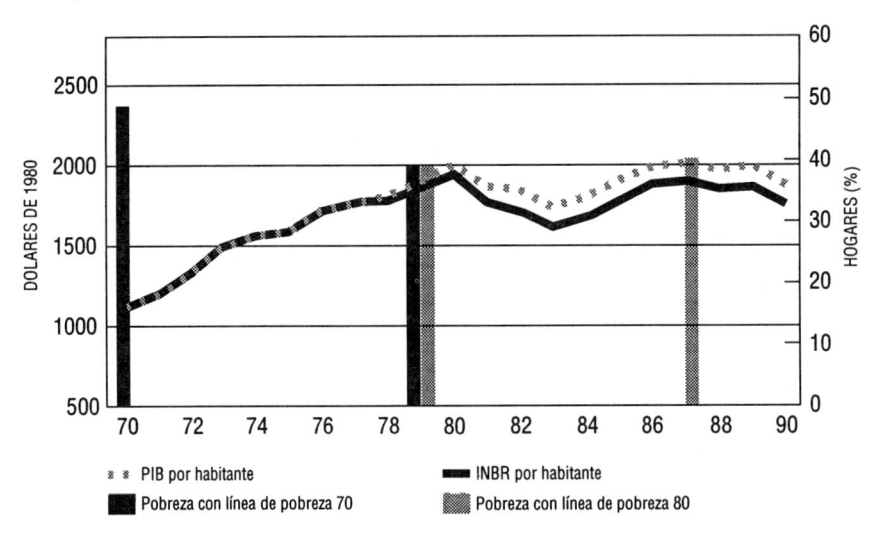

- PIB por habitante
- INBR por habitante
- Pobreza con línea de pobreza 70
- Pobreza con línea de pobreza 80

Fuentes: Pobreza, Cuadro 2.3; producto e ingreso reales, CEPAL.

INGRESO Y POBREZA   41

Gráfico 2.3. Evolución de la pobreza y del producto e ingreso reales por habitante. Chile, 1970-1990

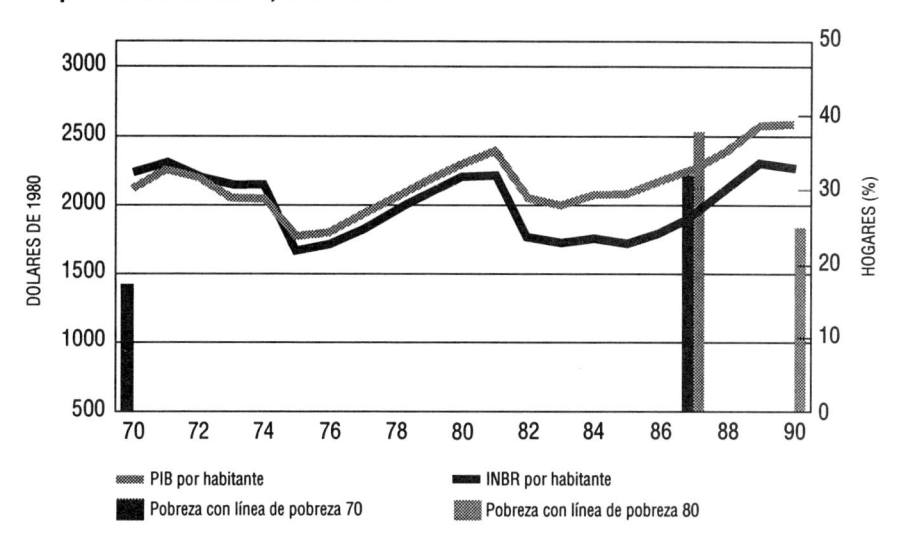

[Gráfico: PIB por habitante, INBR por habitante, Pobreza con línea de pobreza 70, Pobreza con línea de pobreza 80]

Fuentes: Pobreza, Cuadro 2.3; producto e ingreso reales, CEPAL.

Gráfico 2.4. Evolución de la pobreza y del producto e ingreso reales por habitante. Colombia, 1970-1990

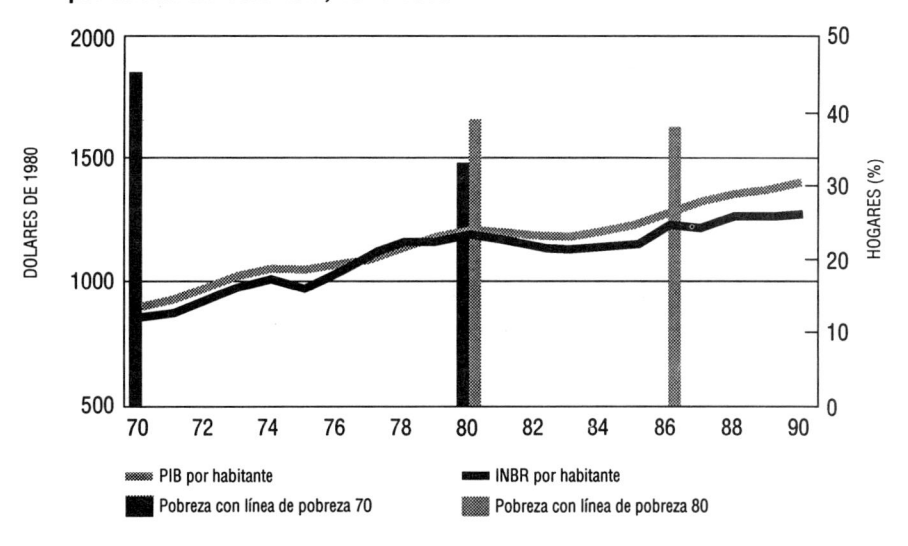

[Gráfico: PIB por habitante, INBR por habitante, Pobreza con línea de pobreza 70, Pobreza con línea de pobreza 80]

Fuentes: Pobreza, Cuadro 2.3; producto e ingreso reales, CEPAL.

Gráfico 2.5. Evolución de la pobreza y del producto e ingreso reales por habitante. Costa Rica, 1970-1990

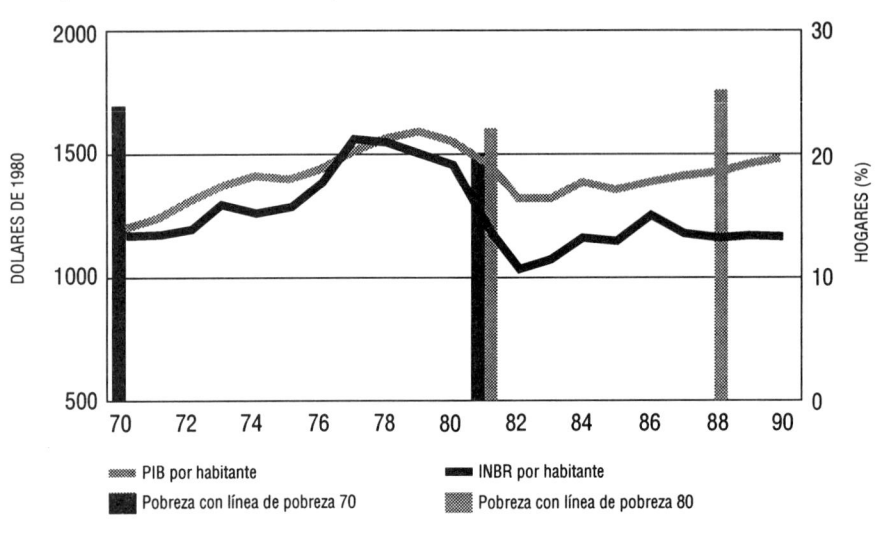

Fuentes: Pobreza, Cuadro 2.3; producto e ingreso reales, CEPAL.

Gráfico 2.6. Evolución de la pobreza y del producto e ingreso reales por habitante. México, 1970-1990

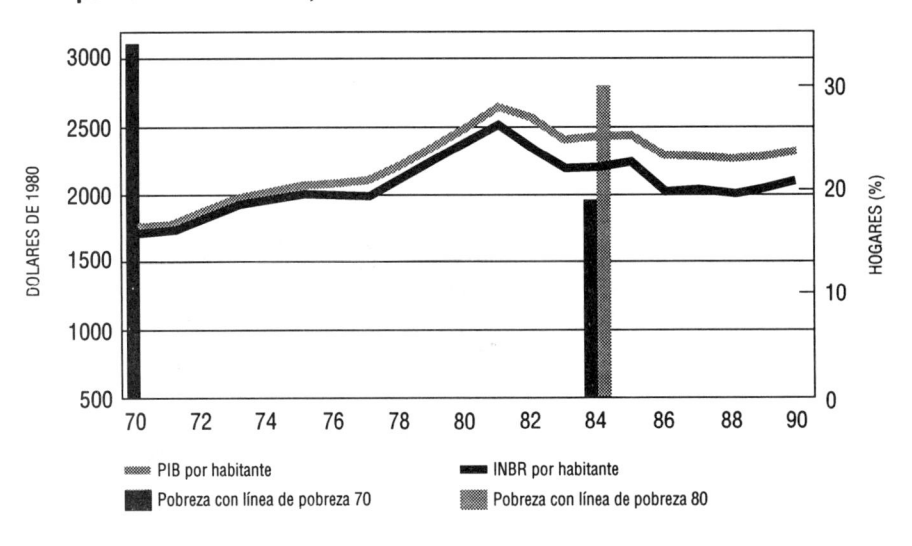

Fuentes: Pobreza, Cuadro 2.3; producto e ingreso reales, CEPAL.

Gráfico 2.7. Evolución de la pobreza y del producto e ingreso reales por habitante. Panamá, 1970-1990

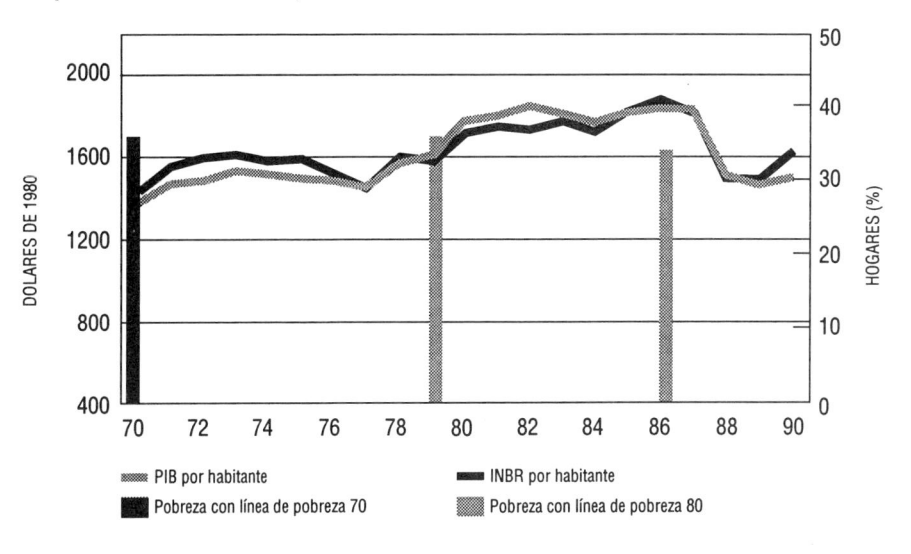

- PIB por habitante
- INBR por habitante
- Pobreza con línea de pobreza 70
- Pobreza con línea de pobreza 80

Fuentes: Pobreza, Cuadro 2.3; producto e ingreso reales, CEPAL.

Gráfico 2.8. Evolución de la pobreza y del producto e ingreso reales por habitante. Perú, 1970-1990

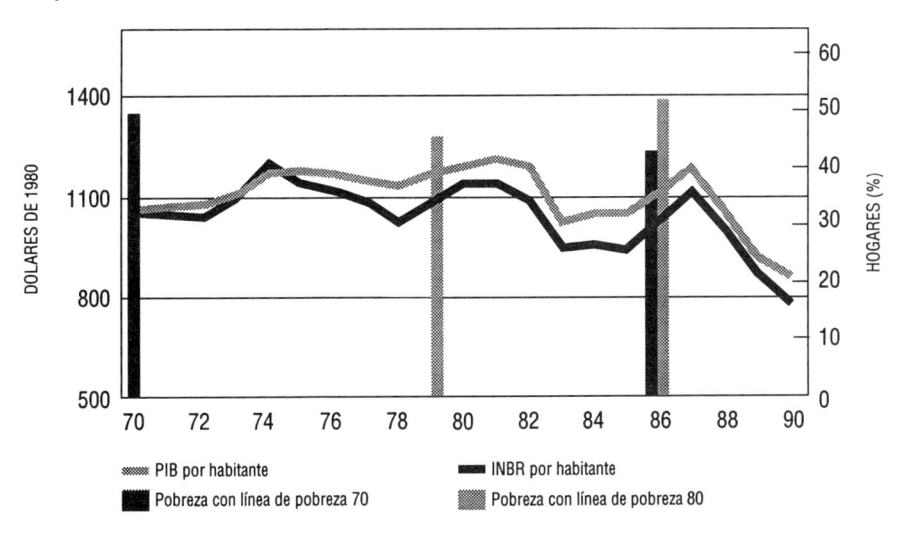

- PIB por habitante
- INBR por habitante
- Pobreza con línea de pobreza 70
- Pobreza con línea de pobreza 80

Fuentes: Pobreza, Cuadro 2.3; producto e ingreso reales, CEPAL.

Gráfico 2.9. Evolución de la pobreza y del producto e ingreso reales por habitante. Uruguay, 1970-1990

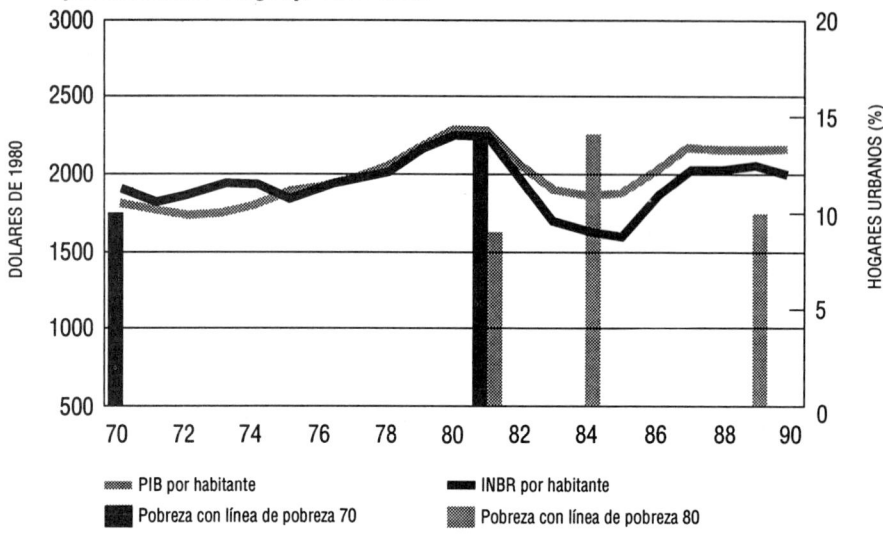

- PIB por habitante
- INBR por habitante
- Pobreza con línea de pobreza 70
- Pobreza con línea de pobreza 80

Fuentes: Pobreza, Cuadro 2.3; producto e ingreso reales, CEPAL.

Gráfico 2.10. Evolución de la pobreza y del producto e ingreso reales por habitante. Venezuela, 1970-1990

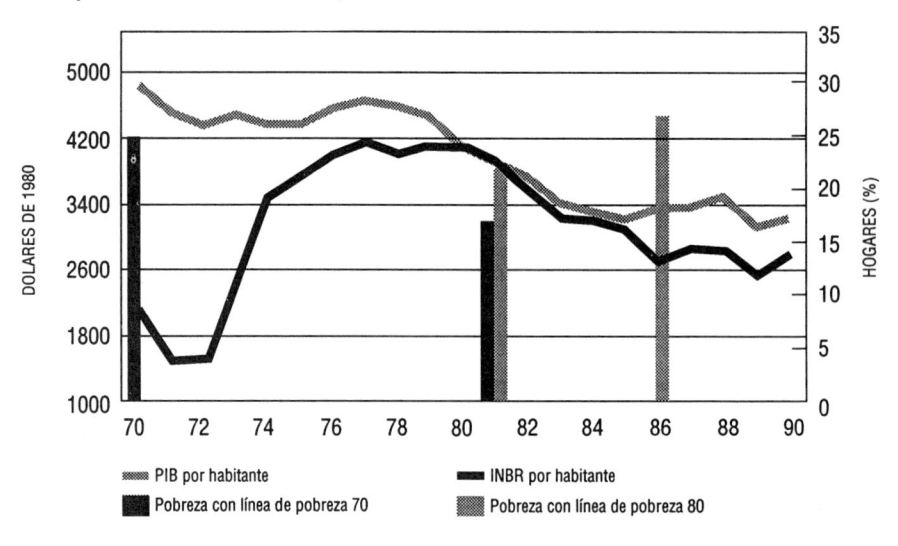

- PIB por habitante
- INBR por habitante
- Pobreza con línea de pobreza 70
- Pobreza con línea de pobreza 80

Fuentes: Pobreza, Cuadro 2.3; producto e ingreso reales, CEPAL.

También en Venezuela se registró durante los años setenta una redistribución progresiva del ingreso, en este caso de considerable magnitud. El decil superior habría perdido más de cinco puntos de participación en el ingreso total, principalmente en beneficio de la base de la pirámide, que podría haber aumentado significativamente sus ingresos relativos, en un período en que el ingreso bruto nacional real por habitante casi se duplicó.

Estas diferentes evoluciones nacionales en los años setenta sugieren la siguiente agrupación (Gráficos 2.1 al 2.10):

• Los países que exhibían muy diferentes grados de desigualdad a principios de la década (como Argentina, Chile y Perú), pero cuyo crecimiento durante la misma experimentó agudas perturbaciones con las consiguientes bajas tasas de expansión a mediano plazo, registraron considerables aumentos de la desigualdad.

• Los países con expansión moderada pero sostenida del producto (entre el 2 y el 3 por ciento) per cápita durante la década y cuyo grado de concentración, a principios de la misma, era intermedio, lo mantuvieron o lo mejoraron ligeramente (Colombia, Costa Rica y Uruguay).

• Dos de los tres países de la muestra (México y Venezuela) que registraron ritmos elevados (del 4 por ciento o superiores) —y por lo tanto, sostenidos— de expansión del ingreso real, disminuyeron significativamente sus anteriormente altos grados de concentración (Gini superiores a 0,5).

• En cambio Brasil, también con una alta y sostenida tasa de expansión (6 por ciento), no disminuyó su muy elevada concentración (Gini 0,6).

Sin duda, el ritmo y la estabilidad del crecimiento aparecen como un factor habilitador de las posibilidades de disminuir las desigualdades del ingreso. Sin embargo, estas posibilidades se han concretado significativamente sólo en dos casos de notable intensidad (México y Venezuela) durante la década de 1970, pero no en el otro caso (Brasil). En cambio, resulta más evidente que la inestabilidad y la debilidad del crecimiento están asociadas a aumentos de la desigualdad.

No obstante, la interpretación de estos resultados relacionando el cambio en la concentración con la tasa promedio de crecimiento, simplemente de forma bivariada, no haría justicia ni a la complejidad de los procesos de desarrollo subyacentes ni a sus aspectos económicos. Por lo pronto, las perturbaciones del crecimiento en los países del primer grupo están asociadas a graves perturbaciones institucionales que dieron lugar a regímenes militares duraderos que emprendieron autoritariamente reformas estructurales (ciertamente, de diverso sentido y perdurabilidad). Ello había ocurrido ya en la década anterior en Brasil, que en ese período también registró un considerable aumento de las desigualdades del ingreso. Por otro lado, la relación entre las variaciones de la desigualdad y el crecimiento puede estar condicionada por la situación distributiva inicial, o aun por la final; las variaciones reseñadas sugieren una cierta convergencia (excepto en Brasil y Perú) del grado de desigualdad de los diferentes países, particularmente en las zonas urbanas, hacia valores intermedios (entre 0,45 y 0,50) del coeficiente de Gini (véase el Cuadro 2.1).

Evolución de la pobreza en los años setenta

En los pocos casos en que la incidencia de la pobreza se redujo de manera significativa durante los años setenta, dicha reducción estuvo asociada a un crecimiento intenso y sostenido y (con una excepción) a la disminución de la concentración del ingreso.

Las mediciones de incidencia de la pobreza

El conjunto de estimaciones de la incidencia de la pobreza entre los hogares latinoamericanos que se utiliza en este trabajo es el resultado de cortar distribuciones de los hogares por niveles de ingreso o —cuando la disponibilidad de información lo permitió— por niveles de ingreso del hogar per cápita, mediante "líneas de pobreza" que resumen normas relativamente uniformes —dentro del contexto latinoamericano— de gasto del consumo requerido para satisfacer las necesidades básicas de los miembros del hogar.

   La adopción de tal criterio para medir la incidencia de la pobreza involucra una serie de compromisos normativos[12], así como la adopción de diversos arbitrios y la selección de las fuentes más confiables, con el propósito de obtener estimaciones comparables en el tiempo y en el espacio[13]. Del cúmulo de detalles que todo ello encierra, baste aquí destacar tres consecuencias. La primera y obvia, que las estimaciones que aquí se utilizan son incompatibles con las derivadas de otros criterios normativos. La segunda, que no es inmediatamente posible compararlas con las realizadas por otros autores con similares criterios normativos, en algunos casos más exac-

---

[12] Véase la Advertencia 2 del anexo metodológico.

[13] A este respecto, véanse las Advertencias 3 y 4 del anexo metodológico.

tas o mejor fundadas en las características de cada país, sin recorrer en detalle los efectos de las diferentes fuentes de información o criterios aplicados sobre los resultados obtenidos en cada caso. La tercera, que existe, a pesar de la comunidad de métodos y criterios aplicados, cierto grado de incomparabilidad entre la primera serie de estimaciones de incidencia de la pobreza realizadas para alrededor de 1970 (Altimir, 1979) y la serie de estimaciones obtenidas para diversos años de la década de 1980 (CEPAL, 1991a).[14]

La visión agregada

En torno a 1970, se estimó que un 40 por ciento de los hogares de América Latina se encontraban en situación de pobreza, o sea que sus ingresos eran insuficientes para satisfacer sus necesidades básicas. Más aún, casi la mitad de esos hogares (el 19 por ciento del total) se encontraba en condiciones de indigencia o extrema pobreza, o sea que con sus ingresos no podían satisfacer ni siquiera las necesidades de una alimentación mínimamente adecuada (Altimir, 1979).

Las estimaciones basadas en procedimientos similares a los utilizados para obtener las anteriores, calculan en 35 por ciento del total regional los hogares que en 1980 se encontraban en situación de pobreza y en 15 por ciento los que, de ese conjunto, se hallaban en situación de indigencia (CEPAL, 1991a).

Sin embargo, entre ambos conjuntos de estimaciones existen diferencias de valoración de las líneas de pobreza aplicadas en cada caso, que afectan la comparabilidad de los resultados en algunos países.[15] Si estas diferencias de comparabilidad[16] se salvan mediante correcciones sumarias, la incidencia de la pobreza en la región habría disminuido más significativamente en la década de 1970, del 40 por ciento de los hogares al 32 por ciento, a nivel nacional, y del 26 al 23 por ciento en las zonas urbanas.

---

[14] Con respecto a este tema, véase la Advertencia 5 en el anexo metodológico.

[15] Véase la Advertencia 5 del anexo metodológico.

[16] Suponiendo que el valor real de las líneas de pobreza per cápita normativamente aplicables se desplaza en el tiempo de acuerdo con una elasticidad de 0,5 (0,3, en el caso de Brasil, dada la rapidez relativa de su crecimiento en este período) con respecto al aumento tendencial del ingreso bruto nacional real per cápita (véase la Advertencia 2 del anexo metodológico).

Cuadro 2.3. Evolución de la pobreza en los años setenta y ochenta

País	Año	Zona urbana Incidencia pobreza (%)	Zona urbana Relación I/P [a]	Zona urbana Variac. anual (%)	Zona urbana Particip. total nacional (%)	Zona rural Incidencia pobreza (%)	Zona rural Relación I/P [a]	Zona rural Variac. anual (%)	Zona rural Particip. total nacional (%)	Total país Incidencia pobreza (%)	Total país Relación I/P [a]	Total país Variac. anual (%)	Ingreso nacional bruto real per cápita Variac. anual (%)	Salario real Variac. anual (%)
Argentina	1970	5	0,20		30	19[a]	0,05	—	51	5	0,12			
	1980	7	0,28	8,7	60	16[a]	0,27	-1,7	32	9	0,27	2,9	0,9	1,1
	1986	12	0,27	11,7	80	17[a]	0,35	5,5	20	13	0,29	8,7	-3,5	1,2
Brasil	1970	35	0,43		42	73	0,58		61	49	0,51			
	1979[b]	(35)			(5,1)	(66)		(-0,5)	(49)	(42)				
	1979	30	0,33	(4,9)		62	0,57	-0,2	47	39	0,44	1,0	6,1	1,3
	1987	34	0,40	3,6	64	60	0,58	0,4	36	40	0,46	3,8	0,7	0,3
				6,4										
Chile	1970	12	0,25		68	25	0,44		32	17	0,35			
	1987[b]	(31)			(79)	(37)			(21)	(36)				
	1987	37	0,36	11,2	77	45	0,35	4,4	23	38	0,35		-0,8	0,12
	1990	34	0,32			36	0,41			35	0,34			
Colombia	1970	38	0,37		48	54	0,43		52	45	0,40			
	1980[b]	(32)		(5,5)						(37)				
	1980	36	0,38	6,3	64	45[a]	0,49	-0,5	36	39	0,42	3,2	3,7	-1,2
	1986	36	0,42	2,6	67	42	0,53	0,7	33	38	0,45	1,9	0,8	1,0
Costa Rica	1970	15	0,33		28	30	0,23		72	24	0,25			
	1981	16	0,33	5,4	37	28	0,26	1,6	63	22	0,29	2,6	2,3	1,5
	1988	21	0,28	5,3	39	28	0,38	3,9	61	25	0,34	4,4	-0,7	-1,8
México	1970	20	0,60		43	49	0,37		57	34	0,47			
	1984[b]	(17)		(4,4)	(51)	(34)		(2,6)	(49)	(28)				
	1984	23	0,24	5,1	52	43	0,45	3,5	48	30	0,33		0,7	

INGRESO Y POBREZA

Panamá	1970	25	0,48		33	51	0,69		67	36	0,59	2,7	1,2	
	1979	31	0,44	6,7	49	45	0,61	-1,1	51	36	0,53	2,2	1,4	-13ᵉ
	1986	30	0,43	5,3	60	43	0,52	-1,3	40	34	0,47			63ᵉ
Perú	1970	28	0,29		36	68	0,57		64	50	0,47	2,5	0,7	
	1979	35	0,30	5,8	49	65g	0,59	0,2	51	46	0,46			-12ᵉ
	1986ᵇ	(38)		(3,4)	(54)	(53)	(0,62)	(-1,7)	(46)	(49)				
	1986	45	0,36	2,8	53	64		0,2	47	52	0,48	1,3	-1,6	-62ᵉ
Uruguay	1970	10	0,30			21ᵉ	0,31		24	11	0,25		2,1	-16ᵉ
	1981	9	0,23	0,3	76	23ᵉ	0,36		17	15	0,23	7,8	-4,0	-28ᵉ
	1986	14	0,20	9,4	83	23	0,35	1,5		15	0,20			
	1989	10	0,20											
Venezuela	1970	20	0,30		61	36	0,53		39	25	0,38	0,4	6,7	-0ᵈ
	1981	18	0,29	0,4	62	35	0,41	0,3	38	22	0,34	9,9	-7,1	-1ᵈ
	1986	25	0,32	14,3	75	34	0,41	1,0	25	27	0,34			

Fuente: Altimir (1979) para los años setenta y CEPAL (1991a) para los años ochenta.

ᵃ Relación entre la incidencia de la "indigencia" en el total de hogares y la incidencia del conjunto de la "pobreza".
ᵇ Corregido para mejorar la comparabilidad con las estimaciones correspondientes a 1970.
ᶜ Corresponde al salario mínimo, 1970=100.
ᵈ Salario mínimo.
ᵉ Estas estimaciones deben considerarse "conjeturas informativas" basadas en la información indirecta pertinente.

Evolución de la pobreza en los años setenta, por países

En el Cuadro 2.3 se resumen las mediciones de incidencia de la pobreza —nacional, urbana y rural— utilizadas en el análisis. En los casos en que era indispensable salvar las ya indicadas diferencias de valoración de las líneas de pobreza utilizadas, se incluyeron las respectivas estimaciones, con el fin de posibilitar la comparación entre extremos de los años setenta, junto con las estimaciones de la incidencia de la pobreza en los años ochenta.

Naturalmente, la variación de la pobreza absoluta depende de la intensidad de la expansión del ingreso real y de los cambios en la distribución relativa del ingreso. Aun si se admite, como aquí se hace, un desplazamiento de la norma de pobreza en el tiempo, en función del progreso de la sociedad, cuanto más intenso sea el crecimiento de mediano plazo, más rápidamente tenderá a disminuir la incidencia de la pobreza, incluso cuando la distribución relativa del ingreso no se modifique. Pero a una tasa dada de crecimiento, el proceso puede verse acelerado, neutralizado o aun revertido según la posición de los estratos bajos en la distribución mejore o empeore.[17]

- Entre los países de crecimiento escaso e inestable durante la década, como Argentina y Perú, la incidencia de la pobreza a nivel nacional se habría mantenido, si se aceptan las respectivas conjeturas sobre la disminución de la pobreza rural, ya que en las zonas urbanas tendió a aumentar. En Chile, en cambio, la virtual explosión de la pobreza ocurrió tanto en las zonas urbanas como en las rurales, aunque en éstas su incidencia quizá no alcanzó a duplicarse.

- Entre los países de expansión moderada y sostenida, sólo Colombia, merced al mejoramiento distributivo, ha visto disminuir significativamente la incidencia de la pobreza, tanto en las zonas rurales como en las urbanas. En Costa Rica y Uruguay sólo declinó ligeramente y en Panamá se habría mantenido, gracias a la disminución de la pobreza rural, que compensó el aumento de la urbana.

- El crecimiento muy elevado y sostenido de Brasil, México y Venezuela claramente ha sido un factor clave en la significativa disminución de la pobreza registrada en esos países a nivel nacional, aun si se considera el desplazamiento de la norma de pobreza que debió estar asociado a esa expansión económica. En los dos prime-

---

[17] Este razonamiento se refiere a la medida de incidencia de la pobreza (*headcount ratio*) que estamos utilizando en el análisis. Otras medidas de pobreza pueden captar el efecto de cambios "más finos" en la distribución del ingreso que afecten a los hogares que se hallan debajo de la línea de pobreza (véase, por ejemplo, Lustig, 1990). Sin embargo, los problemas ya indicados de confiabilidad y comparabilidad de la información básica pueden tornar ilusorio el refinamiento aparentemente asequible mediante estas medidas.

ros casos, sin embargo, la disminución de la pobreza rural habría sido decisiva, ya que (si se acepta el efecto del progreso contextual sobre la norma de pobreza) en Brasil la pobreza urbana se habría mantenido y en México habría disminuido moderadamente. En el caso de Venezuela, la disminución también moderada de la pobreza en las zonas urbanas (la pobreza rural se habría mantenido), en un período de notable aumento del ingreso nacional real y de reducción de las desigualdades, quizá pueda explicarse por los considerables cambios registrados en la distribución institucional del ingreso.

Evolución de la pobreza rural

La incidencia de la pobreza rural ha disminuido significativamente en los países donde es muy elevada, pero el campesinado se mantiene como un refugio de la población excedente que no emigra a las ciudades.

Las estimaciones de incidencia de la pobreza en zonas rurales en torno a 1970 y para los años ochenta, que se incluyen en el Cuadro 2.3, son considerablemente más endebles que las correspondientes a la pobreza urbana. Por un lado, las normas utilizadas para trazar las líneas de pobreza aplicables en las zonas rurales tienen —a pesar de incorporar diferencias de precios y de patrones de consumo— un sesgo urbano que puede resultar extraño a las comunidades rurales más tradicionales y socialmente más aisladas de la región. Por otro lado, las mediciones disponibles de los ingresos rurales (aun de la misma encuesta) suelen ser más endebles que las de los ingresos urbanos. Por último, en algunos casos[18], las estimaciones no pasan de ser "conjeturas informadas".

El análisis de esta evidencia (condicionado por las limitaciones indicadas) muestra:

• el relativo mantenimiento de la incidencia de la pobreza rural durante los años setenta en los países en que ésta anteriormente había llegado a ser menor (un tercio o menos de los hogares rurales), con la excepción de Chile;

• la significativa disminución de la pobreza rural en todos los países en los que la incidencia de ésta era elevada (la mitad o más de los hogares rurales);

• el mantenimiento de la incidencia de la pobreza rural du-

---

[18] Que se indican en el Cuadro 2.3: Argentina 1970, 1980 y 1986; Uruguay 1981, 1986 y 1989; Colombia 1980, y Perú 1979.

Cuadro 2.4. Evolución del empleo en países seleccionados, 1950-1980
(Tasas de variación promedio anual)

	Período	Empleo agrícola			Empleo no agrícola				
		Total	Tradicional	Moderno	Total	Formal	Informal	Servicio doméstico	Minería
Argentina	1950-60	-0,6	1,9	-1,7	2,0	2,4	0,5	0,7	3,3
	1960-70	-1,0	-0,4	-1,4	2,1	2,0	2,4	2,9	-0,3
	1970-80	-1,1	0,0	-1,8	1,3	0,9	3,5	2,8	1,0
Bolivia	1950-60	0,7	1,6	-2,5	2,5	3,3	2,2	1,3	1,4
	1960-70	1,0	1,7	-2,4	2,6	3,3	2,3	1,2	1,7
	1970-80	0,9	1,4	-2,7	3,5	3,4	4,1	1,8	0,8
Brasil	1950-60	1,3	2,3	-0,7	4,7	3,9	7,5	4,8	1,2
	1960-70	1,0	1,5	-0,2	4,0	4,7	1,2	4,7	2,5
	1970-80	0,1	0,3	-0,2	6,2	6,3	6,1	5,7	1,9
Chile	1950-60	-0,9	2,5	-2,5	1,1	1,7	-0,4	0,7	-2,0
	1960-70	-1,0	-2,3	-0,2	2,5	3,6	1,1	-2,8	-1,4
	1970-80	-1,2	0,0	-1,8	2,8	2,4	4,1	4,0	2,0
Colombia	1950-60	0,2	-1,4	1,9	3,4	3,6	4,1	1,9	1,6
	1960-70	0,5	1,4	-0,5	4,9	6,0	3,6	1,8	-2,9
	1970-80	1,0	1,4	0,6	3,4	2,9	5,6	1,6	-1,6
Costa Rica	1950-60	1,4	2,3	0,8	3,6	4,0	3,2	1,9	2,3
	1960-70	1,5	2,7	0,7	5,6	6,1	4,3	3,4	3,6
	1970-80	0,6	0,4	0,7	6,1	6,6	4,3	4,1	3,9
Guatemala	1950-60	2,0	1,3	3,1	2,6	3,2	2,8	0,2	2,2
	1960-70	1,6	1,7	1,5	4,0	5,0	3,0	2,4	2,5
	1970-80	1,4	1,1	1,9	3,3	3,9	2,8	1,4	2,2
México	1950-60	1,1	-1,6	5,4	3,2	4,4	0,7	1,3	3,7
	1960-70	0,5	0,7	0,3	4,8	4,0	7,4	4,0	0,9
	1970-80	1,8	1,0	2,7	5,1	4,9	5,8	3,3	1,6
Panamá	1950-60	1,0	0,3	5,2	3,0	2,9	3,2	3,8	1,8
	1960-70	0,9	0,5	2,8	5,6	5,6	8,2	2,1	10,7
	1970-80	-0,2	-1,0	2,2	4,3	3,5	4,7	8,3	-4,4
Perú	1950-60	1,1	2,2	-1,3	2,7	3,4	4,0	-2,1	-0,8
	1960-70	0,9	1,8	-1,8	3,5	3,8	4,4	-1,7	-1,2
	1970-80	1,7	1,9	1,0	4,6	4,6	4,9	2,1	1,0
Uruguay	1950-60	-0,3	2,7	-1,3	1,2	1,1	2,1	1,2	0,8
	1960-70	-0,6	1,9	-1,8	1,3	1,2	2,1	1,2	0,9
	1970-80	-1,4	0,8	-2,9	0,6	0,3	2,1	1,0	0,3
Venezuela	1950-60	0,9	3,3	-2,0	4,1	4,2	4,1	3,7	1,0
	1960-70	0,3	2,0	-3,2	5,0	5,0	5,0	4,6	-1,4
	1970-80	-4,0	0,1	-2,0	6,2	7,7	2,3	0,7	4,0

Fuente: CEPAL, División de Desarrollo Económico. Calculado aplicando a las series de empleo sectorial utilizadas en Altimir y Hofman (1992) los porcentajes para los diferentes segmentos de la mano de obra publicados en PREALC (1982).

rante el período de ajuste de los años ochenta, en la mayoría de los países.

Independientemente de las diferencias en el dinamismo de su crecimiento durante la década, la incidencia de la pobreza entre los hogares rurales se habría mantenido en los países en que ésta era relativamente menor, en el contexto regional: Argentina y Uruguay (por debajo del 20 por ciento), Costa Rica (por debajo del 30 por ciento) y Venezuela (en alrededor del 35 por ciento). En Chile, en cambio, existen evidencias que indican un considerable aumento de la pobreza rural: del 25 por ciento hacia 1970 a por lo menos 37 por ciento (45 por ciento con las normas utilizadas en el estudio respectivo) en 1987. Lo esencial de esta regresión parece haber ocurrido antes de 1983, si se atiende a los resultados de una encuesta nacional para ese año (Rodríguez, 1985) (véase el Cuadro 2.3).

Entre los países que a principios de los años setenta exhibían mayores grados de subdesarrollo y pobreza rurales, en cambio, la pobreza se redujo de forma significativa, también independientemente del patrón de crecimiento económico que disminuyó su incidencia en países que crecieron intensamente: en México, del 49 al 43 por ciento (o aun al 34 por ciento, en términos más comparables con la medición anterior); en Brasil, del 73 al 66 por ciento, aun si se atiende al desplazamiento de la norma de pobreza. También se registraron reducciones en países de crecimiento moderado pero sostenido: Colombia[19] y Panamá. Asimismo en Perú, cuyo crecimiento económico sufrió una severa interrupción en este período[20], la pobreza rural se habría reducido, lo que podría estar asociado a la reforma agraria llevada a cabo por el régimen velazquista.

Por último, el ajuste regresivo que sufriera la mayoría de las economías de la región a principios de los años ochenta no habría afectado negativamente la incidencia la pobreza rural alcanzada en la década anterior, con la sola excepción de Chile, donde ésta habría aumentado en la fase del ajuste, para volver a descender en la última parte de la década. En Colombia y México —países en que esta fase de ajuste asumió características menos recesivas— el descenso de la pobreza rural registrado en la década anterior habría continuado, por lo menos hasta 1986 y 1984, respectivamente. En los demás

---

[19] La pobreza rural en Colombia disminuyó del 54 por ciento en 1970 al 42 por ciento en 1986; si se acepta la estimación conjetural para 1980, la mayor parte de esta disminución habría tenido lugar en los años setenta.

[20] El consiguiente estancamiento a mediano plazo de los niveles de bienestar hace que resulte particularmente importante, en este caso, mantener constante la línea de pobreza, lo que redunda en la reducción analizada (en lugar del mantenimiento) de la incidencia de la pobreza en las zonas rurales (véase el Cuadro 2.3).

países la incidencia de la pobreza rural se ha mantenido, a grandes rasgos, durante buena parte de la década.

Con todo, pese a los significativos progresos registrados, a fines de los años ochenta la incidencia de la pobreza rural continúa siendo muy elevada en la mayoría de los países en que lo era tradicionalmente. Cabe investigar, por lo tanto, los factores estructurales subyacentes.

Crecimiento, productividad y empleo agrícolas

El rápido crecimiento que registraron los países de la región en las décadas de posguerra estuvo acompañado por la expansión de la producción agrícola, a tasas menores pero en general sostenidas. Más aún, durante la crisis de los años ochenta, con muy pocas excepciones, el comportamiento de la producción agrícola fue significativamente mejor que el del nivel de actividad global.

Durante todo ese lapso se verificó el proceso de disminución de la participación de la fuerza laboral agrícola en la total, con diferente intensidad según los países y los períodos (Altimir y Hofman, 1992). En general, este proceso fue más intenso que la disminución de la participación del sector agropecuario en el producto total, dado que en la mayoría de los países, el producto por persona activa en la agricultura tendió a crecer más que la productividad media de la PEA total.

Estas tendencias configuran una escasa capacidad de los sectores agropecuarios latinoamericanos para proporcionar empleo productivo. En los países más urbanizados de la región (Argentina, Chile y Uruguay), el empleo agropecuario se ha reducido sistemáticamente, entre 1950 y 1980, a tasas cercanas al uno por ciento anual. En Venezuela ha oscilado en torno a una tendencia estacionaria y lo mismo se observa en Brasil a partir de 1970. Entre los países de intensa industrialización, sólo en México el empleo agrícola se ha expandido a una tasa promedio superior al 1 por ciento entre 1950 y 1980 y en Colombia a 0,5 por ciento anual. Entre los países de estructura más agraria, sólo en Costa Rica, Guatemala y Perú el empleo agrícola en esas tres décadas ha aumentado a tasas promedio superiores al 1 por ciento anual (véase el Cuadro 2.4).

Todo indica que en la mayoría de los casos los empleos adicionales en la agricultura se han generado dentro del sector campesino. Se observa la expansión de la fuerza laboral agrícola en las categorías de trabajadores por cuenta propia y familiares no remunerados (conjunto que PREALC [1982] considera representativo de la agricultura tradicional[21]), la cual entre 1960 y 1980 ha alcanzado ritmos que se ubican entre el 1 y el 1,8 por ciento anual y que contrastan visiblemente con los muy débiles o negativos del empleo agrícola total (véase el Cuadro 2.4).

Como muestran de Janvry *et al.* (1989), de los 18 países acerca de los cuales se dispone de datos para distintos momentos del período 1950-1980, en 15 se ha incrementado el número de pequeñas explotaciones[22] y en la mayoría de ellos el tamaño promedio de esas unidades productivas ha tendido a disminuir, lo que se interpreta como indicación de una creciente escasez de tierra a disposición del campesinado.

La proporción de los aumentos observados en la productividad de la mano de obra agrícola de los países de la región que se ha originado en sus amplios segmentos campesinos es, en lo esencial, materia de especulación. En los casos y en la medida en que la agricultura moderna o comercial ha ido aumentando su participación en la producción, sin absorber plenamente —dada la mencionada escasa o nula creación de empleos— segmentos significativos de mano de obra campesina, la productividad relativa de la agricultura campesina debe haberse rezagado aún más.[23]

La mano de obra excedente[24] en las explotaciones más pequeñas de Brasil —en las que se concentra un tercio de la mano de obra familiar— era en 1970 del orden del 72 por ciento y disminuyó sólo ligeramente hacia 1980, mientras que en las explotaciones familiares algo mayores disminuyó significativamente (del 54 al 38 por ciento) en el mismo lapso. En una región de Chile, por otra parte, las explotaciones más pequeñas —que abarcaban casi el 60 por ciento de los hogares agrícolas de la región— exhibían en 1976 un excedente de mano de obra familiar del 58 por ciento. En México, en 1970, el excedente de mano de obra familiar superaba el 60 por ciento, tanto en los ejidos como en las pequeñas explotaciones privadas.

Una reseña, también realizada por de Janvry *et al.* (1990), de la información disponible sobre fuentes de ingresos de los hogares agrícolas en pequeñas explotaciones en diversas microrregiones de América Latina, revela claramente el alto grado en que los hogares cam-

---

[21] Véase la Advertencia 6, en el anexo metodológico.

[22] Los únicos tres países en que el número de estas explotaciones disminuye son Argentina, Panamá y Venezuela.

[23] Véase la Advertencia 7 en el anexo metodológico, donde se indica una estimación de la productividad relativa del campesinado.

[24] Véase la Advertencia 8 en el anexo metodológico.

pesinos dependen de los ingresos obtenidos fuera de su explotación, en particular de salarios. Esta dependencia es mayor en regiones donde existen mercados de trabajo bien desarrollados que en zonas predominantemente campesinas. Si bien no existe información directa que permita apreciar la medida en que este proceso se ha acentuado o atenuado en los últimos años, la ya señalada tendencia a la disminución del tamaño promedio de las explotaciones pequeñas y el aumento del empleo rural no agrícola sugiere lo primero.

La evolución de los salarios agrícolas reviste, entonces, una importancia no desdeñable para los ingresos del sector campesino. En la fase de crecimiento que culmina en 1980, sólo unos pocos países registran tendencias a un aumento significativo (equivalente al 2 o el 3 por ciento anual) de los salarios agrícolas en términos reales: México, Colombia, Brasil, Costa Rica, Chile y Panamá. En los demás países se registran significativas reducciones reales. En la década de 1980, los salarios agrícolas experimentaron retrocesos en todo los países, con excepción de Colombia y Panamá (de Janvry et al., 1986).

Exodo, reserva de mano de obra y pobreza rural

Las tendencias reseñadas apoyan la tesis avanzada formulada por de Janvry et al. (1989) de que, a pesar del considerable crecimiento agrícola y de la expansión de las actividades urbanas previa a la crisis, el campesinado latinoamericano ha sufrido una "doble contracción" en el proceso de desarrollo de posguerra. Por un lado gran parte del campesinado no ha podido, a pesar de los procesos de reforma agraria, incrementar su acceso a la tierra y las condiciones de subempleo lo han forzado a buscar fuentes de ingreso fuera de la explotación, particularmente en el mercado de trabajo agrícola. Por otra parte, las oportunidades de empleo productivo en la agricultura o en actividades no agrícolas de las zonas rurales se han expandido lentamente, los trabajadores permanentes han sido crecientemente reemplazados por trabajadores estacionales y los trabajadores de base urbana han tendido a desplazar a los de las explotaciones familiares en los mercados de trabajo agrícolas.

Este doble condicionamiento ha inducido altas propensiones a emigrar hacia las ciudades, aunque el ritmo mismo de la migración rural-urbana aparece más determinado por la expansión de las actividades urbanas. Fuera de este drenaje representado por la transferencia de pobres rurales a las ciudades, ni el acceso a la tierra ni la creación de empleos ha sido suficiente para reducir la pobreza rural, representada por el subempleo del campesinado y los bajos ingresos de los trabajadores sin tierra. Como resultado, la mayor parte del campesinado no compite con la agricultura comercial ni resulta desposeído del acceso a pequeñas parcelas. Aparece así como un sector de refugio, que no pierde su insuficiente acceso a la tierra pero cuyo ingreso depende cada vez más de los salarios (de Janvry *et al.*, 1989).

Sin embargo, dentro de la agricultura también se ha verificado cierto grado de movilidad vertical hacia formas modernas y más capitalizadas de la empresa familiar. De hecho, los estudios comparativos sobre los determinantes de la productividad en la agricultura campesina indican que dentro de la agricultura campesina latinoamericana existe una gran heterogeneidad en cuanto a los niveles de productividad, tecnología utilizada y niveles de educación de la fuerza laboral, así como un considerable dinamismo (Figueroa, 1986).

La conciliación de ambos tipos contrastantes de evidencia sugiere que las reducciones de la pobreza rural que se habrían registrado durante los años setenta en los países que exhibían elevados niveles de pobreza rural y de subempleo agrícola y una considerable heterogeneidad de su universo campesino, corresponden a procesos de modernización de segmentos de éste, cuyo núcleo sin embargo continúa sujeto a las condiciones estructurales que lo mantienen en situación de subdesarrollo relativo. La estabilidad de la incidencia de la pobreza rural en los países donde ésta ya era menor y cuyos sectores campesinos eran más homogéneos, correspondería a la visión de que el núcleo subdesarrollado del campesinado (en cuya situación sería decisiva la falta de acceso a educación, tierra y crédito) tiene una considerable persistencia estructural.

Aumento de las desigualdades sociales en los años ochenta

Durante la década de crisis, la mayoría de los países experimentaron fuertes redistribuciones del ingreso, con resultados regresivos. Sólo Colombia y México constituyeron excepciones, por lo menos hasta 1986 y 1984, respectivamente. En ambos casos, en la primera parte de la década se registra una disminución de la participación del decil superior de la distribución del ingreso de los hogares; en Colombia, en favor principalmente de los estratos medios; en México, en favor de la base de la pirámide social. En el caso de Colombia, el proceso de mejoramiento de la distribución del ingreso no se habría revertido con posterioridad a 1986.[25] En el de México, en cam-

---

[25] Londoño (1990) registra la virtual similitud del coeficiente de Gini y de las participaciones de los grandes estratos en las distribuciones del ingreso entre los receptores individuales activos —a nivel nacional— para 1978 y 1988 (véase el Cuadro 2.2).

Cuadro 2.5. Síntesis de los cambios registrados en la concentración del ingreso, la pobreza y las variables macroeconómicas pertinentes en los años ochenta

País	Período	Concentración del ingreso[a] Nacional	Concentración del ingreso[a] Urbano	Incidencia de la pobreza[a] Nacional	Incidencia de la pobreza[a] Urbana	PIB per cápita (%)	INBR[b] per cápita (%)	Salarios Industrial medio (%)	Salarios Mínimo urbano (%)	Tasa de desempleo urbano (puntos %)	Tasa anual media de inflación[d] (%)
Argentina	1980-86		A	A	A	-14	-23	9	11	2,3	288
	1987-89		A			-9	-10	-20	-43	3,2	1.829
Brasil	1979-87	-A	A	A	M	8	-2	11	-26	-2,7	155
	1987-89	A				-1	-	-3	-4	-0,4	1.357
Chile	1968-80	A	A	+A	+A	18	4	-	-19	-1,3	111
	1980-87		M	M	M	-2	-13	-8	-31	-2,7	20
	1987-90		D		D	14	18	11	27		20
Colombia	1980-86		D	M	M	7	5	21	14	4,1	22
	1986-89		M			7	3	-1	-3	-3,9	25
Costa Rica	1981-88	A	A	A	A	-3	2	-7	27	-2,8	25
México	1977-84	D			D	16	11	-30	-37	-2,0	48
	1984-89	A		D	A	-4	-8	2	-30	-2,8	80
Uruguay	1981-86		A		A	-11	-18	-33[c]	-14	4,0	60
	1986-89		-D		D	7	12	6[c]	-12	-2,1	72
Venezuela	1981-86	A	A	A	A	-14	-34	-	-10	5,3	10
	1986-89					-6	-1	-	-19	-2,4	52

[a] A indica aumento, D disminución y M mantenimiento; (-) indica "leve" y (+) "extraordinaria".
[b] Ingreso nacional bruto real.
[c] Salario promedio efectivo de todos los sectores.
[d] Promedio simple de tasas de inflación de enero a diciembre.

bio, existe evidencia de que la anterior tendencia a la atenuación de las desigualdades se habría revertido a partir de 1986 (Lustig, 1991).

En Chile, por otra parte, al cabo de la década de 1980 no se registra un significativo deterioro de las ya considerables desigualdades imperantes antes de la crisis, como resultado del proceso previo de ajuste. Durante el período 1980-1983 se habría producido una redistribución adicional, pero de moderada magnitud, en favor de los estratos altos y en perjuicio de los bajos; pero ella se habría reparado, por lo menos entre 1987 y 1990 (véase el Cuadro 2.2).

Los considerables altibajos coyunturales, la significativa magnitud de los shocks externos y la elevada inflación que experimentó la economía argentina a lo largo de la década estuvieron acompañados de vaivenes en la concentración de los ingresos, aunque quizá éstos no hayan adquirido una magnitud tan aguda como la de aquéllos (Beccaria, 1991). En 1986, la concentración relativa del ingreso de los hogares fue significativamente mayor que la imperante antes de la crisis, además de corresponder a un ingreso medio bastante inferior en términos reales. La redistribución regresiva ocurrida en el período habría afectado a los estratos intermedios todavía más que a los inferiores, en tal medida que sólo el decil superior habría aumentado sus ingresos reales (véase el Cuadro 2.2). A partir de 1986, la aceleración inflacionaria y la caída de las remuneraciones reales estuvieron acompañadas de un ulterior desmejoramiento de la distribución relativa de los ingresos, que culmina en 1989, cuando la concentración alcanza su nivel más elevado, por efectos del desborde inflacionario (Cuadro 2.5). En 1990, la distribución del ingreso de los receptores individuales habría recuperado el grado de concentración que exhibía en 1988 (Beccaria, 1991).

La distribución del ingreso en las zonas urbanas de Brasil empeoró entre 1979 y 1987 —período en que la economía sufrió la crisis y luego recuperó el nivel de actividad— en perjuicio particularmente de los estratos bajos.[26] Entre 1987 y 1989, en cambio, se observa un progresivo aumento de las desigualdades, en un contexto de aceleración inflacionaria (Hoffmann, 1991).

También en Costa Rica la distribución de los ingresos urbanos empeoró entre principio y fines de la década, en perjuicio tanto de los estratos bajos como de los intermedios (Cuadro 2.2). La primera observación corresponde a 1981, el segundo año de la recesión y el tercero del shock externo; la segunda observación, en 1988, se ubica

---

[26] Hoffmann (1991) registra una relativa estabilidad de la concentración de los ingresos a nivel nacional a lo largo del período 1979-1986, aun teniendo en cuenta los efectos benéficos pero pasajeros del Plan Cruzado.

a principios de la recuperación del nivel de actividad, en medio de nuevos shocks externos (véase el Gráfico 2.5). En ese período, se pusieron en práctica los programas de estabilización de 1982-1983 y de ajuste estructural de 1985-1987; por consiguiente, puede considerarse que la distribución del ingreso de 1988 incorpora en buena medida sus efectos más inmediatos (Cuadro 2.5).

La distribución del ingreso en las zonas urbanas del Uruguay empeoró visiblemente durante el período de ajuste recesivo que se inició en 1982 y culminó en 1986. En el posterior período de estancamiento con alta inflación que transcurrió hasta 1989, se registró un restablecimiento parcial de la situación distributiva anterior a la crisis: en Montevideo volvió a tener aproximadamente el mismo patrón de concentración que entonces, pero en el resto de las zonas urbanas se ratificó la pérdida de participación de los estratos medios en favor del decil superior (véase el Cuadro 2.2).

El continuado deterioro del ingreso real que sufrió la economía de Venezuela entre 1980 y 1986 estuvo acompañado de un significativo retroceso de la situación distributiva tanto en las zonas urbanas como en las rurales, la cual había mejorado notablemente durante la década anterior. Por otra parte, los aumentos de participación de los hogares en la cúspide de la pirámide (que, sin embargo, no alcanzaron a impedir la reducción de sus ingresos reales) tuvieron como contrapartida significativas disminuciones de la participación y de los ingresos reales de los estratos medios y sobre todo de los más bajos (véase el Cuadro 2.2). No se dispone de datos comparables acerca de lo que ocurrió con la situación distributiva durante el estancamiento del ingreso nacional en 1987-1988 y el programa de ajuste y estabilización puesto en práctica en 1989.

Aumento de la pobreza urbana en los años ochenta

Las estimaciones de la pobreza urbana que figuran en el Cuadro 2.3 para los años comprendidos entre 1980 y 1986 son directamente comparables, en la medida en que se siguieron los mismos criterios y procedimientos de estimación, ajustando las distribuciones del ingreso utilizadas para salvar sesgos de diferente magnitud, y se aplicaron líneas de pobreza constantes en términos reales[27] (CEPAL, 1991a).

---

[27] Este criterio se justifica a la luz del análisis sobre el desplazamiento de las normas de pobreza en el tiempo (véase la Advertencia 2 en el anexo metodológico), toda vez que en los países considerados y en los períodos pertinentes de la década de crisis, el ingreso nacional real por habitante se contrajo o terminó ampliándose sólo ligeramente, en medio de fuertes oscilaciones.

De acuerdo con ellas, la incidencia de la pobreza entre los hogares rurales no ha variado significativamente, como ya se indicó, durante la década de 1980. La pobreza urbana, en cambio, ha aumentado su incidencia —en relación con el total de hogares urbanos— en casi todos los países y en todos ha aumentado en términos absolutos (Cuadro 2.5). Con ello, la CEPAL (1991b) estima que, en el conjunto de los 10 países analizados, las personas en situación de pobreza han pasado de 110 millones en 1980 a 130 millones en 1986. También cambió la distribución urbano-rural: mientras en 1980 el 49 por ciento de los pobres (54 millones de personas) residía en zonas urbanas, en 1986 esta proporción se había elevado al 59 por ciento (76 millones de personas).

Con la excepción de Colombia y Panamá, en todos los países analizados ha aumentado la incidencia de la pobreza entre los hogares urbanos. Esos dos casos excepcionales son los únicos que registran aumentos del ingreso nacional bruto real por habitante entre ambos períodos; en ambos casos se observa, por otra parte, un significativo aumento de los salarios reales, aunque también aumentaron las tasas de desocupación.

En México, las mediciones basadas en las encuestas de 1977 y 1986 indican una disminución de la incidencia de la pobreza a nivel nacional. Si continuaron las tendencias registradas desde la década anterior, la incidencia de la pobreza habría disminuido, hasta 1984, tanto en las zonas rurales como en las urbanas. Una simulación realizada por Lustig (1991) confirmaría que los pobres resultaron poco afectados por la crisis en el período 1983-1985, pero indica asimismo que a partir de 1986 sufrieron desproporcionadamente los efectos de los ajustes.

En Chile, la relación entre la incidencia de la pobreza y los procesos de ajuste debe remontarse a los años setenta, período en el que tuvo lugar un intenso proceso de ajuste estructural. Un trabajo que utiliza similares criterios normativos a los que inspiran las estimaciones del Cuadro 2.3, pero diferente información de base (PREALC, 1987) estima en un 29 por ciento la incidencia de la pobreza entre los hogares del Gran Santiago en 1969, en un 40 por ciento para 1980 (después del primer ajuste) y en un 46 por ciento para 1985 (durante el segundo ajuste; véanse el Cuadro 2.4 y el Gráfico 2.3). Sobre esta base, podría considerarse que en 1987 la incidencia de la pobreza urbana en Chile era algo superior a la imperante en 1980. Ello se asociaría con un menor ingreso nacional bruto real por habitante, salarios reales también menores y una tasa de desocupación similar (Cuadro 2.5).

Impacto distributivo de los ajustes y reformas

Los ajustes recesivos han empeorado la situación distributiva y la reparación posterior ha dependido de la estabilidad y el crecimiento, en tanto que los programas de reforma tendrían un primer impacto negativo sobre la distribución del ingreso disponible.

Los datos utilizados se refieren en general a momentos previos a la crisis de los años ochenta y a la segunda mitad de la década, después de los primeros ajustes recesivos ocasionados por la crisis de pagos externos. Por ello, en el Cuadro 2.3 se sintetizan los cambios en la distribución del ingreso arriba reseñados en cada país y las variaciones macroeconómicas pertinentes en el período correspondiente, así como las ocurridas en el resto de la década.

Lamentablemente, en general las mediciones disponibles de la distribución del ingreso no coinciden con las vísperas y las postrimerías de programas de estabilización o de ajuste como para extraer conclusiones más firmes sobre sus efectos distributivos. Por otra parte, aun en los casos (como Colombia o Costa Rica) en que se cumple esa condición, sólo se emite juicio acerca de los efectos inmediatos de los programas, sin evidencias sobre las consecuencias más mediatas de los posteriores cambios estructurales o sobre la medida en que la situación distributiva observada se haya alterado por el ulterior abandono o fracaso del programa.

Sin embargo, el análisis de los datos resumidos anteriormente sugiere las siguientes conclusiones.

• Los ajustes recesivos de principios de la década (de los que sólo se sustrajeron Colombia y Panamá) ejercieron efectos negativos sobre la distribución del ingreso, al menos en las zonas urbanas. En ello han desempeñado un papel importante la magnitud y la duración de los shocks externos, como lo ilustran los casos de Argentina, Costa Rica y Venezuela.

• La medida en que esos efectos se han profundizado, consolidado o revertido posteriormente habría estado determinada por el logro de una estabilidad macroeconómica perdurable y el crecimiento sostenido.

• Argentina y Brasil son los ejemplos clásicos de regímenes de alta inflación con intentos de estabilización fracasados. En ellos, el empeoramiento distributivo del ajuste recesivo se alivió temporariamente durante los respectivos programas heterodoxos de estabilización, para profundizarse luego del fracaso de éstos, lo que a su vez imposibilitó el crecimiento sostenido.

• Tampoco Costa Rica y Venezuela —países que tradicionalmente han tenido regímenes de inflación moderada— pudieron revertir el empeoramiento distributivo de la primera fase del ajuste.

En el primer caso la consolidación de la estabilidad macroeconómica experimentó sucesivas dificultades. En el segundo, la estabilidad se deterioró, dando origen a una inflación alta y persistente. En ambos casos, se produjo un estancamiento del ingreso real per cápita.

• Uruguay, si bien ha mantenido un régimen de alta inflación, conservó una cierta estabilidad macroeconómica con mecanismos generalizados de indización. La tendencia a mejorar la distribución del ingreso después de la crisis corrobora el papel señalado de la estabilidad, a pesar del virtual estancamiento del ingreso real.

• Chile, en cambio, que en la década anterior consolidó tanto una estructura distributiva más regresiva que la preexistente como la estabilidad macroeconómica, pudo eventualmente remediar los efectos negativos adicionales del ajuste recesivo, particularmente cuando la economía entró en una fase de crecimiento sostenido. Colombia, por su parte, con un régimen estable de inflación moderada, pudo mantener el patrón distributivo, después del período de (suave) ajuste, al retomar el crecimiento.

• El caso de México es algo más ambiguo en este sentido. Con la crisis, la economía entró en un régimen de alta inflación. La observación disponible para 1984, en medio del primer programa de estabilización, muestra características no recesivas. La disminución de la concentración con respecto a 1977 puede encubrir un aumento con respecto a un mejoramiento mayor durante el período de intenso crecimiento anterior a la crisis. En todo caso, la estabilización no fue duradera ni el crecimiento sostenido. Los indicios de un posterior aumento de la desigualdad pueden observarse, en cambio, durante el segundo programa —iniciado en 1988—, que ha logrado la estabilización y un crecimiento moderado pero sostenido.

• En un contexto de estabilidad y crecimiento, la jerarquía que tenga el objetivo de equidad en el diseño y la aplicación de la política económica tiene influencia sobre los resultados distributivos. Así lo sugieren los casos de Colombia, Costa Rica y Uruguay, como también el de Chile, tanto —en sentido positivo— por la experiencia más reciente como —al contrario— por la anterior a la crisis.

• Los tres casos de reformas del régimen de política económica durante el período de observación (Chile, Costa Rica y México) estuvieron acompañados de un empeoramiento de la distribución del ingreso[28]. En qué medida ello corresponde sólo a la primera etapa

---

[28] Por lo menos, de la distribución del ingreso disponible de los hogares, después del pago de impuestos y contribuciones a la seguridad social, pero antes de los efectos redistributivos del gasto público. Esta conclusión no considera, por lo tanto, la medida en que las reformas fiscales hayan reparado las consecuencias distributivas señaladas a través de una mayor equidad en el gasto público.

de ejecución de tales programas o constituye un efecto permanente de los mismos, es un interrogante que aun pende sobre los programas de Costa Rica y México. El caso de Chile, en que esa "primera etapa" duró por lo menos una década, puede interpretarse como una anomalía o premonición.

Reflexiones finales

La transformación histórica experimentada por los países de América Latina durante la posguerra, con procesos de industrialización hacia adentro, papel preponderante del Estado en las actividades básicas y amplias intervenciones en el sistema de precios, involucró procesos de modernización con profundas consecuencias distributivas.

La dinámica de funcionamiento del modelo de desarrollo implicaba desequilibrios estructurales y exclusión social, que minaban su sustentabilidad a largo plazo. Pero la rápida modernización, la intensa movilidad social que trajo consigo y los efectos redistributivos implícitos en la acción del Estado (aunque en muchos casos concentrados en las zonas urbanas o en los nuevos sectores intermedios) fueron cambiando la naturaleza de las desigualdades sociales (más allá de lo que pueda captarse en una medida agregada de desigualdad) y creando la percepción colectiva de que estaban configurándose sociedades menos heterogéneas de lo que estructuralmente eran.

El agotamiento progresivo de ese modelo de desarrollo fue gestando crisis larvadas —tanto de la economía como del Estado— cuya eclosión puede haberse visto postergada por el fácil endeudamiento externo de los años setenta, pero que se hizo inevitable con la conjunción de factores externos adversos a principios de los años ochenta.

Aun antes de esta eclosión, la "economía política" de ese modelo de desarrollo hizo crisis en algunos países, en los que se interrumpió tanto el crecimiento como la estabilidad política institucional, lo que ocasionó deterioros distributivos permanentes. En otros países, la estructura distributiva preexistente se vio forzada recién con la crisis abierta de los años ochenta y agravada por la crisis fiscal del Estado.

La estabilidad macroeconómica y el crecimiento sostenido, a medida que los países de la región van saliendo de la crisis, posibilitan diversos grados de reparación del anterior deterioro distributivo. Por otra parte, las reformas de política pública adoptadas en busca de cambios estructurales del modelo de desarrollo parecen tener un primer impacto negativo sobre la distribución del ingreso.

En qué medida la distribución del ingreso "estable" —desde una perspectiva económica— del nuevo modelo de desarrollo que vaya afianzándose en cada país será más equitativa que la heredada de la crisis y también que las alcanzadas en el anterior modelo de desarrollo, probablemente dependerá de forma decisiva —más allá de las condiciones externas— de dos factores internos. Por un lado, del grado en que la educación y otras formas de endogeneización del crecimiento a través del conocimiento pasen a desempeñar un papel central en el nuevo modelo de desarrollo. Por otro lado, de que la reforma de las instituciones públicas den por resultado un Estado con mayor capacidad para promover eficazmente tanto la transformación productiva como la equidad.

ANEXO METODOLOGICO: ADVERTENCIAS AL LECTOR
SOBRE LAS LIMITACIONES DEL ANALISIS

Advertencia 1: Confiabilidad y comparabilidad de las distribuciones del ingreso provenientes de censos y encuestas de hogares

Las estadísticas de distribución del ingreso normalmente disponibles provienen, en general, de encuestas de hogares de diferente tipo, o a veces de los censos de población (cuando éstos han incluido alguna presunción sobre ingresos).

Los diversos tipos de encuestas de hogares que proporcionan mediciones de ingresos (ya se trate de encuestas de ingresos y gastos de los hogares, de encuestas especiales de ingresos o de encuestas de empleo) utilizan diferentes conceptos del ingreso y distintos métodos para investigarlo, por lo cual proporcionan —en principio— diferentes mediciones de los ingresos, particularmente en lo que se refiere a los tipos de ingreso incluidos y al sesgo de las mediciones. En otro trabajo (Altimir, 1987) se analizan en detalle estos aspectos para un conjunto de 58 encuestas realizadas en los países de América Latina hasta fines de los años setenta. A partir de ese análisis:

• se concluye que las diferencias en las técnicas de investigación introducen diferentes sesgos, que afectan la comparabilidad de los resultados de las encuestas de diferente tipo realizadas sobre una misma región y aun de la misma encuesta repetida en diferentes momentos;

• se sugiere la comparación detallada de los ingresos de diferente tipo medidos por cada encuesta, con las correspondientes estimaciones de cuentas nacionales como criterio para apreciar el sentido y la magnitud de los sesgos de medición;

- se sostiene la necesidad de ajustar los resultados de las encuestas, con criterios uniformes que intenten subsanar los sesgos de medición de los ingresos, en lo que se refiere a su nivel y distribución; sin pretender que esos ajustes proporcionen una mejor medición de la distribución de los ingresos, se procura mejorar la comparabilidad recíproca de diferentes encuestas que —de acuerdo con el criterio de confrontación con los ingresos de cuentas nacionales— presentan sesgos de diferente magnitud, en el tiempo y en el espacio; y

- se propone un método de ajuste de los resultados de las encuestas, basado en su comparación con los que surgen de las cuentas nacionales. La aplicación de este método a un conjunto de encuestas latinoamericanas supone significativos aumentos de la concentración (entre el 10 y el 15 por ciento de los valores originales de los coeficientes de Gini), aunque este aumento de la concentración no se relaciona claramente con el grado de subestimación de los ingresos totales, ya que las consecuencias del ajuste dependen del patrón de subestimación por tipo de ingresos y de la posición relativa de los diferentes grupos socioeconómicos en la distribución (Altimir, 1987).

Advertencia 2: Las normas para identificar las situaciones de pobreza absoluta y su relatividad contextual

Por su misma esencia normativa, los conceptos de pobreza y de necesidades básicas son relativos; cualesquiera que sean las normas concretas que se utilicen para definir la privación, siempre se relacionan con un contexto social específico y se refieren a la escala de valores asociada a un determinado estilo de vida.

Por otra parte, es preciso reconocer, con Sen (1978), que "hay un núcleo irreductible de privación absoluta en nuestra idea de pobreza, que traduce manifestaciones de indigencia, desnutrición y penuria visibles en un diagnóstico de pobreza sin tener que indagar primero el panorama relativo. El enfoque de la privación relativa más bien complementa que compite con esta preocupación con la desposesión absoluta".

Como se argumenta en otro trabajo (Altimir, 1981), aun estos mínimos de subsistencia se hallan condicionados por el contexto social y cultural. Las definiciones en términos absolutos proceden por enumeración de necesidades, estableciendo en cada caso la privación en función del estilo de vida dominante. Son absolutas con respecto a la disponibilidad de recursos y a las desigualdades vigentes, pero no deberían soslayar la relatividad contextual de la noción de pobreza, que la refiere al estilo de vida dominante.

En consecuencia, las normas de pobreza absoluta (condicionadas por el contexto) no pueden ser inmutables en el tiempo. A medida que la sociedad va enriqueciéndose, los niveles absolutos de las normas pretéritas van quedando obsoletos. El desarrollo económico cambia la disponibilidad de las diferentes clases de satisfactores e incluso la estructura de las necesidades, y con él cambian los estilos de vida (Townsend, 1974).

Dicho en otros términos, las líneas de pobreza definidas en términos absolutos deben tener cierta elasticidad-ingreso positiva, a riesgo de convertir la eliminación de la pobreza a través del crecimiento, a mediano y largo plazo, en una tautología carente de contexto real.

Esta realidad normativa explica que las definiciones de la pobreza en términos absolutos han ido variando, a través de la experiencia histórica de las sociedades industriales, con el desarrollo económico y el progreso social. Por otra parte, los diferentes investigadores han observado que tanto los presupuestos mínimos de consumo como los ingresos que la gente considera mínimamente adecuados han incrementado su valor real en el tiempo (Altimir, 1981).

Advertencia 3: El trazado de líneas de pobreza

En lo esencial, las líneas de pobreza utilizadas en las estimaciones correspondientes a alrededor de 1970 (Altimir, 1979) y en las realizadas para la década de 1980 (CEPAL, 1991a) se basan en la alimentación. Parten de estimaciones de las necesidades nutricionales y su traducción detallada en canastas básicas de alimentación mínimamente adecuadas para atenderlas, en cada país, sobre la base de las cuales se determinan los respectivos presupuestos de alimentación de costo mínimo, para cada país. La determinación del nivel de gasto total requerido para satisfacer el conjunto de las necesidades básicas se realiza observando las proporciones gastadas en rubros no alimentarios por grupos de hogares cuyo presupuesto de alimentación se encuentra inmediatamente por encima del presupuesto mínimo de alimentación estimado normativamente.

Advertencia 4: La distribución del ingreso y las estimaciones de la incidencia de la pobreza

Como es obvio, cualquier subestimación significativa de los niveles en la distribución del ingreso que se cortan con la línea de pobreza, aun cuando resulte neutra con respecto al grado de concentración, produce una sobreestimación de la incidencia de la pobreza.

Esta circunstancia —cuyas consecuencias pueden verse, para las estimaciones de 1970, en Altimir (1979, Anexo B)— obliga a ajustar la distribución del ingreso a ser utilizada por los presuntos sesgos de subestimación, con algún criterio que se considere apropiado para "restablecer" de alguna manera los niveles de ingreso que se hubieran medido con mayor exactitud en la base de la distribución. En estos trabajos, se utilizó la discrepancia de los diferentes tipos de ingresos con las cuentas nacionales como una medida de la magnitud de los respectivos sesgos de medición y los criterios elaborados por Altimir (1984) para su distribución (véase la Advertencia 1).

Advertencia 5: Comparabilidad de las estimaciones de la incidencia de la pobreza alrededor de 1970 y para la década de 1980

El trazado de líneas de pobreza para las estimaciones de 1970 se ajustó a un criterio de costo mínimo, con la sola consideración de los hábitos alimentarios y de disponibilidad nacional de los diferentes alimentos (Altimir, 1979). Las líneas de pobreza utilizadas en las estimaciones realizadas para los años ochenta incorporan la elección de satisfactores por parte de los hogares. Ello da por resultado, para algunos países, presupuestos de alimentación y líneas de pobreza no comparables con los de 1970.

En algunos casos, sin embargo, el mayor valor real de las líneas para 1980 reflejaría adecuadamente el criterio de desplazamiento de las normas de pobreza con el crecimiento de mediano plazo, a que se hace referencia en la Advertencia 2. En otros casos, en cambio, se hace necesario ajustar las líneas de pobreza para que la norma (aun con el criterio de desplazamiento) sea comparable con la utilizada en 1970.

Con este propósito, se ajustaron hacia abajo las líneas de Colombia, México y Perú y hacia arriba las de Brasil y Uruguay (véase el Cuadro 2.3).

Advertencia 6: El tamaño relativo del campesinado

PREALC define el sector tradicional de la PEA agrícola como el constituido por los trabajadores por cuenta propia y los familiares no remunerados, excluyendo a los profesionales y técnicos. El sector agrícola moderno incluye el resto de los trabajadores agrícolas, es decir, todos los asalariados, los patronos y los trabajadores por cuenta propia y los familiares no remunerados que son profesionales y técnicos (PREALC, 1982). De Janvry et al. (1989) consideran al sector agrícola tradicional así definido como una primera aproximación al tamaño del campesinado.

Sin duda, la agricultura campesina se basa en una proporción considerablemente mayor que el resto del sector agrícola en el trabajo familiar (del productor y sus familiares no remunerados), pero estas categorías también son, sin embargo, importantes en la fuerza laboral empleada en el resto del sector agrícola. En torno a 1970, las explotaciones de menor dimensión (que a su vez constituyen otra forma de aproximación a la agricultura campesina) operaban, en Brasil, con un 93 por ciento de trabajo familiar, frente al 63 por ciento en el resto de la agricultura, mientras que en Ecuador, México y Panamá las proporciones de trabajo familiar en el total de empleo de las explotaciones de menor tamaño variaban entre el 73 y el 80 por ciento, en comparación con el 39 al 47 por ciento en el resto del sector agrícola (CEPAL/FAO, 1986).

Advertencia 7: El campesinado y la agricultura moderna

Suele aplicarse al sector agropecuario de los países de América Latina una segmentación dicotómica entre unidades productivas campesinas y agricultura "moderna", "comercial" o "empresarial", con la connotación implícita de que las unidades campesinas no poseen ninguno de estos atributos en proporción significativa. En realidad, como postula Figueroa (1986), "las unidades que conforman la pequeña agricultura de América Latina se encuentran, en su gran mayoría, organizadas bajo la forma de la producción campesina". Dado su carácter familiar se las denomina unidades económicas familiares (UEF), caracterizadas porque la propiedad de los recursos es, en lo esencial, de la UEF, el trabajo proviene fundamentalmente de la misma UEF y ésta es, a la vez, una unidad de producción y de consumo. Como señala el mismo autor, la racionalidad económica de la UEF campesina surge de su funcionamiento en un contexto de microsociedades, economía de mercado, incertidumbre (tanto en la producción como en el intercambio) y con escasa dotación de recursos.

De ahí que, para analizar las tendencias macroeconómicas, se asocie a la economía campesina con la mano de obra familiar, las explotaciones de pequeño tamaño y la baja productividad. Schejtman, en uno de los escasos estudios que considera sistemáticamente estos aspectos en una tipología de las explotaciones agropecuarias de México en 1970 basada en las formas de producción (CEPAL, 1982), encuentra que:

• El 84 por ciento de las unidades productivas son campesinas (55 por ciento de infrasubsistencia y 16 por ciento de subsistencia) y 11 por ciento "de transición" hacia formas "empresariales" de producción, mientras que éstas abarcan el 4 por ciento de las unidades productivas (CEPAL, 1982, Cuadro 2).

- El 94 por ciento de las unidades campesinas de "infrasubsistencia" y el 49 por ciento de las de "subsistencia" cuentan con una superficie de trabajo inferior a 5 hectáreas, mientras que sólo el 12 por ciento de los campesinos "estacionarios", el 5 por ciento de los "excedentarios" y el 11 por ciento de los "pequeños empresarios" (no campesinos, de acuerdo con esta tipología) explota unidades de esa dimensión (CEPAL, 1982, Cuadro 5).

- El valor de producción por persona ocupada de los campesinos de "infrasubsistencia" es un 40 por ciento del promedio del sector, a nivel nacional, y el de los de "subsistencia" un 70 por ciento, mientras que tanto los campesinos "excedentarios" como los "pequeños empresarios" exhiben una productividad por persona de cerca del 160 por ciento de ese promedio (CEPAL, 1982, Cuadro 36).

Por otro lado, de Janvry *et al.* (1986) estiman el ingreso bruto por miembro activo de la familia —en las explotaciones de hasta 5 hectáreas de Brasil en 1970— en un 36 por ciento del promedio de todas las explotaciones.

Advertencia 8: Excedente de mano de obra familiar en la agricultura

La relación que existe entre la remuneración implícita que obtiene la mano de obra familiar de la producción en su propia unidad y el salario de los trabajadores permanentes en la zona puede utilizarse como una medida del excedente de mano de obra en esas explotaciones, si se acepta que ese salario indica el ingreso potencial de los trabajadores familiares en régimen de jornada completa. De Janvry *et al.* (1986) estiman, sobre esta base, el excedente de mano de obra familiar en explotaciones de diferente tamaño en Brasil y Chile.

ANEXO DE FUENTES SOBRE DISTRIBUCION DEL INGRESO

Argentina
Altimir (1986)
Altimir y Sourrouille (1980)
CEPAL (1991b)
CEPAL (1989b)
CEPAL (1987c)

Brasil
Altimir (1987)
Altimir (1981)
CEPAL (1991b)
CEPAL (1989b)
CEPAL (1986b)
Fishlow (1972)
Hoffmann (1991)
Langoni (1973)
Pfeffermann-Webb (1979)

Chile
CEPAL (1991b)
CEPAL (1991c)
CEPAL (1990)
CEPAL (1987a)
CEPAL (1979)
Rodríguez (1985)
Sanfuentes (1989)

Colombia
Altimir (1987)
CEPAL (1991a)
CEPAL (1991b)
CEPAL (1989b)
CEPAL (1986a)
Londoño (1990)

Costa Rica
CEPAL (1991b)
CEPAL (1987b)
CEPAL (1979)

Guatemala
CEPAL (1991a)

México
Altimir (1987)
Altimir (1982)
Bergsman (1980)
CEPAL (1991a)
CEPAL (1988b)
Lustig (1991)
Navarrete (1960)

Panamá
CEPAL (1991a)
CEPAL (1979)

Perú
Altimir (1987)
CEPAL (1991a)
CEPAL (1989a)
CEPAL (1989b)

Uruguay
Altimir (1987)
CEPAL (1991a)
CEPAL (1991b)
CEPAL (1991d)
CEPAL (1989b)
CEPAL (1989c)
CEPAL (1986c)

Venezuela
Altimir (1987)
CEPAL (1991a)
CEPAL (1988a)

REFERENCIAS

Ahluwalia, M. S. 1976. Income Distribution and Development: Some Stylized Facts. *American Economic Review.* 66(2).

Altimir, O. 1979. *La dimensión de la pobreza en América Latina.* Cuadernos de la CEPAL No. 27. Santiago de Chile.

Altimir, O. y Sourrouille, J. 1980. "Measuring Levels of Living in Latin America: An Overview of Main Problems". Living Standards Measurement Study. Working Paper No. 3. Washington, D.C.: Banco Mundial.

Altimir, O. 1987. Income Distribution Statistics in Latin America and their Reliability. *Review of Income and Wealth.* 33(2).

_____. 1986. Estimaciones de la distribución del ingreso en la Argentina. 1953-1980. *Desarrollo económico.* 26(100).

_____. 1984. Poverty, Income Distribution and Child Welfare in Latin America: A Comparison of Pre- and Post-Recession Data. *World Development.* 12(3).

_____. 1982. La distribución del ingreso en México. En: Basdresch, C., Vera, G. y Reyes Heroles, J., editores. *Distribución del ingreso en México: Ensayos.* México, D.F.: Banco de México S.A.

_____. 1981. La pobreza en América Latina: un examen de conceptos y datos. *Revista de la CEPAL.* No. 13.

Altimir, O. y Hofman, A. 1992. "Latin American Development Problems in Historical Perspective". Documento de trabajo. Santiago de Chile: CEPAL.

Beccaria, L. A. 1991. Distribución del ingreso en la Argentina: explorando lo sucedido desde mediados de los setenta. *Desarrollo económico.* 31(123).

Bergsman, J. 1980. "Income Distribution and Poverty in Mexico". Working Paper No. 234-A (# 176-B-15). Washington, D.C.: Banco Mundial.

CEPAL. 1991a. *Magnitud de la pobreza en América Latina en los años ochenta.* Estudios e Informes de la CEPAL, No. 81. Santiago de Chile: CEPAL.

_____. 1991b. La equidad en el panorama social de América Latina durante los años ochenta (LC/G. 1686.) Santiago de Chile: CEPAL.

_____. 1991c. Una estimación de la magnitud de la pobreza en Chile, 1990, (LC/R. 1069.) Santiago de Chile: CEPAL.

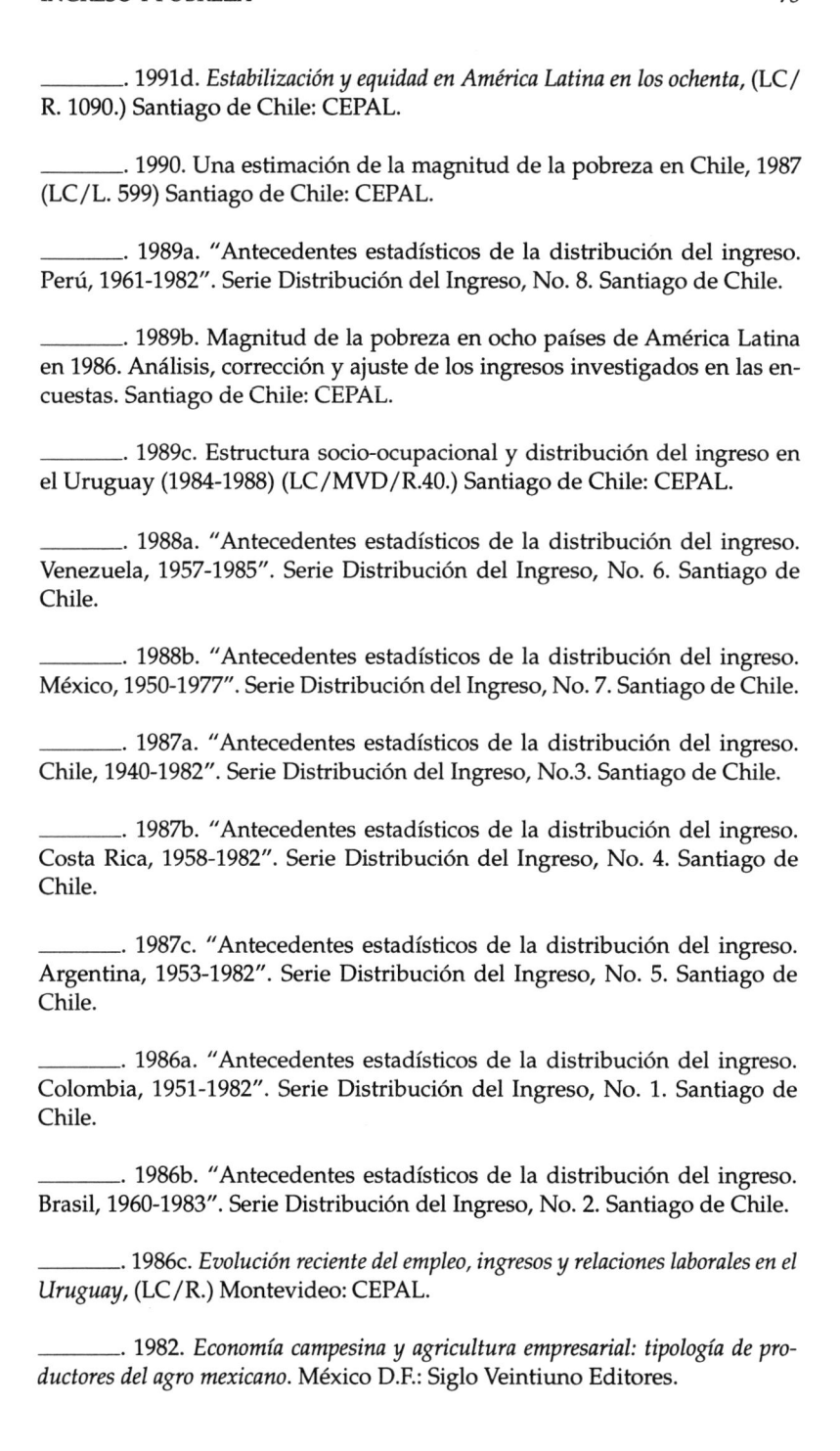

_____. 1991d. *Estabilización y equidad en América Latina en los ochenta,* (LC/ R. 1090.) Santiago de Chile: CEPAL.

_____. 1990. Una estimación de la magnitud de la pobreza en Chile, 1987 (LC/L. 599) Santiago de Chile: CEPAL.

_____. 1989a. "Antecedentes estadísticos de la distribución del ingreso. Perú, 1961-1982". Serie Distribución del Ingreso, No. 8. Santiago de Chile.

_____. 1989b. Magnitud de la pobreza en ocho países de América Latina en 1986. Análisis, corrección y ajuste de los ingresos investigados en las encuestas. Santiago de Chile: CEPAL.

_____. 1989c. Estructura socio-ocupacional y distribución del ingreso en el Uruguay (1984-1988) (LC/MVD/R.40.) Santiago de Chile: CEPAL.

_____. 1988a. "Antecedentes estadísticos de la distribución del ingreso. Venezuela, 1957-1985". Serie Distribución del Ingreso, No. 6. Santiago de Chile.

_____. 1988b. "Antecedentes estadísticos de la distribución del ingreso. México, 1950-1977". Serie Distribución del Ingreso, No. 7. Santiago de Chile.

_____. 1987a. "Antecedentes estadísticos de la distribución del ingreso. Chile, 1940-1982". Serie Distribución del Ingreso, No.3. Santiago de Chile.

_____. 1987b. "Antecedentes estadísticos de la distribución del ingreso. Costa Rica, 1958-1982". Serie Distribución del Ingreso, No. 4. Santiago de Chile.

_____. 1987c. "Antecedentes estadísticos de la distribución del ingreso. Argentina, 1953-1982". Serie Distribución del Ingreso, No. 5. Santiago de Chile.

_____. 1986a. "Antecedentes estadísticos de la distribución del ingreso. Colombia, 1951-1982". Serie Distribución del Ingreso, No. 1. Santiago de Chile.

_____. 1986b. "Antecedentes estadísticos de la distribución del ingreso. Brasil, 1960-1983". Serie Distribución del Ingreso, No. 2. Santiago de Chile.

_____. 1986c. *Evolución reciente del empleo, ingresos y relaciones laborales en el Uruguay,* (LC/R.) Montevideo: CEPAL.

_____. 1982. *Economía campesina y agricultura empresarial: tipología de productores del agro mexicano.* México D.F.: Siglo Veintiuno Editores.

_____. 1979. *América Latina en el umbral de los años 80*. (E/CEPAL/G.1106.) Santiago de Chile: CEPAL.

CEPAL/FAO. 1986. *Agricultura campesina en América Latina y el Caribe*. Santiago de Chile: CEPAL/FAO.

de Janvry, A., Sadoulet, E. y Wilcox Young, L. 1990. La mano de obra rural en América Latina. *Revista Internacional del Trabajo*. 109(1).

_____. 1989. Land and Labour in Latin American Agriculture from the 1950s to the 1980s. *Journal of Peasant Studies*. 16(3).

_____. 1986. "Rural Labor in Latin America". Documento de trabajo No. 79. Ginebra: Oficina Internacional del Trabajo.

Fishlow, A. 1972. Brazilian size Distribution of Income. *American Economic Review*. LXII(2).

Figueroa, A. 1986. *Productividad y educación en la agricultura campesina de América Latina*. Rio de Janeiro: Programa ECIEL.

García, N. E. y Tokman, V.E. *1985 Acumulación, empleo y crisis*. Serie Investigaciones sobre empleo, No. 25. Santiago de Chile: PREALC.

Hofman, A. A. 1992. "The Role of Capital in Latin America: A comparative Perspective of Six Countries for 1950-1989". Documento de trabajo. Santiago de Chile: CEPAL.

Hoffmann, R. 1991. "Economic Crisis and Poverty in Brazil during the 1980s". Documento presentado en el Seminario sobre la crisis macroeconómica, la reforma de políticas y los pobres en América Latina, Cali, Colombia, 1-4 de octubre.

Kuznets, S. 1955. Economic Growth and Income Inequality. *American Economic Review*. 65: 1-28.

Langoni, C. G. 1973. *Distribuição de renda e desenvolvimento econômico do Brasil*. Rio de Janeiro: Editora Expresión y Cultura.

Londoño, J. 1990. "Income Distribution during the Structural Transformation: Colombia 1938-1988". Tesis doctoral presentada en Harvard University.

Lustig, N. 1991. "Poverty Indices and Poverty Orderings: An Application to Mexico". Brookings Discussion Papers in International Economics, No. 85. Washington, D.C.: The Brookings Institution.

Navarrete, I. 1960. *La distribución del ingreso y el desarrollo económico de México*. México, D.F.: Instituto de Investigaciones Económicas, Escuela Nacional de Economía, UNAM.

Pfeffermann, G. y Webb, R. 1979. "The Distribution of Income in Brazil". Documento de trabajo No. 356. Washington, D.C.: Banco Mundial.

PREALC. 1987. "Pobreza y mercado de trabajo en el Gran Santiago. 1969-1985". Documento de trabajo No. 299. Santiago de Chile: PREALC.

_____. 1982. *Mercado de trabajo en cifras, 1950-1980*. Santiago de Chile: PREALC.

Rodríguez G., J. 1985. *Distribución del ingreso y el gasto social en Chile, 1983*. Santiago de Chile: ILADES.

Sanfuentes, A. 1989. Antecedentes sobre la distribución del ingreso y gastos gubernamentales para atenuar la extrema pobreza. *Serie Investigación* I-12. Santiago de Chile: ILADES. Marzo.

Sen, A. 1978. "Three Notes on the Concept of Poverty". Working Employment Programme Research. Income Distribution and Employment Programme. WEP 2-23/WP65. Ginebra: OIT.

Townsend, A. 1974. Conflicting Objectives in Income Maintenance Programs. *American Economic Review*. 64 (2).

BIBLIOGRAFIA

Alberts, J. 1977. *Migración hacia las áreas metropolitanas de América Latina. Un estudio comparativo.* Santiago de Chile: CELADE.

Bacha, E. y Taylor, L. 1980. Brazilian Income Distribution in the 1960s: "Facts", Model Results and the Controversy. En: Taylor *et al.*, editores. *Models of Growth and Distribution for Brazil.* Nueva York: Oxford University Press.

Banco de México. 1979. *La distribución del ingreso en México.* Encuesta sobre los ingresos y gastos de las familias, 1968. México, D.F.: Fondo de Cultura Económica.

Carrizosa, M. y Urdinola, A. 1988. "The Political Economy of Poverty, Equity and Growth, Colombia". Washington D.C.: Banco Mundial.

FAO. 1988. *Pobreza rural.* Anexo II. Potencialidades del desarrollo agrícola y rural en América Latina y el Caribe. Roma: FAO.

_____. 1984. "Estudios sobre la pobreza rural". Documento presentado en la Mesa Redonda sobre Pobreza Rural en América Latina y el Caribe. Santiago de Chile, 7-9 de mayo.

Feres, J. C. y León, A. 1990. Magnitud de la situación de la pobreza. *Revista de la CEPAL*, No. 41. Santiago de Chile.

Fields, G. S. 1989. Changes in Poverty and Inequality in Developing Countries. *The World Bank Research Observer.* 4(2).

Lustig, N. 1990. *The Incidence of Poverty in Mexico: 1984. An Empirical Analysis.* Washington, D.C: The Brookings Institution.

Malan, P. y Wells, J. 1975. Distribuição de renda e desenvolvimento econômico do Brasil. En: Tolipan y Tinelli, editores. *A controvérsia sobre a distribuição de renda e desenvolvimento.* Rio de Janeiro: Zahar.

Ortega, E. 1986. Crecimiento productivo y heterogeneidad agraria. *Políticas agrícolas, crecimiento productivo y desarrollo rural.* Santiago de Chile: CEPAL/ FAO.

Scott, C.D. 1987. "Structural Aspects of Rural Poverty in Latin America and the Caribbean". Informe presentado a la Organización de las Naciones Unidas para la Agricultura y la Alimentación, FAO, Roma, Italia.

Villa, M. 1991. "Urbanización y transición demográfica en América Latina: una reseña del período 1930-1990". Santiago de Chile. (Versión preliminar).

Comentarios de Nora Lustig a los capítulos I y II

En primer lugar quiero felicitar a Oscar Altimir y a Sam Morley por sus ponencias. He trabajado en el tema, y por lo tanto, conozco bien las dificultades que se plantean al tratar de extraer conclusiones de encuestas sobre ingresos y gastos que quizá no admitan la comparación entre países o a lo largo del tiempo, que muestran significativos volúmenes de información insuficiente, que no existan en relación con los años más interesantes o cuya cobertura geográfica sea limitada. El desánimo del estudioso tiende a crecer cuando los resultados son notoriamente distintos a los incluidos en otros estudios respetables y no se percibe el motivo de las discrepancias.

En el curso de mi comentario supondré que los datos utilizados en los documentos son "correctos", vale decir, que no discutiré la calidad de las distintas encuestas o si éstas son comparables.

Comenzaré por examinar lo que Altimir denomina "hechos estilizados" y Morley llama "proposiciones" acerca del vínculo entre la distribución del ingreso y el crecimiento, por un lado, y entre la pobreza y el crecimiento, por el otro. En este caso me guían tres propósitos: primero, comparar los resultados obtenidos por Altimir y Morley con lo establecido como proposiciones válidas por estudios que abarcan muchos países de fuera de América Latina; segundo, comentar algunas de las comprobaciones de Altimir con las cuales discrepo en cierta medida, y tercero, plantear algunas hipótesis adicionales que, a mi modo de ver, merecen ser "sometidas a prueba" y que es posible examinar con las encuestas disponibles.

Pobreza, distribución del ingreso y crecimiento: las relaciones "a largo plazo"

Me concentraré en primer lugar en los aspectos relacionados con las tendencias "de larga data" es decir las manifestadas durante el período anterior al desenlace de la crisis de la deuda.

Con el crecimiento económico, ¿aumenta la desigualdad?
El análisis presentado por Altimir muestra que la respuesta a esta pregunta es negativa en el caso de América Latina para el período comprendido entre 1970 y 1980. En realidad, durante los años setenta el crecimiento en América Latina estuvo acompañado de una reducción de la desigualdad económica. Ello coincide con las comprobaciones de otros estudios empíricos.

¿Es más probable que la desigualdad aumente si el crecimiento económico es más acelerado?
Los datos correspondientes a América Latina no sustentan la hipótesis de que el crecimiento más rápido conlleve una acentuación de la desigualdad. Por el contrario, la desigualdad disminuyó en presencia de un crecimiento elevado y constante. De los siete casos que es posible comparar a lo largo del tiempo, cinco mostraron un crecimiento sostenido y en cuatro de éstos la desigualdad disminuyó. Además, en los dos casos en que el crecimiento se estancó, la desigualdad aumentó efectivamente. Por lo tanto, existen más probabilidades de que la desigualdad aumente cuando el crecimiento económico es más lento. También en este caso existe coincidencia con los estudios sobre este tema que se extienden más allá de la región.

La existencia de mayor desigualdad inicial ¿facilita el crecimiento?
Si realizamos un análisis transversal y marcamos los datos de América Latina presentados por Altimir, parecería manifestarse un patrón que sustentaría esta hipótesis. Los países con mayor desigualdad son también los de crecimiento más rápido. La excepción es el Perú, que muestra un crecimiento muy bajo y una elevada desigualdad. Sin embargo, no es posible examinar esta hipótesis en el caso de cada país y a lo largo del tiempo.

¿Aumenta la desigualdad con la proporción de empleo en el agro?
Altimir encuentra pruebas en apoyo de la hipótesis de que cuanto mayor sea la proporción del agro, más grande será la desigualdad. Sin embargo, yo constato que esto es así cuando se compara a lo largo de los países, pero no resulta concluyente cuando se analiza cada país por separado y a lo largo del tiempo. Por ejemplo, durante el período comprendido entre 1970 y 1980 la proporción del empleo en el agro disminuyó en siete casos y la desigualdad aumentó en tres de ellos y se redujo en cuatro. Esta ausencia de un carácter concluyente puede tener cierta gravitación sobre el análisis que hace Altimir acerca del papel del sector agrario como variante explicativa de la desigualdad.

¿Disminuye la desigualdad conforme al nivel de educación?
Altimir encuentra pruebas en apoyo de esta hipótesis cuando compara entre los países. Sin embargo, yo constaté que la prueba no es concluyente al examinar los países en forma individual durante el período comprendido entre 1970 y 1980. En seis de los siete casos el promedio de instrucción disminuyó y en el restante permaneció estable, mientras que la desigualdad aumentó en tres. También aquí,

este hecho puede gravitar en cierta forma sobre el vínculo entre la educación y distribución del ingreso: un promedio más elevado de años de instrucción no asegura una mayor igualdad.

¿Tiende a disminuir la pobreza con el crecimiento económico?
Los resultados que presentó Altimir muestran que la pobreza tiende a disminuir con el crecimiento económico. En seis de los nueve casos respecto de los cuales hubo datos para comparar entre 1970 y 1980, la pobreza disminuyó, mientras que en uno permaneció sin cambios y en dos aumentó.

¿Tiende la pobreza a disminuir especialmente cuando el crecimiento económico es rápido?
El análisis de Morley apoya la hipótesis de que el crecimiento rápido determina una disminución de la pobreza, al igual que los datos presentados por Altimir. Sin embargo, un aspecto importante que resta despejar es cuál es la elasticidad de la reducción de la pobreza con respecto al crecimiento. Quizá sería interesante calcular las elasticidades individuales de los países y establecer su relación con las características de los países, tales como ingreso per cápita, educación, proporción del empleo en el agro, etc. Ello nos permitiría detectar cuáles son los países que muestran mayor eficacia en cuanto a "filtrar" los beneficios del crecimiento y también proporcionaría algunos elementos de juicio para determinar por qué son más eficaces.

Pobreza y distribución del ingreso en épocas de crisis

El análisis precedente abarcó un período durante el cual la mayoría de los países de la región gozó de elevadas tasas de crecimiento (por lo menos la mayoría de los incluidos en el estudio). La era de prosperidad terminó abruptamente en los años ochenta como consecuencia de la pérdida de acceso a los préstamos externos, la adversidad de los términos del intercambio y el aumento de las tasas de interés internacionales.

¿Cuáles fueron las consecuencias de la crisis de la deuda y el período de ajuste posterior, en materia de pobreza y desigualdad de ingresos?
Tanto Altimir como Morley comprobaron que la pobreza tendió a aumentar cuando la economía declinó. Ambos lo constataron en casi todos los casos. Los datos de Morley corresponden a tres casos, pero incluyen información más reciente que la de Altimir (que contiene mayor información sobre períodos anteriores). Por lo tanto, es posible agregar los datos de Morley a la serie presentada por Altimir,

puesto que ambos utilizaron bases de información y metodologías similares. Algunos resultados son sobrecogedores. La Argentina, que en 1980 registraba uno de los índices de pobreza más bajos de la región, del 7 por ciento, en 1989 alcanzó al 21,5 por ciento. Si las cifras correspondientes a Venezuela se aproximan a la verdad, poco puede sorprender que ese país sea escenario de una agitación política tan frecuente: según los cálculos de Morley, el índice de pobreza aumentó del 24 por ciento en 1981 al 61 por ciento en 1989. Sin embargo, este salto justifica un nuevo examen de la fuente de información. ¿Son realmente comparables las encuestas? ¿Son fidedignos los datos de 1989? Existe cierto margen de incertidumbre respecto de los datos de Costa Rica, país acerca del cual los autores llegan a conclusiones opuestas: Altimir estima que entre 1981 y 1988 la pobreza aumentó y Morley considera que disminuyó, aproximadamente en el mismo período.

Hay otros aspectos que valdría la pena analizar en relación con los efectos de la declinación económica en materia de pobreza. Por ejemplo ¿se acelera el aumento de la pobreza cuando la declinación económica es más rápida? ¿Resulta la elasticidad pobreza/crecimiento notablemente distinta cuando la economía crece, declina o se recupera? Morley parece encontrar pruebas de que durante la recuperación la declinación de la pobreza es mucho más lenta que su aumento durante los períodos de declinación económica. Por lo tanto, parecería existir cierta asimetría en la respuesta y es importante tener presente este hecho. La solución de la "filtración" para la pobreza acaso tenga menos eficacia después de que un país ha atravesado un período de crisis y declinación.

Una cuestión que a mi modo de ver ninguno de los trabajos responde realmente es en qué medida los pobres resultaron afectados en forma desproporcionada durante el período de declinación económica. Ambos autores aportan pruebas en favor de la hipótesis de que la desigualdad aumentó durante el período de declinación económica, pero esto no significa que los pobres resultaron particularmente perjudicados. Y en ese caso, si no fueron los pobres, ¿quiénes se vieron particularmente afectados por la crisis?

Morley constata que la trayectoria de los salarios reales parece explicar o acompañar la evolución del índice de pobreza. Una pregunta que podría plantearse es en qué medida la pobreza aumentó más rápidamente en los países donde los salarios constituyen una proporción más grande del ingreso total de los pobres. Yo diría que la respuesta a esta pregunta es afirmativa.

Problemas verdaderos y dilemas reales

A comienzos de los años ochenta, América Latina debió encarar dos problemas que ya en el pasado habían sido motivo reiterado de agitación y conflictos políticos en la región: la pobreza, y en especial la desigualdad extendida. De hecho, en muchos países el problema es hoy día más serio que a comienzos de los años setenta. Prácticamente en todos los países la pobreza y la desigualdad tienen mayores proporciones que antes de la crisis de la deuda. Pienso que esto es más el resultado de una distribución injusta de la carga de la deuda, a escala internacional, y del tratamiento dispar brindado al trabajo y al capital en cuanto a movilidad, que de las consecuencias de las políticas internas.

Durante los años ochenta los gobiernos de América Latina dispusieron de un margen de maniobra muy limitado. Ello no quiere decir que no podrían haber hecho mejor trabajo en cuanto a proteger a los pobres o impedir que la desigualdad aumentara radicalmente. Mi impresión, empero, es que lo que pudieron hacer se vio seriamente limitado por la disponibilidad de ahorro externo y su capacidad para aumentar los ingresos fiscales en circunstancias en que el capital siempre se desplaza fuera del país y evita los costos del ajuste, mientras que el trabajo no puede hacerlo.

El gran dilema es cómo rectificar las tendencias de los años ochenta sin poner en peligro el ajuste y la recuperación económica. Probablemente la filtración no servirá porque necesitará muchos años para erradicar la extrema pobreza. Además, los gobiernos de América Latina enfrentan ahora más restricciones en materia de recursos fiscales y políticos. Ello significa que será necesario diseñar muy cuidadosamente los programas sociales y las medidas de redistribución. Existen muchas posibilidades de que sea inevitable una compensación entre crecimiento, reducción de la pobreza, redistribución del ingreso y estabilidad política. Por lo tanto, los gobiernos deberán estar preparados para enfrentarse a algunas decisiones muy difíciles.

Comentarios de Juan Luis Londoño a los capítulos I y II

Quisiera hacer unos breves comentarios a la interesante y estimulante conferencia de Oscar Altimir. El primero de ellos es empírico. Después de señalar mi alegría con el intento de compilar nuevos datos sobre pobreza que resulten comparables y que puedan complementarse con estudios de caso, encuentro que hubiera sido útil complementar los datos de la tasa de capitación de pobreza con datos de necesidades básicas insatisfechas (NBI). En Colombia lo hemos intentado y ha dado resultados empíricos mucho más satisfactorios, pues la calidad de la información sobre los ingresos y el debate sobre el punto exacto de la línea de pobreza están sujetos a enorme discusión empírica. Por demás, creo que la búsqueda de información comparable es un ejercicio en el que típicamente existen fallas de mercado. Los agentes económicos, incluyendo entre ellos a los Estados, no parecerían tener el suficiente interés en la obtención de información sobre distribución y sobre pobreza, y el interés es aún menor porque tal información resulte comparable. Creo que ésta es una típica falla de mercado que requeriría la intervención de alguna institución como el BID para tratar de estimular la información comparable en forma sistemática; de otra forma, la libre decisión del mercado o de los burócratas puede fallar.

El segundo comentario es sobre el enfoque del trabajo. Altimir sugiere cuán importante resulta superar el énfasis de las correlaciones de la pobreza y la desigualdad con el ingreso y de los cambios del ingreso, para poner más atención en otras variables relacionadas con la estructura de la economía. Pero podría haber llegado más lejos con su sugerencia. Tal vez por el tema de la conferencia, mantiene un énfasis demasiado grande en el crecimiento y el nivel de ingresos. En realidad, la evidencia empírica demuestra que existe una correlación estadística entre niveles de ingreso y grados de desigualdad. En este sentido, la intuición de Kuznets sigue siendo correcta. Pero la significación estadística de esta correlación, sobre la que mis trabajos proporcionan abundante evidencia, no equivale a la relevancia económica de la correlación. La curva de Kuznets aparece significativa sólo en períodos muy largos. En períodos como los que acostumbran tomar los historiadores de los países en desarrollo —digamos unos 50 años— el cambio del coeficiente de Gini típicamente asociado con los cambios en el nivel del ingreso no es mayor de uno o dos puntos. Una relación más significativa entre nivel de desarrollo y desigualdad toma mucho tiempo en desarrollarse. Los estudios de Williamson indican que puede tardar 200 años en presentarse. Ello sugiere que para estudiar grandes cambios en la desigualdad no hay que esperar mucho de la relación simple con el crecimiento o el ingreso.

Pero si quiere superarse la simple correlación con el nivel de desarrollo, tampoco debería caerse en el énfasis exclusivo en aquella otra variable destacada por Kuznets en sus trabajos: la migración rural-urbana. Altimir traslada el énfasis asignado por este autor en el análisis de la desigualdad al análisis de la pobreza. La explicación no es convincente, y creo que la experiencia del caso colombiano indica que éste es un factor de menor importancia en la evolución de la desigualdad de nuestros países.

Lo anterior me lleva a un comentario de tipo histórico. En consonancia con lo anterior, me habría gustado mucho haber encontrado en el trabajo de Altimir, una argumentación consistente sobre cómo los cambios en la productividad relativa de los sectores agrícola e industrial, o los cambios en el nivel de educación de la fuerza de trabajo podrían afectar la evolución de la distribución del ingreso. La experiencia colombiana indica que justamente estas variables son esenciales para comprender los enormes cambios distributivos que se registraron en los últimos 50 años, aun en medio de una relativa estabilidad macroeconómica. La idea que el trabajo sugiere, pero no desarrolla, de volcar la atención desde el nivel de crecimiento hacia elementos de estructura encuentra toda su validación en el caso colombiano.

La historia de Colombia indica que la evolución del mercado de capitales desempeña un papel mucho más importante en la evolución distributiva del que tradicionalmente se ha considerado en América Latina. La relación entre las modalidades de acumulación de capital físico y humano, y la asignación de uno y otro entre los distintos sectores de la economía resulta esencial para los resultados distributivos del proceso de desarrollo. Para el BID esta enseñanza debería ser esencial. Haber forzado la intensidad de capital físico en contra del capital humano en Colombia, como se hizo en las décadas de los años treinta y cuarenta, resultó regresivo. Haber hecho lo contrario como ocurrió en los años sesenta y setenta, resultó bastante progresivo. Asimismo, una asignación del capital físico hacia el sector urbano en contra del agrícola fue regresiva. La evolución contraria resultó bastante progresiva.

Considero, pues, que para lograr una cabal comprensión de los fenómenos distributivos es necesario empezar a pensar en períodos muy largos, en períodos en que los cambios en la estructura de la economía estén perfectamente definidos, en que se delinee un patrón sobre el cual se sobrepongan variaciones de corto plazo. Esa sería la principal sugerencia que yo haría a este par de trabajos.

También me llamó mucho la atención que Altimir esté cambiando lo que podría llamarse el paradigma latinoamericano en estudios de desigualdad, que sugiere —y Sam Morley muy bien lo dice— el carácter estructuralmente desigualizante del crecimiento económico. Altimir sugiere otra interpretación histórica: que el modelo de desarrollo anterior resultaba excluyente pero no era desigualizante, mientras que, por el contrario, la crisis del modelo resulta muy desigualizadora. Es una nostalgia por el paradigma que no creo esté sustentada en los datos presentados.

Por último, creo que sería útil que Altimir hiciera explícitos los elementos que resultarían esenciales para que el nuevo modelo genere equidad. El papel de la educación, sobre el cual sólo hay unos datos en un cuadro, no es analizado con el detalle que se merece. Y tampoco es explícito el papel de la reforma pública en el esquema. Aunque el diagnóstico sugiere la importancia de estos puntos —y la experiencia colombiana lo confirma— el estudio de políticas para el logro de la equidad requiere un análisis más completo de sus opciones y posibilidades.

No quisiera terminar sin antes destacar del interesante trabajo de Sam Morley un par de implicaciones que me parecen contradictorias con la evidencia recogida en mis propios trabajos.

Considero que el nivel de crecimiento del ingreso per cápita que Morley sugiere que sería consistente con una reducción de la pobreza es innecesariamente alto. Si se utiliza un indicador consistente de pobreza para los últimos 50 años —un dólar per cápita diario— Colombia ha tenido una notable reducción del nivel de pobreza: del 80 por ciento de la población en el año 1938 al 25 o el 22 por ciento en el año 1988. Y el crecimiento del ingreso fue inferior al 2 por ciento. Si la reducción de la pobreza requiere un ritmo de crecimiento del ingreso per cápita del 3 por ciento en todos los países latinoamericanos, me lleno de pesimismo.

Por otra parte, Morley sugiere que probablemente el mejor programa contra la pobreza sería acortar el período de la transición o el ajuste a las nuevas condiciones: hacer la recesión más corta o menos marcada. Y para ello se requiere flexibilidad en los precios y en los salarios. Sin embargo, al final del trabajo, Morley concluye que son aquellos países que han defendido los salarios reales precisamente a los que mejor les ha ido en pobreza durante el proceso de ajuste. Ello resulta un poco contradictorio. Si sugiere que la flexibilidad de precios y de salarios es esencial para evitar que se prolongue el período de dificultades, y que el acortamiento de este período es esencial para evitar aumentos de la pobreza, no logro entender cómo sugiere que interferir en tal flexibilidad puede disminuir la pobreza durante el ajuste. Allí encuentro una contradicción en la argumentación.

Capítulo 3

REPERCUSIONES DE LAS FINANZAS PUBLICAS EN MATERIA DE DISTRIBUCION

Ricardo Hausmann

América Latina ha atravesado una década muy ardua. Al ir procurando las economías relativamente cerradas de la región, adaptarse a las perturbaciones de la relación de intercambio, al aumento de las tasas de interés y a la consiguiente crisis de la deuda, la demanda interna se redujo, disminuyó el producto y aumentó el desempleo. En gran medida, la reducción de los ingresos externos y las corrientes de crédito afectaron al sector público, y la crisis fiscal resultante generó una grave inestabilidad financiera. En algunos países, el deterioro de la relación de intercambio afectó directamente a los ingresos tributarios del sector público, en tanto que en otros la necesidad de atender el servicio de una deuda externa más onerosa y a menudo "nacionalizada" requirió superávit operativos fiscales inasequibles. La inflación se convirtió en un grave problema y los países realizaron programas de estabilización de contenido y bases teóricas muy diferentes, frecuentemente con escaso éxito. No es sorprendente que en tales condiciones se estancara el crecimiento económico y aumentara extraordinariamente la pobreza. Las pruebas proporcionadas por Morley (Capítulo 1) y Altimir (Capítulo 2) son muy convincentes.

A menudo, al intentar resolver un problema se agravaron otros. La depreciación del tipo de cambio real concebida para reducir las brechas del comercio exterior surtió efectos negativos sobre las cuentas fiscales, al aumentar la carga real de la deuda externa. Los intentos populistas de crecimiento económico con redistribución a través de controles de precios y otras políticas de bloqueo del mercado no lograron un mejoramiento sostenido ya que los progresos iniciales se vieron socavados por los déficit insostenibles de la balanza de pagos, la fuga de capitales y la inflación.[1]

---

[1] Sobre este tema, véase Dornbusch y Edwards (1991).

Una de las consecuencias de esos problemas fue el aumento sin precedentes de la pobreza. Hay que señalar que aun en los casos de ajuste exitoso, como en Chile, el porcentaje de la población situada por debajo del umbral de la pobreza aumentó pronunciadamente. En este contexto, los responsables de la formulación de la política económica manifiestan ahora un mayor interés por los temas de la pobreza y la distribución del ingreso, como lo demuestra el número de seminarios y publicaciones recientes sobre el tema.[2] Puede sostenerse que, hasta hace muy poco, los programas de ajuste se guiaban principalmente por consideraciones de eficiencia, con la creencia implícita de que el aumento en el ingreso llegaría eventualmente a los más pobres. No obstante, los objetivos de distribución están asumiendo un papel propio a medida que la dimensión de los problemas acumulados está siendo considerada excesiva como para dejarla desatendida.

Teniendo en cuenta este panorama, en el presente estudio se hacen algunas consideraciones específicas de distribución que guardan relación con tres aspectos de la política económica: el régimen tributario, el gasto y la transferencia de recursos a los pobres. En el primer caso se abordan las consecuencias de la presencia del sector informal sobre la estructura tributaria óptima. Además se presenta un modelo de equilibrio a largo plazo compatible con la existencia de este sector.[3] Las conclusiones de este modelo favorecen la utilización del impuesto al valor agregado (IVA), a la vez que señalan las distorsiones específicas causadas por los impuestos sobre la renta del trabajo cuando existe un sector informal. Por otra parte, se opone al uso de impuestos a la renta del capital, cuya existencia se explica como resultado de una transacción entre sus efectos a corto y largo plazo. Por último, el modelo muestra que las compras estatales de bienes del sector informal no alcanzan a satisfacer los objetivos de distribución.

El segundo aspecto —cuánto se debe gastar— procura determinar las repercusiones de la incertidumbre del ingreso fiscal sobre el nivel del gasto deseado. Como se señaló, ante las perturbaciones el ajuste supone generalmente algún tipo de reacción fiscal contractiva. Sostenemos que las mismas generan considerables costos macroeconómicos cuando la demanda y la producción de bienes no transables disminuye a la vez que los recursos no se transfieren

---

[2] Véanse, en especial, las publicaciones del Banco Mundial (1990 y 1991).

[3] En la mayoría de los modelos del sector informal se da por supuesta la existencia de rigideces para tener en cuenta la dualidad del mercado de trabajo (véanse PREALC, 1981, 1986; Tokman, 1987, y Mezzera, 1990).

inmediatamente o sin costo a la producción de bienes transables. No obstante, aun cuando esas perturbaciones fiscales a veces pueden ser imprevistas, también es posible conocerlas por anticipado. La pregunta es qué hacer con esa incertidumbre. Hay tres posibilidades. En primer lugar, es ideal, aunque no siempre posible, transferir el riesgo al exterior a través de la cobertura del mismo. En segundo lugar, no existiendo esa posibilidad, lo óptimo es autoasegurarse gastando conforme a una regla que supone la acumulación de un fondo de estabilización. En tercer lugar, teniendo en cuenta que es improbable que el Congreso escoja el nivel de gasto óptimo, porque sus miembros están atrapados en un juego ineficiente de tratar de obtener renta, consideramos deseable o razonable establecer normas que impongan límites a la preparación del presupuesto anual (Hausmann et al., 1992).

Por último, nos referimos al tema del uso de los recursos fiscales para afectar la distribución del ingreso. En esa sección sostenemos que el gobierno puede verse apresado en una trampa de subsidios ineficientes. Prueba de ello son las afirmaciones de un reciente proyecto de investigación que sostiene que se asignan considerables recursos fiscales para intervenir en el sistema de precios y que ellos a menudo son sumamente regresivos.[4] No obstante, la eliminación de esas transferencias puede afectar a los pobres más que a los ricos. Si bien, a falta de un mecanismo de transferencia alternativo, pueden ser pocos los incentivos para adoptar reformas, es necesario invertir en transferencia de tecnología para escapar de esa trampa.

Repercusiones de la dualidad del mercado de trabajo sobre el régimen tributario

Una de las características más sobresalientes del empleo en muchos países de América Latina es la importancia que reviste el sector informal. Dicho sector ha recibido considerable atención en América Latina en los últimos 15 años.[5] El sector informal se define en general como aquel que está formado por unidades muy pequeñas, bajos ingresos y poca necesidad de capital físico y humano. Los trabajadores son, además, autoempleados o mantienen acuerdos salariales informales no regidos por leyes laborales, seguridad social ni contratos colectivos.

---

[4] Véanse Mujica y Larrañaga (1992); Escobal et al. (1992) y Márquez et al. (1992).

[5] En Tokman (1987) se enumeran los trabajos sobre este tema.

Cuadro 3.1. Empleo informal urbano e ingreso per cápita

	Ingreso per cápita (Banco Mundial)		Ingreso per cápita (CEPAL)		Porcentaje fuerza laboral	
	$US	Rango	$US	Rango	%	Rango
Venezuela	4.220	1	4.687	2	31,1	5
Uruguay	2.820	2	3.666	4	27,0	3
Argentina	2.560	3	3.704	3	28,2	4
Chile	2.560	4	3.351	5	41,0	9
México	2.250	5	4.737	1	40,4	8
Brasil	2.220	6	3.341	6	35,4	6
Panamá	1.910	7	3.185	7	36,8	7
Costa Rica	1.430	8	3.166	8	20,1	1
Colombia	1.380	9	2.541	10	25,1	2
Perú	1.170	10	2.670	9	51,6	10
Guatemala	1.140	11	2.135	11	56,7	11

Fuentes: Datos de ingresos tomados de Banco Mundial (1983) y CEPAL (1991). Datos de empleo del sector informal tomados también de Altimir (Cuadro 2.1, página 34 de esta publicación).

Como puede verse en el Cuadro 3.1, el empleo informal representa entre 1/5 y 1/2 de la fuerza de trabajo. La presencia del sector informal plantea preguntas referentes a la política tributaria, ya que generalmente escapa a la mayoría de sus instrumentos. No hay que olvidar que la magnitud del sector informal puede guardar relación con el régimen tributario del sector moderno y si, como en general se supone, la productividad de este último es menor que la del primero, la reforma tributaria puede influir sobre la eficiencia. Además, la distribución del ingreso puede verse afectada por la relación que existe entre la tributación y el sector informal. Por último, representa un problema para los que abogan por la distribución y tratan de valerse para ello de sistemas de seguridad social. Generalmente, el sector informal es el que presenta menores tasas de participación de la fuerza de trabajo en entidades de prestaciones sociales, tanto públicas como privadas.[6]

La finalidad de esta sección es presentar un modelo plausible de una economía abierta en la que un mercado de trabajo sea una

---

[6] Márquez et al. (1992) demuestra que en Venezuela sólo el 65 por ciento del sector moderno y una parte insignificante del sector informal contribuyen al sistema estatal de seguridad social, mientras que en Chile, según Mujica y Larrañaga (1992), el 69,5 por ciento de los autoempleados y el 81,6 por ciento del servicio doméstico no participan en el sistema de jubilaciones privadas. Ello contrasta con sólo un 19,4 por ciento en el caso de los obreros y empleados.

característica de largo plazo, y formular preguntas acerca de los efectos de los diferentes instrumentos tributarios sobre el empleo y los precios relativos de los factores. Su conclusión revela que la tributación moderna de la renta del trabajo es especialmente distorsionante si existe un sector informal, y que una sustitución del IVA por un presupuesto equilibrado promueve el bienestar, aumenta el salario real y transfiere empleo del sector informal al sector moderno.

En gran medida, los trabajos académicos sobre los mercados laborales duales se han concentrado en las explicaciones relacionadas con los desequilibrios. Conforme a la tradición del Programa Regional de Empleo de América Latina y el Caribe (PREALC), el sector informal está formado por trabajadores "excedentarios" no empleados en el sector moderno. Según esta opinión, la razón por la que el sector informal persiste a largo plazo es que el pleno empleo en el sector moderno requiere más capital que el instalado o requeriría un déficit de balanza de pagos insostenible. ¿Por qué los trabajadores del sector informal no hacen bajar los salarios pagados por el sector moderno? ¿Por qué una depreciación del tipo de cambio real no basta para lograr pleno empleo en el sector moderno? Si la capacidad instalada es insuficiente, ¿por qué no hay una enorme afluencia de capitales para aprovechar el exceso de rentabilidad de ese factor? En general, poco se tienen en cuenta las elasticidades de precios.

En cambio, nuestro modelo —basado en los de Hausmann y Montenegro, 1989; Hausmann, 1990, y Montenegro, 1991— propone un enfoque más compatible con el equilibrio del mercado y elabora el marco necesario para tener en cuenta las consecuencias tributarias.[7] Damos por supuesto que existe pleno empleo, aunque si se flexibiliza ese supuesto no se alteran los resultados.[8] Suponemos también que los salarios, después de la aplicación de impuestos, se igualan entre sectores. Ello es compatible con las conclusiones de Márquez (1989), que utiliza datos de estudios de hogares de Venezuela para mostrar

---

[7] Los modelos mencionados comprenden tres sectores de producción: bienes transables, bienes no transables modernos y sector informal. No obstante, incluyen sólo dos bienes, ya que el sector informal produce en ellos bienes idénticos a los del sector moderno de bienes no transables. El modelo que aquí presentamos sólo comprende un sector moderno y un sector informal, y supondremos que hay sustitutos imperfectos.

[8] En esos estudios se supone que al presentarse una cuña entre los salarios de los sectores moderno e informal, los trabajadores tienden a incrementar su actividad de búsqueda para hallar un salario del sector moderno. No obstante, en situación de equilibrio, cuando los salarios se igualan después de la aplicación de impuestos, el incentivo no existe.

que después de tener en cuenta las diferencias de educación, antigüedad, sexo y horas trabajadas, la renta informal no es estadísticamente diferente (y, de hecho, algo más alta) que la renta del sector moderno. En el modelo se procura explicar por qué el sector informal puede ser una característica a largo plazo de las economías de América Latina sin suponer imperfecciones de los mercados de trabajo o de capital. Indica también por qué pueden reducirse las dimensiones relativas del sector informal a medida que el país se desarrolla, aunque sugiere las razones por las que ello puede no ocurrir. Como queremos referirnos a los temas de la estructura tributaria, concentramos nuestra atención en el equilibrio a largo plazo, definido en el sentido de Marshall, o sea cuando el acervo de capital se adapta al nivel deseado. No obstante, para ocuparnos de algunos problemas de transición, resolveremos también el modelo de corto plazo.

El modelo

El modelo comprende dos sectores de producción y el de los hogares, y condiciones simples referentes al gobierno y a las cuentas externas.

Sectores de producción

Hay dos sectores de producción: un sector moderno M y un sector informal I. El sector moderno, que utiliza tecnología de Cobb y Douglas, con capital K_m, trabajo L_m y un tercer factor invisible A, que refleja el nivel de desarrollo:

$$X_m = AL_m^\alpha K_m^{1-\alpha} \qquad (1)$$

Puede entenderse que el factor A incluye los tipos de factores externos considerados por la nueva teoría del crecimiento endógeno. Ese factor varía de un país a otro y explica por qué el comercio y la movilidad del capital no igualan la rentabilidad internacional del trabajo. El bien del sector moderno es comerciable y usamos el precio mundial P_m^* como unidad de cuenta. El precio interno está dado por $P_m = P_m^*(1+\tau_v) = (1+\tau_v)$, en que τ_v es el IVA. Las empresas logran la máxima ganancia tras la aplicación de impuestos:

$$\max_{L_m, K_m} B = P_m X_m - w(1+\tau_w) L_m - r(1+\tau_k) K_m \qquad (2)$$

Suponemos que a largo plazo la tasa de rentabilidad del capital debe ser igual a la tasa mundial r^*. Ello significa que como hay rentabilidades constantes a la escala, la demanda de trabajo debe ser infinitamente elástica a una tasa salarial, dada la siguiente ecuación:

$$w = \frac{\alpha}{1+\tau_w} A^{1/\alpha} \left(\frac{1-\alpha}{(1+\tau_k)\, r^*} \right)^{\frac{1-\alpha}{\alpha}} \qquad (3)$$

Nótese que los impuestos sobre la renta del trabajo se transfieren totalmente a la paga neta del trabajador w. Ello se debe a que la demanda de trabajo es infinitamente elástica. Los impuestos sobre el capital también se transfieren a los trabajadores, dado que el capital se suministra elásticamente a la tasa de rentabilidad internacional r^* tras la aplicación de impuestos. Sin embargo, el efecto puede ser más o menos que proporcional, lo que dependerá de que α sea mayor o menor que 0,5, debido a que el aumento de τ_k reduce la relación del capital al trabajo a largo plazo, como surge de la siguiente expresión:

$$\frac{K_m}{L_m} = \left[\frac{(1-\alpha)\, A}{(1+\tau_k)\, r^*} \right]^{\frac{1}{\alpha}} \qquad (4)$$

Por lo tanto, el aumento de τ_k surte efectos negativos sobre la productividad del trabajo. El sector informal usa trabajo e insumos producidos por el sector moderno. Excluimos al capital para simplificar el modelo y captar los niveles mucho más bajos de intensidad del capital en el sector informal en relación con el sector moderno. Tampoco nos interesan las sustituciones de factores dentro del sector informal, por lo cual usaremos el supuesto simplificador de la complementariedad perfecta entre el valor agregado y los insumos intermedios. En cambio, nos interesan las consecuencias de los impuestos al valor agregado sobre los insumos del sector informal. Suponemos una rentabilidad constante a la escala. La función de producción está dada por:

$$X_i = min\left(\frac{L_i}{\gamma},\, \frac{Z_m}{\beta} \right) \qquad (5)$$

en que L_i y Z_m son los insumos del trabajo y los bienes intermedios del sector moderno, e γ y β sus respectivas productividades[9].

---

[9] Suponer rentabilidades decrecientes a la escala no implica alterar significativamente los resultados, pero nos impide hallar soluciones cerradas al modelo. No obstante, es difícil comprender qué factores causarían el empleo informal para mostrar la reducción paulatina de la productividad a largo plazo.

Suponemos que los salarios w, deducidos los impuestos, se igualan entre sectores y que, dada la función de producción (5), las empresas logran los máximos beneficios:

$$\max_{L_i, Z_m} B = P_i X_i - wL_i - (1+\tau_v) Z_m \qquad (6)$$

Estas ecuaciones arrojan los siguientes valores de demanda de precios e insumos:

$$P_i = \gamma w + (1+\tau_v) \beta \qquad (7)$$

$$X_i = \frac{L_i}{\gamma} \qquad (8)$$

$$Z_m = \frac{\beta}{\gamma} L_i \qquad (9)$$

Nótese que el precio de los bienes del sector informal P_i depende del salario después de los impuestos w y que está determinado por el sector moderno (ecuación 3). Por lo tanto, los impuestos sobre el capital y el trabajo, al reducir w, reducen el precio de los bienes del sector informal, haciéndolos más competitivos. Además, el IVA aumenta el valor de los bienes del sector informal medidos a precios internacionales, pero reduce su precio relativo medido en precios internos, ya que $\beta < 1$, haciéndolos, además, más competitivos.

Los hogares, el gobierno y el sector externo

Los hogares reciben ingresos de su oferta de trabajo fija Λ, que se emplea totalmente, y de sus tenencias de capital. Por lo tanto la renta después de impuestos γ_d equivale a:

$$\gamma_d = w\Lambda + r^* \overline{K} \qquad (10)$$

Nótese que $\overline{K}$ es diferente de K_m, pues el capital es móvil a escala internacional y el país puede ser un importador o exportador neto. Es importante advertir que, en este contexto, las diferencias del producto interno bruto (PIB) per cápita entre países no son causadas por diferencias en K_m, pues esa magnitud es endógena. Estas diferencias son explicadas por distintos valores del factor invisible A o de la política tributaria.

Suponemos que toda la renta de los hogares se gasta en bienes del sector moderno o del sector informal.[10] Las preferencias son descritas por una función de utilidad de Cobb y Douglas:

$$u = C_m^\phi C_i^{1-\phi} \tag{11}$$

En el supuesto de que los bienes del sector informal sustituyan a los bienes modernos, se tiene en cuenta el hecho de que los vendedores callejeros suministran servicios comerciales que compiten con los de los comercios ordinarios; que los jardineros y plomeros sustituyen a los manuales del "Hágalo usted mismo". El hecho de que haya más oferta de servicio doméstico en los países pobres no se debe a que produzcan bienes inferiores, sino a que su precio es relativamente más bajo dado que w es menor. Las restricciones presupuestarias están dadas por:

$$(1+\tau_v) C_m + P_i C_i = Y_d = w\Lambda + r\overline{K} \tag{12}$$

De esa ecuación obtenemos las funciones de demanda de los bienes del sector moderno y del sector informal.

$$C_m = \phi \frac{Y_d}{1+\tau_v} \tag{13}$$

$$C_i = (1-\phi)\frac{Y_d}{P_i} \tag{14}$$

El gobierno puede gastar en bienes del sector moderno o del sector informal. Como los hogares gastan toda su renta, el equilibrio externo requiere el equilibrio fiscal. Formalmente, esta condición debe mantenerse, pues de lo contrario el equilibrio previsto no constituiría un estado estable. No obstante, como los bienes del sector moderno son transables, la variación del gasto público en esos bienes no afectará al equilibrio interno, salvo en lo referente a eventuales cambios causados por el monto de la deuda pública. En situación de equilibrio, se producirá un déficit de la balanza comercial igual a la rentabilidad neta de la inversión externa de los residentes internos $(\overline{K} - K_m)r^*$.

---

[10] No tenemos en cuenta el ahorro, porque no nos interesa analizar los determinantes del estado estable a largo plazo $\overline{K}$ que tomamos como exógeno. En ese equilibrio estático a largo plazo, toda la renta se debe gastar.

Cómo resolver el modelo

De esta manera concluye la descripción del modelo. Para resolverlo debemos imponer dos condiciones adicionales: equilibrio en el mercado de bienes del sector informal y pleno empleo. El equilibrio de la oferta y la demanda del sector informal requiere:

$$L_i = \gamma(C_i + G_i) = \frac{(1-\phi)\gamma w}{\gamma w + (1+\tau_v)\beta} \Lambda + \frac{(1-\phi)\gamma_r}{\gamma w + (1+\tau_v)\beta} \overline{K} + \gamma G_i \qquad (15)$$

en que G_i es el gasto público en bienes del sector informal. Adviértase que esta condición determina exclusivamente el empleo en el sector informal como función de la tasa salarial w que solo es determinada por el sector moderno (ecuación 3).

El aumento de w surte un efecto de ingresos y un efecto de sustitución sobre las dimensiones del sector informal. El primer efecto se debe al aumento de la demanda de bienes del sector informal, en tanto que el segundo obedece al aumento de P_i. Intuitivamente, deberíamos esperar que el efecto de sustitución fuera el predominante, pues el sector informal es más reducido en los países más desarrollados, en que A y w son mayores. Una condición suficiente para que ello se cumpla puede deducirse mediante la derivada de la ecuación 15 con respecto a w y hallando una desigualdad que la haga negativa:

$$\frac{(1+\tau_v)\beta}{\gamma} < r^* \left(\frac{\overline{K}}{\Lambda}\right) \qquad (16)$$

Adviértase que si $\beta = 0$ o si $\overline{K}/\Lambda$ es grande (como en el caso de un país más rico), esta condición se cumplirá.

No obstante, debe señalarse que la evidencia de una conexión negativa entre el ingreso y el empleo informal en el caso de los países de ingresos medios es débil. Como puede verse en el Cuadro 3.1, en el caso de 11 países de América Latina para los cuales hay datos comparables, existe una correlación moderada y estadísticamente insignificante entre el empleo del sector informal y el ingreso.

Ninguna de las correlaciones pertinentes de este cuadro son estadísticamente significativas y unas pocas tienen el signo contrario. La condición de pleno empleo determina el empleo en el sector moderno:

$$L_m = \Lambda - L_i \qquad (17)$$

Cabe contrastar la lógica de esta condición con la de los modelos de tipo PREALC, donde el empleo en el sector informal es considerado como trabajo "excedentario". Aquí, el empleo en el sector moderno está determinado por el excedente de mano de obra no contratada por el sector informal, dada una tarifa salarial determinada por las condiciones tecnológicas y fiscales del sector moderno.

Consecuencias fiscales

Nuestro modelo incluye cuatro variables fiscales: τ_k, τ_w, τ_v y G_i. Analizaremos las repercusiones de cada uno de esos instrumentos y luego desarrollaremos un problema de tributación óptima para determinar la estructura ideal. Ello indicará la conveniencia de basarse en el IVA. Por último crearemos un ejemplo numérico para determinar las consecuencias que tiene sobre el bienestar la sustitución de los impuestos sobre la renta del trabajo y del capital por el IVA.

Impuestos sobre la renta del capital

Los efectos distorsionantes de estos impuestos se deben a que la rentabilidad del capital antes de los impuestos debe aumentar más que la tasa internacional r^* en el total del impuesto. Ello requiere más productividad marginal del capital, que solo puede lograrse reduciendo la relación entre el capital y el trabajo.

Por lo tanto, el aumento de τ_k reduce los salarios, porque el impuesto se transfiere a los trabajadores y reduce su productividad marginal. La disminución de w surte dos efectos: reduce el precio relativo de los bienes del sector informal, con lo cual estimula la producción y el empleo en el mismo, y reduce la renta agregada, que surte el efecto contrario. Si predomina el efecto de sustitución o si el ingreso tributario se devuelve a los hogares a través de transferencias de sumas globales, el empleo en el sector informal aumentará y el trabajo saldrá del sector moderno. Además, los que se queden en dicho sector tendrán menor productividad, dado que la intensidad del capital se ha reducido. El efecto neto es una reducción de la renta nacional. Además, como r^* es fija, la disminución de w supone el deterioro de la distribución de la renta de los factores.

Impuestos sobre la renta del trabajo

Como solo la renta del sector moderno se ve afectada por esos impuestos, el valor de su productividad marginal debe aumentar hasta el salario que incluye el impuesto $w(1+\tau_w)$. Ello genera una cuña de productividad con el sector informal, en que el valor de la productividad marginal del trabajo apenas equivale a la paga neta w. Por lo tanto sería socialmente conveniente hacer pasar el trabajo del sector informal al sector moderno, pero la presencia del impuesto significa que no hay incentivos privados para ello. Esto puede explicar por qué la productividad marginal del trabajo es mayor en el sector moderno, aun cuando existen pruebas de que los salarios netos no son mayores, como lo demuestra Márquez (1989).

Los impuestos sobre la renta del trabajo se transfieren plenamente a los trabajadores, causando una disminución proporcional de w (véase la ecuación 3). Como antes, ello afecta a P_i y a γ_d, surtiendo efectos opuestos sobre el sector informal y el empleo. Si predomina el efecto de sustitución, o si el ingreso tributario se devuelve a los hogares en forma de transferencias globales, el aumento de τ_w hará que el empleo y la producción del sector informal aumenten, con lo que quedarán menos trabajadores en el sector moderno. Aquí también cabe señalar que ello surtirá efectos negativos sobre la renta agregada y la distribución de la renta de los factores. Nótese que τ_w no afecta la relación entre capital y trabajo en el sector moderno y por lo tanto no afecta la productividad marginal del trabajo. En consecuencia, sus repercusiones sobre el producto agregado dependerán solo de la medida en que se transfiere trabajo al sector informal.

Impuesto al valor agregado

El IVA figura entre las condiciones de primer orden del sector moderno, por lo que no influye sobre la tarifa salarial w ni sobre la relación entre capital y trabajo. Afecta al precio de los bienes del sector informal a través de los precios de los insumos intermedios. Por lo tanto, como lo muestra la ecuación 15, el empleo en el sector informal disminuye. Ello libera trabajo, que se transfiere al sector moderno, donde tiene más productividad. Por lo tanto aumenta el ingreso agregado. Además, los salarios reales, medidos en unidades de bienes y precios internos del sector moderno $1+\tau_v$, disminuyen en el monto total del impuesto. No obstante, medidos al valor medio de la canasta de consumo no se reducen tanto, pues P_i solo aumenta una fracción del impuesto. Este es el único impuesto que siempre aumenta la renta nacional y el empleo del sector moderno.

Compras gubernamentales de bienes del sector informal

Si el gobierno compra bienes del sector informal, hace que el trabajo se traslade a ese sector, reduciéndose la producción del sector moderno (véase la ecuación 15). Si $\tau_w > 0$, ello causa la disminución de la renta agregada, pues el valor del producto marginal del trabajo en el sector moderno es mayor que en el sector informal. El producto del sector moderno se reduce y una fracción ßG_i del resto se utiliza para producir bienes del sector informal. Por lo tanto, la producción neta del sector moderno se reducirá doblemente.

No obstante, esta medida no afecta a w ni a P_i, y por ende no alterará la renta privada. La disminución del ingreso solo afecta al gobierno, pues los trabajadores que se desplazan al sector informal dejarán de pagar impuestos y la disminución del producto del sector moderno reducirá los ingresos fiscales determinados por el IVA. Por lo tanto, conforme a este modelo no se justifica "ayudar" al sector informal a través de compras gubernamentales.

Tributación redistributiva óptima

Dado ese contexto, es interesante preguntar cuál sería la estructura tributaria ideal y qué relación guarda con la estructura tributaria actual de América Latina. Una manera de formular esa pregunta es hallar los valores de τ_w, τ_v y τ_k que llevan al máximo el salario real w/P_c, sujeto a la restricción de que el ingreso fiscal debe ser por lo menos igual a un nivel endógeno dado. El índice de precios P_c es el precio medio de consumo determinado por:

$$P_c = \phi P_m + (1-\phi) P_i$$

Por lo tanto, podemos expresar formalmente el problema así:

$$max \frac{w}{P_c} = \frac{w}{\phi (1+\tau_v) + (1-\phi) P_i}$$

$$\tau_v, \tau_k, \tau_w$$

s.t. $\quad \tau_v X_m + \tau_w L_m + \tau_k K_m \geq \bar{G}$

Nótese que aumentar al máximo a w/P_c equivale a aumentar al máximo la renta de los hogares, pues la renta del capital $r^*\bar{K}$ es exógena. Además, ello significa también lograr la distribución más favorable de la renta compatible con el pleno empleo y la perfecta movilidad del capital.

La solución analítica a este problema es muy engorrosa, pero las simulaciones numéricas nos permiten establecer los siguientes resultados. En primer lugar si el gobierno puede elegir libremente cualquier conjunto de valores para τ_w, τ_v y τ_k, entonces deberá elegir subsidios infinitos de capital y trabajo y los financiará a través del

IVA. En segundo lugar, si el gobierno solo puede aplicar tasas tributarias positivas, fijará τ_w y τ_k en cero y solo se valdrá del IVA para financiar $\bar{G}$. En tercer lugar, si el gobierno enfrenta un valor máximo de τ_v que sea insuficiente para recaudar $\bar{G}$, la combinación óptima seguirá suponiendo un subsidio infinito del capital y τ_w positivo. Por último, si no se tienen en cuenta los subsidios del capital y τ_v es restringido, la combinación óptima será una solución forzosa en que solo pueden utilizarse impuestos sobre el trabajo para cerrar la brecha dejada por la insuficiencia del IVA.

Esos resultados cambian extraordinariamente si tomamos el atajo de Marshall. Dado cierto acervo de capital en el sector moderno K_m, la imposición de tributos al capital no surte efectos distorsionantes sobre la economía, y la combinación impositiva óptima supondría la apropiación de todas las ganancias. Además, el gobierno seguiría aplicando IVA infinitos para financiar subsidios salariales igualmente abultados. Si no existieran restricciones sobre τ_w o τ_v, el gobierno se valdría de la solución forzosa con el subsidio salarial máximo permisible y cerraría la brecha salarial con el IVA.

Por lo tanto, el hecho de que encontremos tasas tributarias positivas sobre el capital y el trabajo puede ser indicio de una transacción entre el corto plazo y el largo plazo, donde la capacidad instalada quede de rehén a corto plazo pero al costo de reducir futuros salarios. Un modelo que incluya esa transacción puede ser una prolongación útil.

Ejemplo numérico de las magnitudes en cuestión

El debate sobre la tributación óptima es interesante en el sentido de que marca el rumbo hacia reformas fiscales que aumenten el bienestar. En ese sentido, desde hace largo tiempo se señala que la tributación del capital es especialmente distorsionante en una economía abierta.[11] Muchos países de América Latina, en el marco de los recientes programas de ajuste, han establecido reformas fiscales encaminadas a suprimir la llamada "doble tributación" del capital, o sea como ganancias de las sociedades y como renta individual. El modelo que aquí se presenta subraya también el poderoso efecto distorsionante de la tributación de la renta del capital. No solo supone un sesgo total, sino que además afecta la relación entre el capital y el trabajo, con lo que reduce la productividad de este último.

---

[11] En modelos intertemporales como el de Lucas (1990) se dan razones adicionales de eficiencia por las que no habría que imponer tributos al capital.

Cuadro 3.2. Parámetros y principal resultado de los parámetros del modelo

α	0,60		Λ		100
φ	0,75		K		45
β	0,02		τ_k		0,30
γ	1,00		τ_w		0,15
A	0,30		τ_v		0,05
$\bar{r}$	0,10				

Producto		% del PIB	Ingreso tributario		% del PIB
X_m		20,32	Total	4,49	17,6
X_i		28,54	- Renta del trabajo	1,59	6,2
			- Renta del capital	1,88	7,4
			- IVA	1,02	4,0

Precios			Utilización de los factores	
W		0,15	K_m	62,53
P_m		1,05	K_m/L_m	0,88
P_i		0,17	L_m	71,46
P_c		0,83	L_i	28,54
			$P_m X_m/L_m$	0,30
			$P_i X_i/L_i$	0,17
			Relación sector inf./mod.	0,57

Ingresos y producto			Consumo		
$P_m X_m$	21,34	83,5	C_m	13,81	
$P_i X_i$	4,83	16,5	$P_m C_m$	14,50	56,7
PIB (a precios corrientes)	25,57		C_i	28,54	
PIB/P_c	30,82		$P_i C_i$	4,83	18,9
Y_d	19,34	75,6			
Y_d/P_c	23,30				
Deuda externa neta	17,53	68,6			
Renta nacional	23,82	93,2			
Renta nacional/P_c	28,71				
Renta del trabajo	14,84	58,0			

No obstante, en el modelo también se hace hincapié en las distorsiones causadas por la tributación de la renta del trabajo del sector moderno, en caso de existencia de un sector informal. La posibilidad del autoempleo a la paga neta corriente w incrementa la elasticidad de la oferta de trabajo del sector moderno, aumentando las pérdidas de peso muerto de un impuesto salarial. En este contexto, la imposición de tributos al valor agregado del sector moderno constituye la forma de imposición menos distorsionante.

En esta sección analizamos los posibles órdenes de magnitud que supone una reforma tributaria que sustituya el IVA por impuestos sobre la renta del trabajo y del capital. Utilizamos el modelo presentado arriba y adoptamos parámetros "razonables", que aparecen en el Cuadro 3.2. El modelo es usado para estudiar las consecuencias de una reforma neutra desde el punto de vista del ingreso fiscal que reduzca los impuestos sobre la renta del trabajo y del capital y aumente el IVA.

Con esos parámetros se procura representar a un país típico de ingreso medio alto, como la mayoría de las grandes economías de América Latina. El empleo informal es de alrededor del 29 por ciento del total de la población activa, en tanto que la productividad aparente del trabajo es de apenas el 57 por ciento de la del sector moderno. Esas cifras son semejantes a las medias de la región, como lo muestra Altimir (véase el Cuadro 2.1 de la página 34). Nótese que el diferencial de productividad se produce a pesar de que los dos sectores pagan el mismo salario neto w. Ello explica también la proporción mucho menor que corresponde al sector informal en la producción, en relación con el empleo, ya que solo llega al 16,5 por ciento. La deuda externa, o sea la diferencia entre el acervo de capital de propiedad de residentes $\bar{K}$ y el demandado por el sector moderno K_m, representa alrededor del 69 por ciento del PIB. La renta del trabajo equivale al 58 por ciento del PIB y al 76 por ciento de la renta disponible de los hogares Y_d. La estructura tributaria es similar a los promedios calculados por Tanzi (1990).

Cuadro 3.3. Repercusiones de una reducción de τ_w y τ_k compensada por el aumento de τ_v
(Variación porcentual con respecto al escenario básico)

Variable	$\tau_w \downarrow$	$\tau_k \downarrow$
τ_v	4,8	1,4
X_m	0,6	5,8
X_i	-1,5	-0,7
L_m	0,6	0,3
L_i	-1,5	-0,7
K_m	0,6	14,6
K_m/L_m	0,0	14,3
w	9,5	5,5
P_m	4,6	1,3
P_i	8,9	5,0
P_c	4,8	1,5
w/P_c	4,5	3,9
PIB	5,7	6,8
PIB/P_c	0,8	5,2

Nuestros dos experimentos consisten en reducir τ_w o τ_k en 10 puntos porcentuales e incrementar τ_v en un monto suficiente para mantener constante el ingreso fiscal. Las repercusiones de esas medidas sobre las principales variables del modelo se presentan en el Cuadro 3.3. Como allí se indica, el PIB real aumenta en ambos casos, pero mucho más cuando se reduce la tributación del capital (5,2 por ciento en comparación con 0,8 por ciento). El mayor aumento del producto en el segundo caso se debe al incremento de la relación entre capital y trabajo del acervo de capital. En consecuencia, el IVA debe aumentar en menor medida en este caso (1,4 por ciento en comparación con 4,8 por ciento). En cambio el salario real w/P_c aumenta más cuando τ_w es reducido (4,5 por ciento en comparación con 3,9 por ciento) y la salida de trabajo del sector informal es mayor (-1,5 por ciento en comparación con -0,7 por ciento).

Por lo tanto, en nuestro modelo se subraya el hecho de que aun cuando desde el punto de vista de la eficiencia la reducción de τ_k surte mayores efectos sobre el producto agregado, desde una perspectiva de distribución, la reducción de τ_w crea una mayor modificación de la distribución de la renta de los factores y del empleo. Este punto en muchos casos no se subraya lo suficiente cuando se diseñan las reformas tributarias.

Cuadro 3.4. Tasas tributarias óptimas de los impuestos a la renta del trabajo y del capital, dadas tasas máximas del IVA

τ_v	τ_k	τ_w
0	0,0	44,9
5	-4,7	32,9
10	-9,1	23,0
15	-13,1	14,6

En la región ha existido la tendencia a reducir las tasas de los impuestos sobre el capital directamente o mediante la eliminación del problema de la doble tributación y el aumento de las deducciones por inflación. A la vez, los aportes de seguridad social llevan a pensar que al IVA le corresponde un papel más importante que el actual y que sustituyendo impuestos sobre los salarios se pueden alcanzar objetivos de distribución y de eficiencia.

Nuestro segundo experimento consiste en reducir τ_w 10 puntos porcentuales e incrementar τ_v para mantener constante el ingreso fiscal. Los efectos económicos de esta medida aparecen en el Cuadro 3.4.

Por último, nos preguntamos cuál es la estructura tributaria óptima si el gobierno se ve confrontado con un aumento de τ_v. Los resultados de la simulación se presentan en el Cuadro 3.4. Nótese que al permitirse el aumento de τ_v, el gobierno utiliza los mayores ingresos fiscales para reducir τ_w y τ_k. Por lo tanto, si permite a los gobiernos usar el IVA con mayor libertad, el mismo resulta óptimo para utilizar los recursos no solo para crear un entorno más competitivo para la inversión, sino también para reducir τ_w.

Cómo hacer frente a la incertidumbre del ingreso fiscal

En gran medida, los problemas causados por las perturbaciones y los cambios de la oferta y el precio del crédito internacional se trasmitieron a las economías de América Latina a través de los sectores públicos. Un ajuste fiscal insuficiente hizo que se produjeran grandes déficit fiscales que provocaron la combinación de crisis de balanza de pagos, inflación y elevadas tasas internas de interés real. En ese contexto se paralizó el crecimiento económico y la pobreza aumentó aceleradamente.

Una enseñanza que puede extraerse de esa experiencia es que el déficit presupuestario es un proceso estocástico. Las cuentas fiscales se ven afectadas por cambios al azar de ciertos precios internacionales decisivos que recaen, en medida considerable, sobre los pobres. En consecuencia, el gobierno enfrenta un problema de gestión de la incertidumbre: el bienestar es más afectado por los escenarios negativos que por los positivos. Ello se asemeja a un problema de seguros, en que la compra de ciertos instrumentos contingentes puede transferir el riesgo a otros agentes, reduciendo la incertidumbre a niveles adecuados. No obstante, sostenemos que es improbable o difícil hallar mercados para esos riesgos, y por lo tanto estudiamos modelos pertinentes de autogarantía. Los mismos pueden asimilarse a un problema de gasto óptimo con incertidumbre en cuanto a los ingresos y otras restricciones, como la escasez de liquidez y el costo del ajuste.

Finalmente analizamos la posibilidad de dejar al Parlamento en libertad de escoger discrecionalmente, cada año, los niveles del gasto. Sostenemos que la interrelación estratégica entre los participantes en el juego de política económica provoca un exceso de gasto en forma compatible con la máxima de que todas las perturbaciones negativas son temporarias y todas las perturbaciones positivas son permanentes.[12] Ello señala la necesidad de aplicar restricciones constitucionales al gasto público como la mejor protección frente a las perturbaciones negativas y por lo tanto para reducir la necesidad social del ajuste.

Costo del ajuste

Cuando una economía se empobrece, debe gastar menos. La reducción de la absorción surte efectos muy asimétricos sobre los sectores de los bienes transables y no transables. El primero queda con un superávit exportable que mejora la balanza de pagos. El segundo debe reducir el producto y liberar recursos productivos. Los libros de texto ordinarios sobre macroeconomía subrayan que, en las economías abiertas, esos ajustes deben estar acompañados por una depreciación del valor real de la moneda para crear incentivos a fin de que puedan usarse recursos en el sector de los bienes transables. No obstante, gran parte de los trabajos más recientes subrayan la posibilidad de que la devaluación surta también efectos contractivos a

---

[12] En Larraín y Selowski (1990) y Bevan, Collier y Gunning (1991) se encuentran evidencias de la importancia de ese comportamiento.

corto plazo. El punto es que resulta costoso reasignar recursos para ajustar la economía ante la disminución del ingreso.

La evidencia empírica de cuán costosos son esos ajustes es convincente. Meller (1990) y Hausmann (1991) ofrecen estimaciones para Chile y Venezuela, respectivamente, empleando una metodología elaborada por Corden (1988) e indican que un ajuste frente a una disminución de 1 punto porcentual de la renta externa ha supuesto en algunos casos una disminución adicional de 1 punto porcentual del producto interno. Por lo tanto, el costo de las fluctuaciones externas se ve considerablemente incrementado por las pérdidas de los ajustes. Por otra parte, las pruebas presentadas por Morley (Capítulo I) indican que la mayor parte del costo recae sobre los pobres.

Cobertura frente a la incertidumbre fiscal

Como la incertidumbre que afecta a las cuentas fiscales es socialmente costosa, lo mejor puede ser transferirla a otros agentes, idealmente al exterior. Por lo tanto, el riesgo del precio de los productos básicos o el de las tasas de interés podría cubrirse mediante futuros, opciones u otros mercados de títulos-valores derivados. Las operaciones directas en topes de tasas de interés o bonos vinculados con productos básicos pueden constituir instrumentos ideales para transferir parte del riesgo. Al reducir la inestabilidad de la situación fiscal, esas operaciones pueden disminuir la necesidad del ajuste y por lo tanto aumentar el bienestar.

Se ha sostenido que parte del problema que crea esa estrategia se debe a que los mercados no funcionan adecuadamente y a la presencia de riesgo soberano o de resultados (Anderson, Gilbert y Powell, 1989, y Engel y Meller, 1992). Este problema surge de la posibilidad de desconocer un título de crédito contingente en escenarios favorables. En esos estudios se sostiene que los organismos multilaterales podrían actuar como garantes de esos activos, con lo cual el mercado podría desarrollarse.

No obstante, en la actualidad muchos de los mercados existentes son pequeños en comparación con el riesgo externo que enfrentan los países de la región. Como se sostiene en Hausmann, Powell y Rigobón (1992), los mercados de futuros y opciones petroleras son solo líquidos durante tres meses a lo sumo, y los volúmenes son pequeños en comparación con la magnitud del riesgo que enfrentaron México y Venezuela.

Reglas sobre normas de gasto óptimo

Si el riesgo no puede transferirse eficientemente mediante la cobertura, la mejor solución son las autogarantías. Este enfoque consiste en decidir un nivel de gasto óptimo que tenga en cuenta el costo causado por la modificación del nivel del gasto y la posibilidad de que resulte difícil financiar los efectos de las perturbaciones externas. Además, los recursos economizados pueden utilizarse para ordenar el gasto en escenarios desfavorables, con lo cual se reducirá la necesidad de un ajuste costoso.

La regla del gasto óptimo depende de procesos estocásticos que afectan a las cuentas fiscales y al carácter de los costos del ajuste involucrados. Según expresan los trabajos sobre este tema, si el proceso estocástico es de carácter estacionario con reversión a la media, entonces la regla óptima de gasto es consumir el ingreso permanente y acumular el ingreso transitorio. La norma clásica basada en ingresos permanentes puede constituir un enfoque adecuado.

Si, por el contrario, el proceso estocástico se parece a una cadena de Markov, se desintegra el enfoque clásico: todas las perturbaciones son permanentes y por lo tanto no tiene ningún sentido ahorrar. No obstante, si el ajuste supone costos, lo óptimo no es gastar todo el ingreso permanente. Hausmann, Powell y Rigobón (1992) estudiaron el caso de un proceso de Martingale en que el costo del ajuste es cuadrático y hay restricciones de liquidez. Esas restricciones son causadas por el hecho de que el gobierno puede tener dificultades para financiar una perturbación externa porque en los mercados financieros se sabe que es permanente, dada la naturaleza del proceso estocástico. Tratar de obtener crédito puede señalar falta de disposición a aplicar medidas de ajuste.

En ese contexto, el flujo de ingresos que debe estabilizarse va a un fondo, y el gobierno solo puede presupuestar un monto calculado mediante una regla de gasto óptimo derivada de un problema de optimización. La fórmula depende de las expectativas sobre el ingreso corriente, de los niveles del gasto del pasado y del volumen de recursos acumulados en el fondo de estabilización. Ello hace que el gasto sea mucho menos inestable que el ingreso y supone una reacción asimétrica frente a las perturbaciones: la reducción del ingreso afecta al gasto más que el incremento equivalente del ingreso fiscal.

Mediante la "parametrización" de su modelo para Venezuela, Hausmann, Powell y Rigobón (1992) indican que con un nivel medio del fondo equivalente a 1,5 años de exportaciones, puede eliminarse el 78 por ciento de la variancia del gasto. Además, los cambios restantes del gasto son predecibles, pues dependen de variables conocidas, como el gasto del pasado y el nivel del fondo. Por lo tanto, el 82 por ciento de los cambios del gasto del año siguiente pueden predecirse, en tanto que el 45 por ciento de los cambios pueden preverse con dos años de anticipación. Ello hace a la economía interna no solo más estable, sino también más predecible.

El gasto fiscal y su carácter redistributivo

Es bien sabido que una de las mayores justificaciones del Estado es su carácter distributivo. Este es uno de los principales temas de discusión en la actualidad. La situación de pobreza empeoró durante los años ochenta, cuando los desequilibrios externos, el déficit fiscal, la deuda externa y la inflación fueron los principales generadores del empobrecimiento. Los gobiernos se vieron obligados a aplicar medidas redistributivas de corto plazo para atender las deficiencias de los estratos de menores recursos. Un estudio financiado por el BID en la Red de Centros de Investigación Económica Aplicada analiza el impacto redistributivo de algunos programas sociales en Chile, Perú, la República Dominicana y Venezuela. En esta sección se señalan las conclusiones de dicho trabajo.

Progresivo versus *regresivo*

¿Cómo se miden los resultados de un programa de transferencia? ¿Cuáles deben ser las características de una transferencia que pretenda mejorar la distribución del ingreso? En primer lugar, definamos la progresividad. Cuando la transferencia a los sectores de menores recursos es mayor que la transferencia a los de mayores recursos, decimos que es progresiva en términos absolutos. Por otro lado, si la transferencia a los sectores de menores recursos, medida como porcentaje del ingreso familiar, es superior a la transferencia a los sectores de mayores recursos, entonces decimos que la transferencia es progresiva en términos relativos.

Desde una perspectiva más microeconómica, supongamos que la sociedad tiene una función de utilidad lineal. Es decir, la utilidad marginal de un dólar es constante a lo largo del espectro de ingresos. Si en este caso desea aumentarse la utilidad del grupo de menores recursos, la transferencia hacia dicho estrato debe ser mayor en monto que la transferencia al estrato de mayores ingresos. Esta es la definición tradicional de progresividad en términos absolutos, y como puede apreciarse, es el resultado de suponer un tipo de función de utilidad para la sociedad. Por otro lado, también es de suponer que la función de utilidad de la sociedad no es lineal, sino que presenta una utilidad marginal decreciente con el nivel de ingreso.

Por ejemplo, en el caso particular de una función de utilidad que tiene el coeficiente de aversión relativa al riesgo constante (*Constant Relative Risk Aversion*, CRRA), la utilidad marginal de una fracción fija del ingreso también es constante. Es decir, 10 dólares para una persona que tiene ingresos de 1.000, tienen la misma utilidad que 1 dólar para una persona con ingresos de 100. Desde esta perspectiva, si se desea ejecutar una transferencia progresiva, se requiere que el monto dirigido a los grupos de menores recursos represente una mayor proporción de su ingreso que la transferencia a los grupos de mayores ingresos. En otras palabras, aunque el monto absoluto distribuido a los estratos inferiores sea menor, constituye un aporte mayor en proporción al ingreso. En este sentido, un programa se considera progresivo si es menos regresivo que la distribución del ingreso; a los programas que cumplan con esta característica se les define como progresivos en términos relativos.

La primera definición de progresividad es más estricta que la segunda; de hecho, cuando se cumple, siempre habrá progresividad en términos relativos. Si una transferencia en términos absolutos es mayor para el estrato de menores recursos, también lo será en términos relativos.

Es difícil argumentar en favor o en contra de alguna de estas definiciones. La diferencia fundamental entre ellas es la función de utilidad que se está suponiendo para la sociedad, a pesar de que ambas procuran mejorar el bienestar de los grupos de menores recursos.

La trampa de la red

Durante los años ochenta, América Latina se vio sujeta a múltiples shocks externos que deterioraron su ingreso real. El desempleo y la inflación aumentaron y las clases sociales de menores recursos vieron desmejorada su situación. Solicitaron mayores recursos en momentos en que nuestros gobiernos enfrentaban situaciones externas deficitarias y tenían sistemas tributarios muy rígidos. El resultado se reflejó en el aumento de los déficit fiscales y la elevación de las tasas de inflación.

Para solucionar los problemas de desequilibrio externo, se iniciaron procesos de ajuste y apertura comercial que deterioraron la recaudación fiscal en las aduanas, haciendo que el ajuste requerido para lograr el equilibrio externo fuese aún mayor. El desempleo aumentó, desmejorando la situación de los grupos de menores recursos y aumentando las presiones sobre los gobiernos para lograr transferencias.

En los estudios regionales analizados se resalta el deterioro de la distribución del ingreso durante las últimas décadas. La pregunta es: ¿cómo atendieron nuestros gobiernos las solicitudes de transferencia? Debido a que la red social actual —los sistemas de salud, los sistemas educativos, etc.— era (o es) ineficiente, la transferencia de recursos a los grupos más necesitados a través de estos resultaba difícil, y hasta imposible. En los países latinoamericanos no existe, con excepción de Chile, un sistema de transferencia directa.

Entonces, los gobiernos se vieron obligados a utilizar mecanismos alternativos a los programas tradicionales y terminaron modificando el sistema tributario y los precios relativos de algunos productos, y otorgaron subsidios directos a los sectores productivos. Todos estos sistemas de transferencia procuraron resolver el problema de corto plazo de los grupos más necesitados, pero no resolvieron el problema fundamental, que es la capacidad productiva de estos sectores. Es más, en el caso peruano se redujo el gasto en educación para poder dedicar recursos a estos programas.

Los mecanismos utilizados presentan problemas de eficiencia y focalización, y en general terminan siendo regresivos en términos absolutos, pero progresivos en términos relativos, lo cual hace que sea casi imposible su eliminación sin que ocurra un problema social. Esta es la razón por la que se ha denominado a esta sección la trampa de la red. Los gobiernos caen en una trampa derivada de la inexistencia de una red social eficiente y del diseño de mecanismos de transferencia alternativos, que terminan siendo también ineficientes, pero que en términos relativos son importantes para las clases sociales de menores ingresos y no pueden ser eliminados. Desde el punto de vista social sería más productivo invertir en un sistema de transferencia directa, como el chileno, y eliminar los subsidios y los controles de precio cambiándolos por transferencias directas.

La recomendación final que se desprende de los trabajos es que los gobiernos deben recaudar lo más eficientemente posible, con un sistema tributario flexible que permita acomodar el ingreso fiscal y permitir el logro de los objetivos distributivos a través del gasto público. Los mecanismos de distribución deben permitir altos grados de eficiencia y progresividad. Los controles sobre el sistema de precios y los subsidios sectoriales carecen de estas características, y por lo tanto debe minimizarse su utilización. Las transferencias deben atender tanto el problema de corto plazo a través de un programa de transferencia directa, como el problema de largo plazo a través del sistema de transferencia, es decir el gasto público en salud y educación.

REFERENCIAS

Anderson, R.W., Gilbert, C.L. y Powell, A. 1989. Securitization and Commodity Contingency in International Lending. *Discussion Paper 295*. Londres: Center for Economic Policy Research (CEPR).

Banco Mundial. 1983. *Informe sobre el desarrollo mundial*. Washington, D.C.: Banco Mundial.

CEPAL. 1991. "La equidad en el panorama social de América Latina durante los años ochenta." (LC/G.1686). Santiago de Chile, CEPAL.

Corden, W.M. 1988. "Macroeconomic Adjustment in Developing Countries". IMF Working Paper 13. Washington, D.C.: Fondo Monetario Internacional.

Engel, E. y Meller, P. 1992. Revisión de mecanismos de estabilización para schocks de precios internacionales de recursos naturales. En: E. Engel y P. Meller, eds. *Shocks externos y mecanismos de estabilización*. Santiago de Chile: Corporación de Investigaciones Económicas para América Latina (Cieplan).

Hausmann, R. 1991. Dealing with Negative Oil Shocks: The Venezuelan Experience in the Eighties. En: D. Bevan, P. Collier y J. Gunning, eds. "Temporary Trade Shocks: An International Comparison". Oxford University. Documento mimeografiado.

_____. 1990. *Shocks externos y ajustes macroeconómicos*. Caracas: Banco Central de Venezuela.

Hausmann, R., Powell, A. y Rigobón R. 1992. Una regla óptima de gasto ante incertidumbre en el ingreso del petróleo. En: E. Engel y P. Meller, eds. *Shocks externos y mecanismos de estabilización*. Santiago de Chile: Corporación de Investigaciones Económicas para América Latina (Cieplan).

Hausmann, R. y Montenegro, S. 1989. "External Shocks and Adjustment in a Small Open Economy with an Informal Sector". Oxford University. Documento mimeografiado.

Márquez, G. et al. 1992. Gestión fiscal y distribución del ingreso en Venezuela. En: R. Hausmann y R. Rigobón, eds. *Gasto público y distribución del ingreso en América Latina*. Caracas, Venezuela: Instituto de Estudios Superiores de Administración (IESA).

Márquez, G. 1989. Informal Sector Politics in Latin America: An Economist's Review. En: C. Rakowsky, ed. *Contrapunto: The Informal Sector Debate in Latin America*. Nueva York: New York University Press.

Meller, P. 1990. Chile. En: John Williamson, editor. *Latin American Adjustment: How Much Has Happened?* Washington, D.C.: Institute for International Economics.

Montenegro, S. 1991. "External Shock and Macroeconomic Policy in Small Open Developing Country". Reino Unido: Oxford University. Tesis doctoral.

Mujica R. y Larrañaga J. 1992. Políticas sociales y distribución del ingreso en Chile. En: R. Hausmann y R. Rigobón, eds. *Gasto público y distribución del ingreso en América Latina*. Caracas, Venezuela: Instituto de Estudios Superiores de Administración (IESA).

Tanzi, V. 1990. Quantitative Characteristics of the Tax Systems of Developing Countries. En: R. Bird y O. Oldman, eds. *Taxation in Developing Countries*. Baltimore: The Johns Hopkins University Press.

BIBLIOGRAFIA

Banco Mundial. 1992. *The World Bank Economic Review*, enero y mayo.

_____. 1990. *Informe sobre el desarrollo mundial*. Washington, D.C.: Banco Mundial.

Basch, M. y Engel, E. 1992. Shocks transitorios y mecanismos de estabilización: el caso chileno. En: E. Engel y P. Meller, eds. *Shocks externos y mecanismos de estabilización*. Santiago de Chile: Corporación de Investigaciones Económicas para América Latina (Cieplan).

Bevan, D., Collier, P., y Gunning, J. 1991. "Temporary Trade Shocks: An International Comparison". Oxford University. Documento mimeografiado.

De Soto, H. 1986. *El otro sendero: la revolución informal*. Lima: Editorial El Barranco.

Dornbusch, R. y Edwards, S., eds. 1991. *The Macroeconomics of Populism in Latin America*. Chicago: University of Chicago Press.

Escobal, J., *et al.* 1992. Gestión pública y distribución del ingreso en el Perú. En: R. Hausmann y R. Rigobón, eds. *Gasto público y distribución del ingreso en América Latina*. Caracas: Instituto de Estudios Superiores de Administración (IESA).

Larraín, F. y Selowsky, M. 1990. *El sector público y la crisis de la América Latina*. Ciudad de México: Fondo de Cultura Económica.

Lucas, R. 1990. Supply-Side Economics: An Analytical Review. *Oxford-Economic-Papers*, 42 (2).

Mezzera, J. 1991. *Gasto del sector moderno e ingresos en el sector informal: segmentación y relaciones económicas*. Santiago de Chile: Programa Regional de Empleo de América Latina y el Caribe (PREALC).

Santana, I. 1992. El impacto distributivo de la gestión fiscal en la República Dominicana. En: R. Hausmann y R. Rigobón, eds. *Gasto público y distribución del ingreso en América Latina*. Caracas, Venezuela: Instituto de Estudios Superiores de Administración (IESA).

Tokman, V. 1987. "El sector informal: quince años después". Documento de trabajo No. 136. Santiago de Chile: Oficina Internacional del Trabajo, Programa Regional de Empleo de América Latina y el Caribe (PREALC).

Comentarios de Vito Tanzi

Ayer, mientras leía este capítulo, recibí un ejemplar de *The New York Times*. En la primera página traía un enorme artículo con datos que indicaban que el uno por ciento de las unidades familiares con ingresos más elevados de Estados Unidos obtuvo el 60 por ciento de las ganancias en riqueza total en la década de 1980. Esto muestra el fracaso de la teoría de la "filtración". Si alguien realmente creía que el crecimiento económico resolvería el problema de la pobreza, siempre y cuando se interprete a la pobreza en sentido relativo y no absoluto, esto debe hacerle cambiar de idea.

Los datos provenientes de Estados Unidos y otros países, con todas sus limitaciones, arrojan dudas acerca de que el crecimiento económico sea suficiente para resolver el problema de la pobreza. Ese es el motivo por el cual el Fondo Monetario Internacional (FMI) se ha interesado en los temas de la distribución del ingreso y la pobreza. Nos preocupa el hecho de que, para algunos grupos vulnerables, las reformas favorables al crecimiento económico puedan crear dificultades que exijan la protección de estos grupos.

Un segundo punto revela que es necesario tener más cuidado al comparar la distribución del ingreso en los países o en el mismo país a lo largo del tiempo. Debemos prestar especial atención cuando empleamos medidas como los coeficientes de Gini o los porcentajes del ingreso total que va a grupos específicos de ingreso (digamos, el 10 o el 20 por ciento más bajo de la distribución del ingreso), por la sencilla razón de que estos datos estadísticos, y en especial los coeficientes de Gini, se calculan en relación con un mundo en el cual los ingresos son perfectamente iguales. En otras palabras, representan desviaciones de la igualdad perfecta. El supuesto oculto es que la distribución natural del ingreso es una distribución perfectamente pareja del ingreso. Sin embargo, la distribución del ingreso entre las personas depende de muchos factores, como la fortaleza física, la capacidad, la inteligencia, la educación, la suerte, la edad, la riqueza heredada, el prestigio familiar, etc. Estos factores no se distribuyen en forma pareja entre la población y no existe política pública que pueda lograrlo. Con toda seguridad la edad es uno de los factores más importantes y uno de los que más resiste los cambios de políticas. Los muy jóvenes o muy viejos no perciben ingresos, así es que cuando comparamos países durante un largo período o cuando realizamos comparaciones entre países sin hacer correcciones para tener en cuenta estos factores, y en particular las diferencias demográficas, podemos llegar a conclusiones que es preciso formular con reservas. Por ejemplo, en Argentina y en Uruguay se registra una distribución más pareja del ingreso que en otros países latinoamericanos, lo cual podría guardar más relación con las diferencias demográficas que con las políticas gubernamentales.

Un tercer punto que quiero formular, antes de abordar más directamente el trabajo de Hausmann, es que el gobierno ejerce influencia de muchas formas en la distribución del ingreso. Influye mediante la fijación de reglas del juego en lo que respecta al comportamiento económico, mediante políticas generales que afectan el tipo de cambio, por medio de la política monetaria, mediante muchos subsidios e impuestos implícitos y de muchas otras maneras. Por lo tanto, cuando consideramos las finanzas públicas, no hay que olvidar que estamos tratando solamente una parte de las numerosas maneras en las que el gobierno ejerce influencia en la distribución del ingreso. Mediante los instrumentos de finanzas públicas, el gobierno puede afectar la distribución del ingreso de dos maneras. Puede tratar de reducir el ingreso que va a los segmentos más altos, a la gente más rica —por lo menos en teoría, la tributación puede resultar eficaz para ello— o puede tratar de elevar la parte más baja, el ingreso de los pobres, mediante subsidios. Nuevamente, por lo menos en teoría, el gasto público puede lograr ese objetivo. Los instrumentos de finanzas públicas que elevan el ingreso de los pobres y reducen el de los ricos tendrían una influencia positiva directa e inmediata en la distribución del ingreso. Sin embargo, siempre es difícil predecir los efectos más indirectos, a más largo plazo. Por ejemplo, si la acumulación del capital se reduce mediante una tributación progresiva, es probable que la distribución del ingreso a largo plazo no sea tan pareja como podría preverse, puesto que con el tiempo un capital más bajo reducirá la productividad y los salarios.

Ahora, yendo más directamente al modelo de Hausmann: me recuerda dos cosas. En primer lugar, a un túnel. Los modelos económicos son un poco como los túneles: una vez que se entra en ellos con frecuencia hay una sola salida. Las suposiciones y la estructura del modelo determinan en gran medida el resultado. En cierto modo, el trabajo de Hausmann refleja esta característica. También me recuerda una definición que escuché una vez de las bikinis francesas o, tal vez sea más apropiado decir, de las brasileñas. Decía que estas importantes prendas de vestir revelan mucho, pero de alguna manera se las arreglan para ocultar lo esencial. En varios sentidos, el trabajo presentado por Hausmann es interesante pero se ve limitado por las suposiciones que formula y la forma en que estructura el trabajo. Es así que revela mucho, pero de algún modo oculta lo esencial de la política económica de la vida real.

En primer lugar, el trabajo trata principalmente de la tributación. Si bien menciona el gasto público y las transferencias, lo hace casi como una idea tardía. Una suposición clave del trabajo es que el capital es muy móvil, suposición que es popular entre los economistas en la actualidad. Si el capital es móvil, no debería ser objeto de tributación, puesto que, de serlo, saldría del país y se dirigiría a los paraísos tributarios.

Otro supuesto es que el impuesto a la renta grava principalmente a los que integran el sector formal. Más aún, se supone que el salario, luego de deducidos los impuestos, es el mismo en el sector formal y en el informal. Ello supone que la tributación del sector formal genera ineficiencia en la economía, puesto que la persona que paga impuestos produce un resultado social mayor que una persona que percibe el mismo salario, sin descontar impuestos, en el ámbito de la economía informal. Como consecuencia de ello, a Hausmann no le gustan los impuestos al trabajo. Habiendo eliminado los impuestos al capital y al trabajo, se pronuncia firmemente en favor del impuesto al valor agregado. Lo interesante es que, mientras supone que existe un mercado no formal para el trabajo, no supone que exista un mercado informal (el mercado negro) para los bienes.

Sin lugar a dudas, el impuesto al valor agregado es un buen impuesto; es un impuesto que mis colegas del FMI y yo recomendamos firmemente a los países. En realidad, un hecho algo embarazoso para Hausmann es que hacia fines de este año, Venezuela tal vez sea el único país latinoamericano que no cuente con dicho impuesto. Ahora deseo formular un par de preguntas.

En primer término ¿es el capital tan móvil? Cierto capital es a todas luces muy móvil, como el capital financiero, pero la tierra, el petróleo y otros activos de ese tipo no lo son. Y, por supuesto, el capital ya instalado, como el capital antiguo, no lo es. Por lo tanto, debemos tener cuidado en la forma en que definimos el capital para fines tributarios. Me incomoda un poco el argumento, que ahora es popular entre algunos economistas pero no entre los encargados de formular las políticas ni entre la población en general, de que no debemos aplicar impuestos al capital. El capital antiguo no es móvil, pues ya está allí. Además, sacar capital del país tiene su precio, y los países extranjeros también pueden gravarlo. Es así que cierta tributación impuesta aun al capital financiero no va tener como resultado un éxodo total del capital.

La segunda pregunta se relaciona con el nivel necesario de impuestos y lo que un impuesto al valor agregado puede contribuir a ese nivel. La experiencia mundial señala que el monto máximo que un país cualquiera ha logrado obtener del impuesto al valor agregado es ligeramente inferior al 10 por ciento del PIB. Bélgica y Grecia lograron durante un año superar el 10 por ciento, pero no consiguieron mantener ese nivel. ¿Es el 10 por ciento del PIB un ingreso suficiente para financiar las funciones tradicionales y modernas esenciales del gobierno? Lo dudo, pero naturalmente, este es un tema debatible. Debemos recordar que Brasil tiene un nivel de impuesto del 23 por ciento del PIB, Argentina tiene un nivel de alrededor del 24 al 25 por ciento, y en Chile el nivel también es de alrededor del 23 al 24 por ciento. Además, Argentina y Brasil están tratando de aumentar dicho nivel, así es que resulta poco probable que un país moderno pueda manejarse con un nivel del 10 por ciento. Por supuesto, en el caso de Venezuela, el ingreso proveniente del petróleo puede complementar hasta cierto punto ese nivel, pero todavía podría dejar al país con una brecha fiscal. ¿Por qué debería un país latinoamericano poder obtener más dinero de un impuesto al valor agregado que los países europeos?

También me incomoda un supuesto básico que formula Hausmann de que, una vez deducidos los impuestos, los salarios de los sectores formal e informal serán los mismos. Por consiguiente, si se imponen tributos al sector formal, se obliga a la gente a desplazarse al sector informal, donde su contribución al producto social es más baja. En otras palabras, el país pierde con este cambio. Si bien no he visto los datos estadísticos sobre los salarios de los sectores formal e informal que menciona Hausmann, según yo lo entendía, la gente que trabaja en el sector paralelo o irregular generalmente se dedica a labores menos remuneradas que las del sector formal. En realidad, hasta cierto punto podría sostenerse que el sector irregular y el desempleo existen debido a que los salarios del sector estructurado son demasiado elevados. Más todavía, podría tenerse una visión distorsionada de la remuneración total del sector formal si se consideraran solamente los salarios en efectivo. La verdad es que las personas dedicadas a actividades formales a menudo no pueden ser despedidas, o al menos tienen una cierta estabilidad en sus empleos. Obtienen pensiones, pueden tener beneficios de salud y muchos otros beneficios que tal vez no puedan medirse y que aumentan su remuneración total muy por encima del salario en efectivo que se compara con el salario del sector informal.

Por último, antes de concluir, desearía agregar unas palabras sobre el gasto del gobierno. Hausmann introduce la posibilidad de poner barreras contra las fluctuaciones en el ingreso del gobierno. Introduce la posibilidad de un seguro por parte del gobierno contra una posible caída del precio del petróleo. Se ha escrito algo sobre este tema. Hace unos años, publiqué un trabajo corto en *American*

Economic Review,[13] en el cual afirmaba que el gobierno debería relacionar su gasto con su ingreso permanente, de la misma manera que al parecer lo hacen las personas. Cuando aumenta el precio de lo que el gobierno vende (digamos, el petróleo), debería acumular recursos en el extranjero. Kuwait lo hizo en forma fructífera, por eso pudo ir a la guerra y gastar cientos de miles de millones de dólares en reparar el país sin incurrir en demasiadas dificultades. Debido a que había acumulado considerables recursos durante los años de bonanza, pudo gastarlos en los malos. Por consiguiente, la regla económica es bastante obvia. Sin embargo, es cuestionable que una norma constitucional pueda asegurar un comportamiento de este tipo.

---

[13] Tanzi, V. 1986. Fiscal Policy: Responses to Exogenous Shocks in Developing Countries. *American Economic Review.* 76 (2): 88-91.

Capítulo 4

LA MACROECONOMIA DE LA POBREZA EN AMERICA LATINA

Eliana Cardoso[1]

En este capítulo se analizan los efectos de la inflación y la recesión sobre la pobreza en América Latina. En la página 118 comienza una breve revisión del significado de las mediciones de pobreza más usadas y una definición de los conceptos básicos aplicados en este trabajo. La comparación de las diferentes mediciones de pobreza tiene por objeto aclarar algunos importantes problemas para efectuar un análisis integral de la pobreza en América Latina. Además se muestran las flaquezas y aspectos positivos de cada medición y, a través de los ejemplos de México y Brasil, se señala que las diferentes mediciones de pobreza deberían utilizarse en forma concertada como instrumento efectivo.

En la página 124 se inicia un análisis referido al impacto de la inflación sobre la redistribución y la pobreza. Se concentra la atención en la naturaleza regresiva del impuesto inflacionario y el alcance limitado de su impacto sobre aquellos que están por debajo de la línea de pobreza. Aun cuando el impuesto de la inflación no afecta a los individuos que se encuentran bajo esa línea de pobreza debido a su tenencia irrelevante de efectivo promedio, podría en cambio hacer desaparecer los ahorros de la clase media e incrementar el número de pobres. En este sentido, amplía la desigualdad del ingreso y aumenta la pobreza.

Más adelante también se afirma que la inflación influye sobre la pobreza, principalmente a través de su impacto sobre los salarios reales, porque los salarios nominales no aumentan tan rápido como los precios cuando existe una tasa de inflación creciente. En el con-

---

[1] La autora agradece la colaboración del personal del Banco Interamericano de Desarrollo, del Banco Mundial, del Instituto Harvard para el Desarrollo Internacional, y a los colaboradores de Brasil, Chile y México que enviaron informes, datos y estudios que forman parte de este capítulo. También agradece los comentarios de Ann Helwege.

texto del pleno empleo no existe una explicación satisfactoria para una indización parcial, pero las pruebas empíricas ponen de manifiesto que la indización perfecta no existe y que los salarios se incrementan más lentamente que los precios durante episodios de alta inflación.

Por último, a partir de la página 137 se explora el impacto de los programas de ajuste —a menudo acompañados por una recesión— sobre la pobreza. Los programas de estabilización incrementan la pobreza a corto plazo porque engendran desempleo y salarios reales menores. Los esfuerzos por reducir la inflación a través de la aplicación de una política de ingresos no han ayudado a los pobres. La única opción que existe para evitar la inflación y los programas de estabilización es seguir el camino de una política económica conservadora. El ejemplo de Colombia revela lo difícil que resulta eliminar la pobreza confiando exclusivamente en el crecimiento neutral, por ello es necesario aplicar programas para la pobreza. El capítulo concluye con algunos ejemplos de experimentos realizados recientemente en América Latina.

Medición de la pobreza

Debemos tratar con cuidado las mediciones de la pobreza, ya que las definiciones y los métodos de medición difieren en forma considerable. Existen dos problemas centrales de concepto respecto a la definición de la pobreza y la determinación de la línea de pobreza. La pobreza no solo involucra aspectos relacionados con el consumo, sino también otros aspectos vinculados a la calidad de vida, como la educación y la salud. De esta manera, es deseable complementar las mediciones de la pobreza basadas en el consumo con indicadores como los de mortalidad infantil, esperanza de vida, o la situación educacional.[2] Para los propósitos de esta sección, considero a la pobreza en términos de un solo indicador amplio de recursos económicos. Se define a un individuo como pobre si su consumo total (o ingreso total) está por debajo de un nivel específico.[3] Los economistas a quienes les preocupan los niveles de vida prefieren definir la po-

---

[2] Cardoso y Helwege (1992) contiene una comparación de diferentes indicadores sociales y mediciones de la pobreza en América Latina hasta mediados del decenio de 1980.

[3] La medición de la pobreza también difiere con la designación del grupo de personas (hogar o unidad familiar) para quienes se supone que se combinan los recursos cuando se evalúa la pobreza. Véase Atkinson (1991).

breza en términos de consumo total, en tanto que aquéllos interesados en los derechos mínimos (en términos de personas excluidas de las condiciones de vida habituales en la sociedad en que viven) argumentarían que el ingreso está más cerca de una medida de las oportunidades disponibles, independientemente de las posibilidades de consumo.[4] Con mayor frecuencia, en la definición de la pobreza se utiliza el ingreso, porque es más fácil de cuantificar.

Si el principal criterio es el nivel de vida, la línea de pobreza se define como un determinado múltiplo del ingreso necesario para comprar una canasta de alimentos necesarios (el multiplicador depende de la parte del ingreso que una familia de bajos ingresos gaste en alimentos). A esto se le denomina nivel de pobreza absoluta. El enfoque optativo, que sigue la perspectiva de los derechos mínimos, es definir la pobreza con respecto a los niveles de vida en una sociedad en particular, por ejemplo, como el 50 por ciento del ingreso promedio.[5]

Una vez que se haya determinado una línea de pobreza, el siguiente paso es formular un índice de pobreza. Una amplia gama de documentos propone una diversa variedad de índices que miden la pobreza en una escala de cero (no pobre) a la unidad (toda la población es pobre).[6] El procedimiento más simple es contar el número de pobres y calcular el porcentaje de la población que pertenece a esta categoría (véase el ejemplo de la nota 4). Entre 1980 y 1988, si se establece la línea de pobreza en un salario mínimo por hogar, el índice de capitación para Brasil oscila entre el 20 y el 40 por ciento (Cuadro 4.1).[7]

---

[4] Véase Atkinson (1989). Alguien que cree que la persona tiene el derecho al ingreso mínimo necesario para participar en una sociedad específica pasa del concepto de la pobreza basado en los niveles de vida a un concepto basado en el derecho mínimo a los recursos.

[5] La elección entre un nivel absoluto y uno relativo es crucial en las comparaciones internacionales. El Banco Mundial (1990b) estima que en 1985, un 20 por ciento de la población de América Latina tenía ingresos por debajo de los 370 dólares per cápita (cifra ajustada mediante paridades de poder adquisitivo). Este método conduce a muy diferentes conclusiones respecto a aquéllas a las cuales se llegaría mediante el empleo de un porcentaje específico de ingreso promedio como línea de pobreza.

[6] Véanse Atkinson (1987), Foster et al. (1984) y Sen (1976).

[7] En 1990, el ingreso anual de un trabajador brasileño que recibía un salario mínimo correspondió a 900 dólares aproximadamente (13 salarios mínimos convertidos al tipo de cambio promedio dólar/cruzeiro) y representó alrededor de un tercio del PIB promedio per cápita (al mismo tipo de cambio). En 1988, el 40 por ciento más pobre de la población de Brasil recibió un 10 por ciento del ingreso total.

Cuadro 4.1. Indices de pobreza por hogar. Brasil, 1960-1988
(Línea de pobreza: aproximadamente un salario mínimo por hogar)

	Capitación a	b	c	Brecha normal de ingreso[c]	Indice Foster[c]	Indice Sen[b]
1960	0,144					
1970	0,393	0,422				0,265
1980	0,244	0,219				0,128
1981			0,265	0,101	0,050	
1983	0,419		0,321	0,131	0,068	
1985			0,262	0,099	0,048	
1986	0,284					
1987	0,359		0,242	0,095	0,048	
1988	0,393		0,265	0,107	0,056	

Fuentes: Costa Romão (1991); Hoffmann (1989), y Ravallion y Datt (1991).

[a] Costa Romão (1991) especifica el costo de una canasta alimentaria para diferentes regiones del país (aproximadamente la mitad de un salario mínimo) y emplea un multiplicador distinto para cada región entre 1,5 y 2,05. La línea de pobreza para el país es equivalente a 0,885 del salario mínimo de septiembre de 1986, a precios de 1986.

[b] En Hoffmann (1989), la línea de pobreza es equivalente al salario mínimo en agosto de 1980.

[c] En Ravallion y Datt (1991), la línea de pobreza es el ingreso de hogar per cápita de un cuarto del salario mínimo (un salario mínimo en una familia de cuatro personas) ajustado por la inflación utilizando el Indice de Precios al Consumidor de un paquete de consumo para bajos ingresos.

Sen (1976) critica el índice de capitación por dos razones. En primer lugar, esta medición no toma en cuenta qué tan pobres son los pobres: el número de personas por debajo de la línea de pobreza se mantiene sin cambios a pesar de que su ingreso declina. En segundo lugar, la medición no considera la distribución del ingreso entre los pobres. No obstante, para aquellos que consideran un ingreso mínimo como derecho básico, la capitación sigue constituyendo una medición aceptable del porcentaje de la población privada de ese derecho.

Otro índice muy popular es el de la brecha normalizada de pobreza, que es igual al déficit agregado de ingreso de los pobres en proporción a la línea de pobreza, dividido por la población. Este índice se concentra en la evaluación de la indigencia. Por ejemplo, en el decenio de 1980, la brecha normalizada de pobreza para los hogares brasileños fue de alrededor del 10 por ciento del salario mínimo (Cuadro 4.1). Una serie prolongada de este índice es un buen indicador de la tendencia del déficit en el ingreso promedio de los pobres en relación con la línea de pobreza, pero Sen rechaza esta medición por cuanto no considera la desigualdad existente entre los pobres. Propone que la brecha de pobreza sea establecida por el rango que la persona ocupe en el orden existente entre los

Cuadro 4.2. Mediciones de ingreso y pobreza en Macondo
(Dólares por año y porcentajes)

A. Distribución del ingreso

Grupos	Dólares por año a: a_0	t_1	t_2
a	200	100	100
b	650	750	650
c	950	950	1.050
d	1.700	1.700	1.700
e	6.500	6.500	6.500
Ingreso medio	2.000	2.000	2.000

B. Indices de pobreza

	t_0	t_0	t_1	t_2
Línea de pobreza	$370	$1.000	$1.000	$1.000
Indice de capitación	0,200	0,600	0,600	0,400
Indice normalizado, brecha de ingreso	0,092	0,240	0,240	0,250
Indice Foster	0,042	0,175	0,175	0,187
Indice Sen	0,092	0,315	0,325	0,287

Fuente: Elaborado por la autora.
Nota: La brecha de ingreso de una persona *i* con un ingreso y_i es $g_i = z - y_i$, donde z es la línea de pobreza. La capitación es $H = q/n$, donde q = número de personas con $y_i < z$, y n = monto total de la población. La brecha de ingreso normalizado es $\Sigma(g_i/z)/n$ para $g_i > 0$. El índice Foster es $-(g/z)^2/n$.
El índice Sen es $H[(1-(1-I)(1-G[q/(1+q)])]$, donde $I = \Sigma g_i/zq$, y $G = 1 + (1/q) - \{(2/q^2m)\Sigma[y_i(q+1-i)]\}$, para $y_i < z$, y m = el ingreso medio de los pobres.

pobres.[8] Su medición (llamada a partir de ahora índice Sen) puede expresarse como una combinación del índice de capitación, la brecha del ingreso y la medición Gini de desigualdad entre los pobres (véase la definición exacta en la nota del Cuadro 4.2).

Por último, la ampliamente usada medición Foster-Greer-Thorbecke (llamada a partir de ahora índice Foster) se basa en la suma al cuadrado de las brechas proporcionales de pobreza. Es similar a la brecha normalizada de pobreza, pero añade un mayor peso a las brechas en los ingresos de los individuos más pobres (véase la definición exacta en la nota del Cuadro 4.2).

El Cuadro 4.2 emplea un ejemplo para ilustrar las diferencias que existen entre los índices. Macondo tiene 5 individuos o grupos y una distribución del ingreso menos desigual que la de Brasil. Pode-

---

[8] El índice Sen (para grandes números de individuos pobres) se define como H[I+(1-I)G], donde H es el índice de capitación, I es la brecha de ingreso y G es el coeficiente Gini de la distribución del ingreso de los pobres.

Cuadro 4.3. Indices de pobreza, México[a]

	Capitación	Brecha de ingreso	Indice Foster normalizado
Rural	0,37	0,12	0,06
Urbana	0,10	0,02	0,01
Nacional	0,19	0,06	0,03

Fuente: Levy (1991).
[a] La línea de pobreza es de aproximadamente $US200 —de 1984— per cápita, por año, es decir el costo de una dieta que proporciona diariamente 2.083 calorías y 35,1 gramos de proteínas, como lo recomienda Coplamar (1983).

mos suponer que los grupos de este cuadro representan los cinco segmentos de la población y que en cada grupo los individuos tienen el mismo ingreso. En Macondo, el coeficiente Gini es 0,55 y el promedio de ingreso per cápita es de 2.000 dólares al año. Si se define la pobreza como 370 dólares al año, el 20 por ciento de la población de Macondo es pobre. En ese caso, con el promedio normalizado (1.000 dólares), el 60 por ciento de la población es pobre. Al elevarse la línea de pobreza se aumentan todos los índices de pobreza.

El Cuadro 4.2 también permite la comparación de las mediciones de pobreza cuando se produce un cambio en la distribución. En t_1, el ingreso de a declina en 100 dólares y el ingreso de b aumenta en 100 dólares (en relación a lo que cada uno tenía en a_o). En este ejemplo existe una transferencia de ingreso de una persona por debajo de la línea de pobreza a alguien más rico, en tanto que el número de pobres por debajo de la línea de pobreza se mantiene sin alteraciones. Este cambio en la distribución no afecta a la brecha normalizada de ingreso, pero sí aumenta los índices Foster y Sen.

La medición de la pobreza es objeto de controversia. Ningún índice contará con la aprobación universal, pero las soluciones parciales son mejores que nada. La utilización de todos los índices servirá para tener una mejor distribución de la pobreza que si se confía en un solo índice. Consideremos el ejemplo de México en el Cuadro 4.3. Aproximadamente el 20 por ciento de la población mexicana puede clasificarse como pobre (Levy, 1991).[9]

El 37 por ciento de la población rural y el 10 por ciento de la población urbana son pobres. Dada la proporción de la población rural en el total de la población, el índice de capitación demuestra que la pobreza rural representa casi el 70 por ciento de la pobreza total de México. Los otros dos índices para la población rural son

---

[9] Lustig (1991a) compara el índice de capitación de México para 1984 de diversas fuentes.

seis veces superiores a los mismos índices para la población urbana, lo cual confirma que en México la extrema pobreza es básicamente un fenómeno rural. Desafortunadamente, el último estudio disponible sobre ingresos y gastos en México corresponde a 1984; por lo tanto, los índices de pobreza no pueden emplearse para evaluar el efecto de los recientes acontecimientos macroeconómicos ocurridos en México (véase la página 143).

Debido a que los datos correspondientes a Brasil abarcan un período más amplio, puede establecerse una evaluación más completa de la pobreza. El Cuadro 4.1 muestra la cuenta de capitación, la brecha normalizada de ingreso, y los índices Foster y Sen para Brasil entre 1960 y 1988. La línea de pobreza está determinada en aproximadamente un salario mínimo real.

Las cifras son elocuentes. Entre 1960 y 1970, el índice de capitación muestra que en Brasil la pobreza se mantuvo sin cambios a pesar de un aumento del ingreso per cápita superior al 3 por ciento. La falta de progreso en el frente de la pobreza dio como resultado un empeoramiento en la distribución del ingreso en el decenio de 1960: aumentaron los salarios reales del trabajador capacitado al tiempo que cayeron los salarios reales del trabajador no capacitado. La declinación en los salarios reales de los pobres se debió principalmente al aumento de la inflación antes de 1964 y a la recesión de mediados del decenio de 1960.[10] La participación en el ingreso del 40 por ciento de la población más pobre cayó del 16 por ciento en 1960 al 13 por ciento en 1970. En ese año, aproximadamente el 40 por ciento de la población era pobre.

Durante el decenio de 1970, que fue un período de rápido crecimiento económico, la capitación se redujo en casi la mitad, a pesar de una mayor declinación de la participación del ingreso que iba al 40 por ciento más pobre de la población. También vale la pena destacar que en 1980 el índice Sen cayó a la mitad de su valor de 1970. La disminución del índice Sen pudo deberse al hecho de que un gran número de pobres pasó a situarse por encima de la línea de pobreza y, por lo tanto, su origen estaría en el cambio de delimitaciones de las brechas de pobreza y no en la reducción de las disparidades existentes entre los pobres.

De 1981 a 1983, en Brasil aumentaron todos los índices de pobreza. Rocha (1990), Fox y Morley (1991) y Ravallion y Datt (1991)

---

[10] La distribución del ingreso en Brasil ha sido ampliamente discutida por diversos autores. Cardoso y Helwege (1992) ofrecen un exhaustivo estudio y revisión. Para una colección de ensayos sobre la distribución del ingreso en Brasil, véase Camargo y Giambiagi (1991).

ofrecen estudios detallados de la relación existente entre la recesión de 1982-1983 y el aumento de la pobreza. En 1988, a pesar de la creciente inflación, la pobreza se había reducido en relación con los niveles de 1983.

¿Importa la inflación?

Los brotes inflacionarios del decenio de 1980 han hecho renacer el interés de los economistas en el populismo. Sus estudios[11] hacen hincapié en la reiterada disposición de los regímenes latinoamericanos a tratar de ir más allá de las limitaciones económicas en un esfuerzo por mejorar la situación de todos los grupos de ingresos en forma simultánea. El resultado es un conjunto de políticas macroeconómicas que no pueden sustentarse, que incluyen déficit de los gobiernos y tipos de cambio sobrevaluados. Los populistas sueñan falsamente que los déficit de los gobiernos y el crecimiento de los salarios reales por encima de la productividad son sustentables. Al aumentar los salarios, la economía reacciona con un crecimiento más rápido, pero no lo hace acabando con los inventarios ni con las reservas. Los estrangulamientos se convierten en limitaciones ineludibles y la inflación comienza a despegar. El hecho de no revertir las políticas populistas conduce a los crecientes déficit de los gobiernos, problemas en la balanza de pagos y un desabastecimiento pertinaz. El colapso de la economía deja a los trabajadores en peor situación de la que estaban al comienzo del período populista, pero aun antes del colapso la aceleración inflacionaria ya erosiona los ingresos reales.

La inflación aumenta la pobreza de dos maneras: en primer lugar, el impuesto inflacionario puede reducir el ingreso disponible, y en segundo lugar, si los salarios nominales aumentan menos que el precio de los productos consumidos por quienes ganan esos salarios, el ingreso real de los trabajadores tendrá que reducirse.

En la próxima sección se utilizan datos brasileños para definir e ilustrar el impuesto de inflación y para analizar sus efectos regresivos. Luego traslado el foco de atención hacia el impacto de la inflación creciente sobre los salarios.

El impuesto de inflación

El 1 de noviembre de 1991, Pedro tenía cincuenta cruzeiros con los cuales podía haber comprado cinco bananas. Dejó olvidado el dine-

---

[11] Véase, por ejemplo, Dornbusch y Edwards (1991).

ro en una jarra y un mes después el precio de las bananas había aumentado en un 25 por ciento, en el mismo porcentaje que los precios promedio. Pedro solo podía comprar cuatro bananas con sus cincuenta cruzeiros. Debido a que mantuvo guardados cincuenta cruzeiros durante un mes en que la inflación fue de un 25 por ciento, Pedro perdió diez cruzeiros, o una banana y pagó el impuesto de inflación.[12] ¿Quién lo cobró? El que haya cobrado los pagos del gobierno financiados con el creciente caudal de dinero en manos de los brasileños.

El gobierno puede financiar un exceso de gastos sobre los ingresos o un aumento de las reservas mediante la emisión de dinero.[13] Mientras haya crecimiento y más productos que comprar, podrá inyectarse dinero en la economía, por cuanto la gente necesita ese efectivo adicional para sus transacciones. Pero en cuanto el dinero nuevo comienza a competir por la misma cantidad de productos, los precios aumentan, transfiriéndose por lo tanto al gobierno los recursos de los que tienen el dinero. Por supuesto, la gente percibe que el dinero está perdiendo su poder adquisitivo y reacciona ante la inflación reduciendo sus saldos de efectivo real. La rapidez con que responden a la inflación depende de si pueden acumular productos y si existen otros efectivos con tasas de utilidad que superen la tasa de inflación.

Para calcular el impuesto de inflación necesitamos conocer los saldos reales en manos de la gente. El Gráfico 4.1 muestra la proporción de la base monetaria[14] con respecto al producto interno bruto (PIB) en Brasil entre 1970 y 1990. En 1970, después de muchos años de inflación, esa proporción ya era baja en comparación con otros países. Pero al mantenerse el aumento de la inflación, la proporción base monetaria/PIB decreció todavía más. Para 1985, la base monetaria era equivalente al 2 por ciento del PIB. La línea marcada en el Gráfico 4.1 es (estadísticas entre paréntesis):

$$\log (h/y)_t = 1{,}4 - 0{,}18 \log \pi_t + 0{,}42 \log(h/y)_{t-1} + (0{,}58) \text{ variable ficticia (1)}$$
$$(-3{,}46) \quad (2{,}84) \quad (4{,}71)$$

---

[12] Al definirse la tasa de inflación como π y los saldos reales en efectivo como h, el impuesto de inflación puede calcularse como Impuesto inflacionario = $h\left[\pi/(1+\pi)\right]$. En el ejemplo de arriba el impuesto inflacionario es igual a: 5 bananas por (0,25/1,25) = 1 banana.

[13] El ingreso por la creación de dinero se llama "señoreaje". Cuando la inflación es constante, el crecimiento del ingreso es nulo y el ingreso por "señoreaje" es igual al impuesto de inflación.

[14] La base monetaria promedio anual se calcula como el promedio entre la base en diciembre del año en curso y la base en diciembre del año anterior.

$R^2 = 0{,}94$; h es el promedio entre la base monetaria de diciembre actual y el previo; y es PIB, y π es la tasa de inflación. Empleo una variable ficticia para el esperado plan Collor de marzo de 1990 que congeló los activos monetarios en los bancos: es cero en todos los años excepto 1989 y 1990.[15]

El Gráfico 4.2 muestra el impuesto inflacionario en Brasil. La línea ajustada se calculó usando la ecuación de demanda de dinero estimada en (1). La forma de la curva que describe el impuesto de inflación en relación con la tasa de inflación depende de la rapidez con que la gente reaccione a un aumento de la inflación a través de la reducción de sus saldos reales en efectivo. A corto plazo, esta reducción se ve captada por el coeficiente de la tasa de inflación en la ecuación (1), que denomino α. A largo plazo se calcula como $a/(1-\beta)$, donde $a/(1-\beta)$ es el coeficiente de la variable creciente dinero/ingreso. En el caso de Brasil, la elasticidad a largo plazo de la demanda de una base monetaria real en relación con la inflación es de 0,4, es decir que la proporción de la base monetaria con respecto a la inflación decrece en un 40 por ciento cuando la inflación aumenta en un 100 por ciento.

El Gráfico 4.3a muestra en qué forma el impuesto de inflación difiere según la elasticidad de la demanda por saldos reales en efectivo. El impuesto de inflación también depende de la cantidad de saldos en efectivo real que la gente desee retener cuando no existe inflación como se ilustra en el Gráfico 4.3b.

En este análisis surgen dos implicaciones. En primer lugar, los países con la misma inflación presentarán diferentes ingresos por impuesto de inflación según sean las funciones de la demanda de su dinero. El Cuadro 4.4 muestra el "señoreaje"[16] como parte del PIB, y las tasas de inflación para un número selecto de países latinoamericanos. En segundo lugar, los diferentes grupos dentro de un país pagarán un impuesto de inflación que erosionará proporciones diferentes de su ingreso.

---

[15] La regresión implica una demanda de dinero en la forma de: $h/y = A/(r+\pi)\alpha$, donde A es una constante y la tasa de interés real r se supone que sea irrelevante. Con $r \neq 0$, esta forma funcional implica que el ingreso del gobierno como producto del "señoreaje" siempre aumenta con la inflación. Con $r=0$, el ingreso del "señoreaje" se maximiza cuando $\pi = (1-\alpha)/\alpha$.

[16] Véase la nota 12.

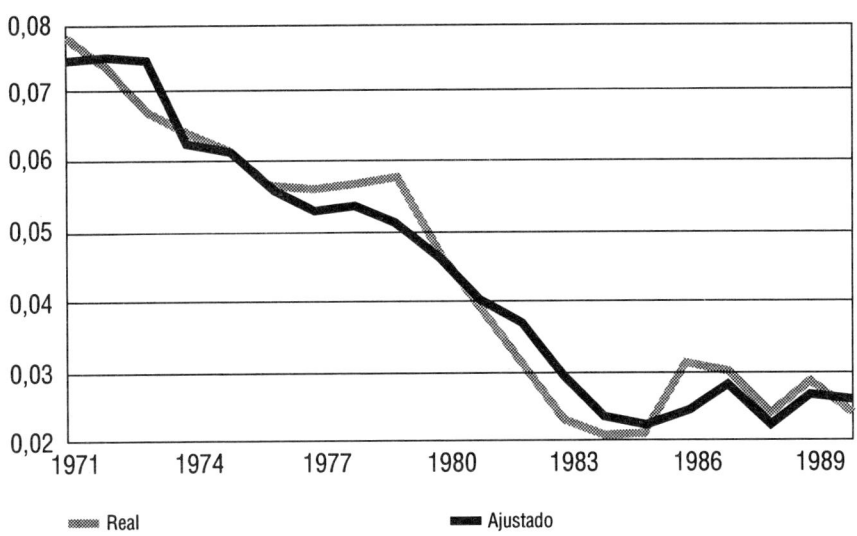

Gráfico 4.1. Relación base monetaria/PIB en Brasil, 1971-1990

Real — Ajustado

Fuente: Banco Central do Brasil, *Programa Económico do Brasil*, varios números.

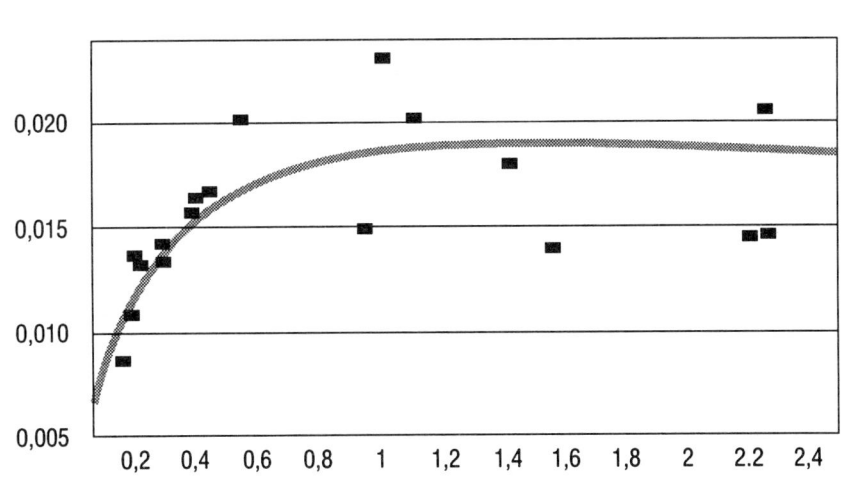

Gráfico 4.2. Relación impuesto de inflación/PIB en Brasil

Fuente: Banco Central do Brasil, *Programa Económico do Brasil*, varios números.

Gráfico 4.3a. Simulación de la razón impuesto de inflación/PIB en Brasil

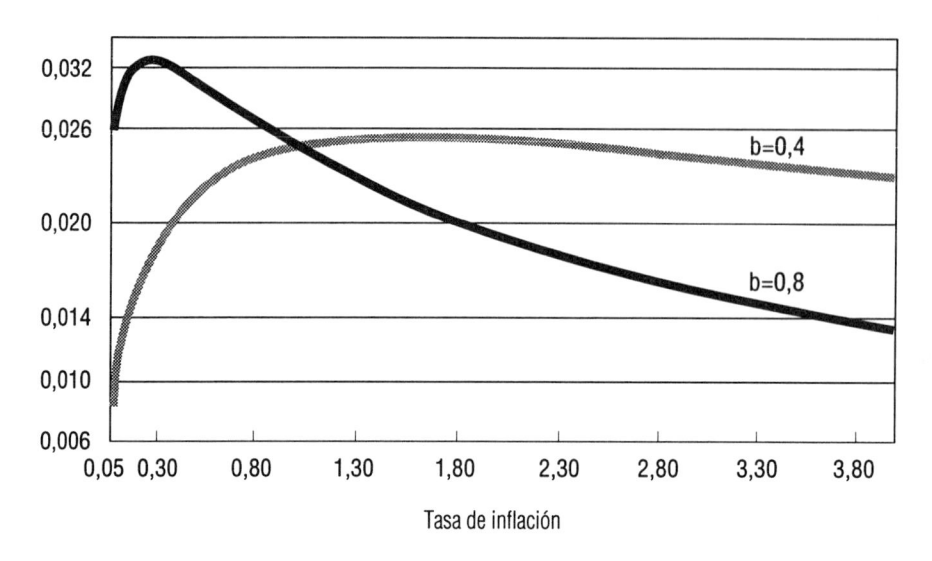

Fuente: Elaborado por la autora en base a estimaciones presentadas en el texto.

Gráfico 4.3b. Simulación de la razón impuesto de inflación/PIB en Brasil

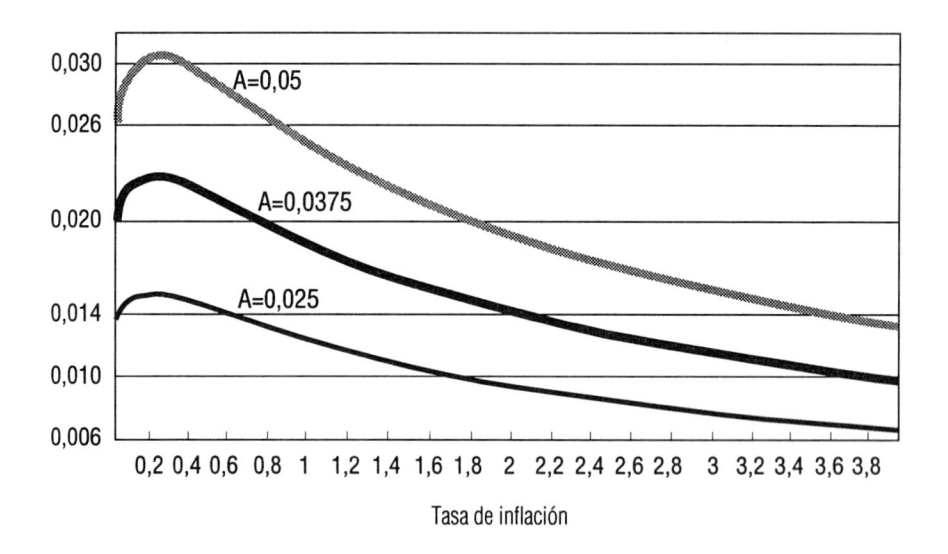

Fuentes: Fondo Monetario Internacional, *Estadísticas financieras internacionales*, varios números, y Cox Edwards (1991).

Cuadro 4.4. "Señoreaje" promedio como porcentaje del PIB y tasa de inflación promedio por año
(Países latinoamericanos seleccionados)

	"Señoreaje"/PIB (porcentaje) 1965-1989[a]	Tasa de inflación (porcentaje anual) 1965-1989
Argentina	4,2	284
Bolivia	2,9	561
Brasil	2,3	147
Chile	3,7	83
Colombia	2,1	19
Ecuador	1,8	19
Honduras	0,8	6
México	3,1	34
Paraguay	1,9	13
Perú	3,6	205
República Dominicana	1,6	12
Venezuela	1,5	12
Promedio	2,5	116

Fuentes: Easterly y Schimidt-Hebel (1991) y Fondo Monetario Internacional, *Estadísticas financieras internacionales*.
[a] Los períodos abarcados son generalmente 1965-1989, pero varían según la disponibilidad de datos.

¿Cuán regresivo es el impuesto de inflación?

En esta sección se afirmará que el impuesto de inflación es regresivo por cuanto arrasa con los ahorros de las clases de medianos ingresos. Pero aquellos que ya eran pobres antes de que comenzara la inflación pagan una parte insignificante de su ingreso como impuesto de inflación.

¿Quién paga el impuesto de inflación sobre la base monetaria? Los que poseen efectivo y los bancos que cuentan con reservas en el Banco Central (el cual puede pagar intereses que están por debajo de la tasa de inflación).

Por supuesto, los bancos obtienen ganancias de capital sobre depósitos que pagan intereses que están por debajo de la tasa de inflación y se hacen muy redituables, por cuanto la inflación transfiere recursos de los depositantes a los bancos. Cualquiera que tenga efectivo o ahorros en la forma de depósitos que paguen interés por debajo de la tasa de inflación sufre cuando la inflación aumenta.

¿Cuánto ingreso pierde el sector paupérrimo de la población en la forma de impuesto de inflación? Casi nada. El sector más pobre de la población no tiene ahorros[17] y mientras reciba sus remuneraciones semanalmente y la inflación se mantenga por debajo del 100

---

[17] "Moriré como nací: desnudo y hambriento". (Amaro João da Silva, trabajador rural brasileño, *Veja*, 12 de diciembre de 1991, p. 8).

Cuadro 4.5. Tasas de inflación e impuesto de inflación correspondiente como parte del ingreso por persona que ahorre la mitad de su ingreso mensual (o semanal) en efectivo
(Porcentajes)

Inflación por año z	Inflación por mes z_m	Inflación por semana z_w	Inflación impuesto/ingreso régimen mensual $0,5[\pi_m/(1+\pi_m)]^a$	Inflación impuesto/ingreso régimen semanal $0,5[\pi_w/(1+\pi_w)]^b$
3	0,25	0,06	0,12	0,03
5	0,41	0,09	0,20	0,05
20	1,53	0,35	0,75	0,18
30	2,21	0,51	1,10	0,25
50	3,44	0,78	1,70	0,39
100	5,94	1,34	2,80	0,66
500	16,10	3,51	6,90	1,69
1.000	22,10	4,72	9,10	2,25
10.000	46,90	9,28	16,0	4,25

Fuente: Elaborado por la autora.
[a] $\pi_m = z_m/100$
[b] $\pi_w = z_w/100$

por ciento al año, el impuesto de inflación representará menos de un 1 por ciento de su ingreso, aunque programe sus gastos en forma pareja durante toda una semana. Eso es fácil de demostrar.

Suponiendo que un trabajador no cuenta con activos, recibe un sueldo semanal y extiende sus gastos en forma pareja durante la semana, sus saldos en efectivo serán iguales a una mitad de su ingreso semanal, y_w, y el impuesto de inflación que paga a la semana es:

$$\pi_w = 0{,}5\, y_w\, [\pi_w/(1+\pi_w)] \tag{2}$$

donde: π_w es la tasa de inflación semanal.

Puesto que hay 52 semanas en un año, la proporción entre el impuesto anual de inflación y el ingreso anual es:

$$52\, \{0{,}5\, y_w\, [\pi_w/(1+\pi_w)]\}/52\, y_w = 0{,}5\, [\pi_w/(1+\pi_w)] \tag{3}$$

En general, al acelerarse la inflación, el período de pago de sueldos se reduce de una vez al mes a una vez a la semana, y finalmente a pagos diarios durante los lapsos de hiperinflación. El Cuadro 4.5 muestra el impuesto de inflación como parte del ingreso bajo la presunción de que los trabajadores reciben un sueldo mensual (columna 4) o semanal (columna 5) y extienden sus gastos en forma pareja durante el período comprendido entre cada cobro de sueldos.

Al aumentar la inflación, los trabajadores compran lo que ne-

Cuadro 4.6. Tasas de inflación e impuesto de inflación correspondiente como parte del ingreso por persona que ahorre un cuarto de su ingreso mensual (o semanal) en efectivo
(Porcentajes)

Inflación por año z	Inflación por mes z_m	Inflación por semana z_w	Inflación impuesto/ingreso régimen mensual $0{,}25[\pi_m/(1+\pi_m)]$[a]	Inflación impuesto/ingreso régimen semanal $0{,}25[\pi_w/(1+\pi_w)]$[b]
3	0,25	0,06	0,06	0,01
5	0,41	0,09	0,10	0,02
20	1,53	0,35	0,38	0,09
30	2,21	0,51	0,54	0,13
50	3,44	0,78	0,83	0,19
100	5,94	1,04	1,40	0,33
500	16,10	3,51	3,47	0,85
1.000	22,10	4,72	4,53	1,13
10.000	46,90	9,28	8,00	2,12

Fuente: Elaborado por la autora.
[a] $\pi_m = z_m/100$
[b] $\pi_w = z_w/100$

cesitan casi inmediatamente después de recibir sus sueldos, guardándose suficiente dinero en efectivo para transporte si es que no pueden conseguir con anticipación sus pases para el ómnibus. El Cuadro 4.6 muestra lo que ocurre cuando gastan la mitad de su ingreso el mismo día en que cobran sus sueldos y la otra mitad en forma pareja durante el resto del período.

Suponiendo que la tasa de inflación sea de un 20 por ciento al año, que los trabajadores reciban un sueldo mensual y que distribuyan sus pagos en forma pareja durante el mes, pagarían 0,75 por ciento de su ingreso anual en forma de impuesto a la inflación. Si la inflación aumenta en un 100 por ciento al año sin cambios institucionales, el tributo se incrementaría a un 2,8 por ciento del ingreso anual. Pero si los pagos se hicieran sobre una base semanal y los trabajadores cambiaran sus hábitos de gasto a aquellos que se muestran en el Cuadro 4.6, el impuesto de inflación se reduciría a un 0,38 por ciento del ingreso cuando la inflación llega al 20 por ciento anual. Cuando la inflación llega a un 1.000 por ciento al año, la vida se hace más dura y aun con pagos semanales y un cambio en los hábitos de gasto el tributo por inflación absorbería un 1,13 por ciento del ingreso de los trabajadores. Pero eso no es nada comparado con la disminución que experimentan en sus salarios reales, como lo veremos después.

El Cuadro 4.7 ilustra este punto al mostrar cifras de la inflación, la participación que le corresponde a la base monetaria en el PIB y el impuesto de inflación en Brasil. Entre 1970 y 1980, la infla-

Cuadro 4.7. Inflación e impuesto de inflación. Brasil, 1970-1990
(Porcentajes)

	1970	1980	1990
Inflación anual	20,0	100,0	2.700,0
Base monetaria[a]/PIB	8,2	4,6	2,3
Base monetaria en el sector más pobre como parte de su ingreso anual[b]	0,5	0,5	0,5
Impuesto de inflación pagado por el sector más pobre como parte de su ingreso[c]	0,1	0,3	1,6
Impuesto de inflación pagado por el sector más pobre como parte de PIB[d]	0,002	0,008	0,04
Impuesto de inflación/PIB, pagado por el 80 por ciento de la población[e]	1,4	2,3	2,3
Impuesto de inflación total/PIB	1,4	2,3	2,3

Fuentes: Fundação Instituto Brasileiro de Geografia e Estatística, *Conjuntura Econômica*, y cálculos de la autora.
[a] Promedio durante el año.
[b] Suponiendo que los trabajadores cobran semanalmente, gastan la mitad de su salario semanal el mismo día y la otra mitad durante la semana, su saldo en efectivo como parte de su ingreso anual es de $(0,25\, y_w/25 y_w) = 0,25/52 = 0,005$.
[c] Calcúlese como: $0,25\, \pi_w/(1+\pi_w)$, donde π_w es la tasa de inflación semanal.
[d] El impuesto de inflación/PIB pagado por el sector más pobre es igual al impuesto de inflación pagado por el sector más pobre dividido por su ingreso y multiplicado por la parte de su ingreso en el ingreso total.
[e] El 80 por ciento de la población recibe 97,6 por ciento del ingreso total. El sector más pobre recibe 2,4 por ciento del ingreso total.

ción anual aumentó del 20 al 100 por ciento. Como reacción al crecimiento inflacionario, la demanda de saldos reales en efectivo tuvo una baja y la participación de la base monetaria real declinó del 8,2 por ciento del PIB al 4,6 por ciento. El impuesto de inflación aumentó del 1,4 por ciento al 2,3 por ciento del PIB. Algunos grupos perdieron más del 2 por ciento de su ingreso en la forma de tributo de inflación, en tanto que otros perdieron menos.

Los ciudadanos pudientes que reaccionaron rápidamente ante la inflación y que tuvieron acceso a otras formas de activos como los depósitos indizados, posiblemente no hayan tenido que pagar tanto. Tampoco pagaron mucho los muy pobres. El impuesto de inflación que pagó el sector más pobre de la población se incrementó, pero siguió siendo de mínima importancia.

Hacia 1990 la inflación había aumentado al 2.700 por ciento y el tributo pagado por los pobres como parte de su ingreso había aumentado al 1,6 por ciento. Comparado con otros impuestos, el tributo de inflación siguió siendo pequeño.

La inflación y los salarios reales

La estabilización de la inflación no se logra sin un costo. Generalmente este esfuerzo se asocia a una recesión, que con frecuencia significa más desempleo y menores salarios reales. Pero la inflación acelerada también reduce los salarios reales y aumenta la pobreza. Este segundo efecto fue el que dominó el panorama de América Latina entre 1977 y 1989.

Gráfico 4.4. Inflación y salarios reales en Costa Rica, Perú y Uruguay, varios años

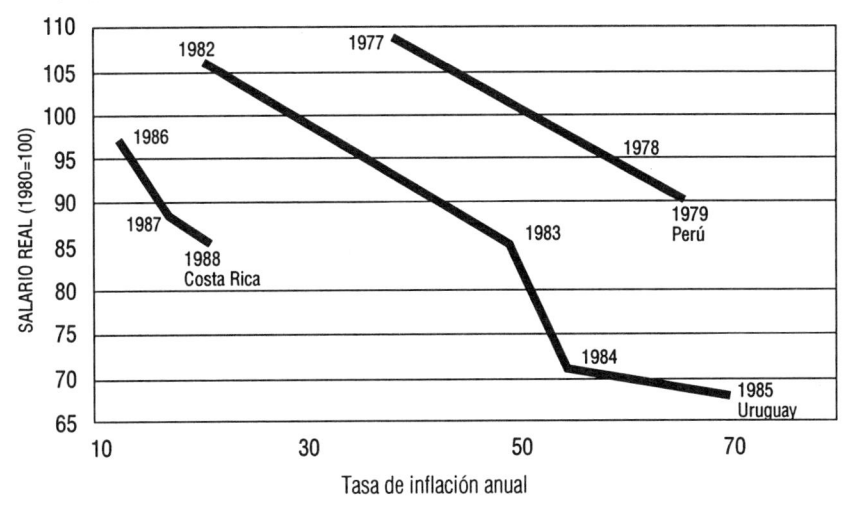

Fuentes: Fondo Monetario Internacional, *Estadísticas financieras internacionales*, varios números, y Cox Edwards (1991).

Gráfico 4.5. Inflación y salarios reales en Costa Rica y México, varios años

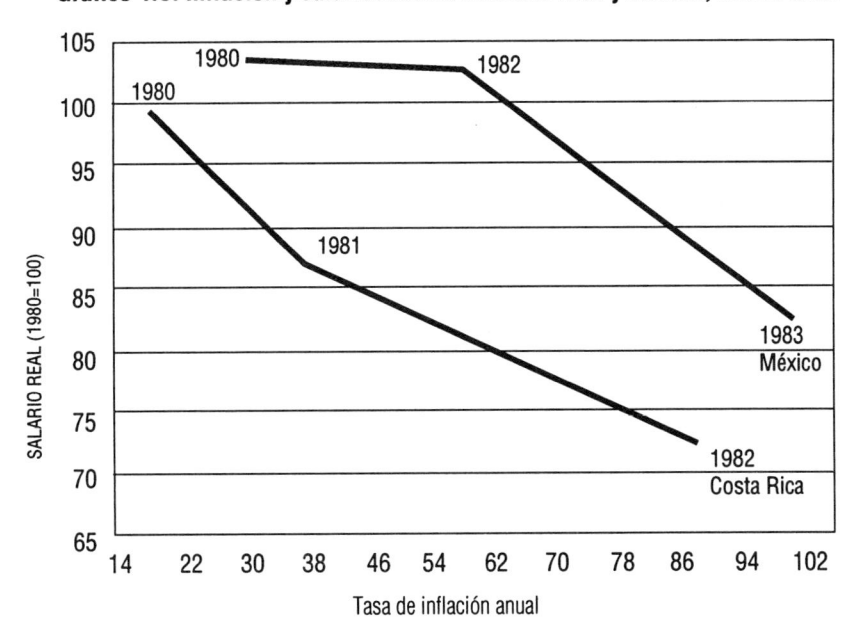

Fuentes: Fondo Monetario Internacional, *Estadísticas financieras internacionales*, varios números, y Cox Edwards (1991).

Gráfico 4.6. Inflación y salarios reales en Perú, 1987-1990

Fuentes: Fondo Monetario Internacional, *Estadísticas financieras internacionales*, varios números, y Cox Edwards (1991).

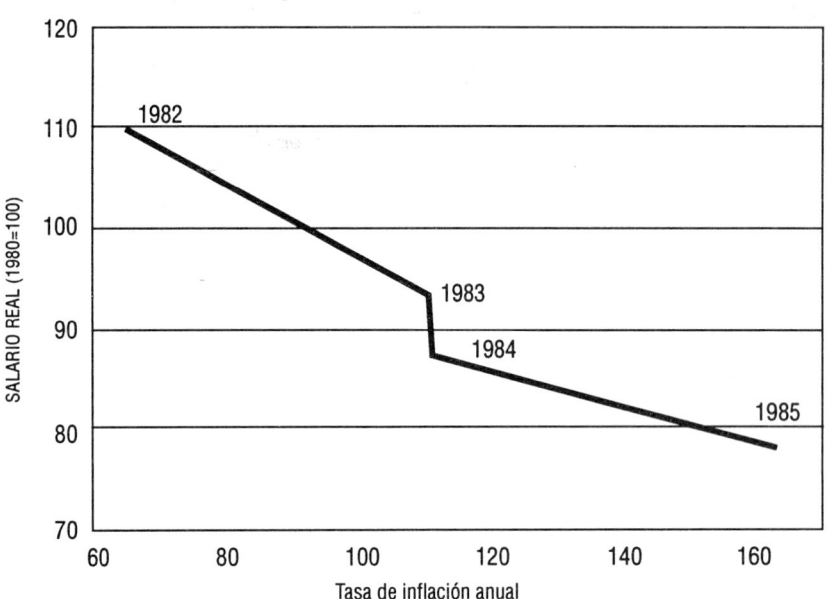

Gráfico 4.7. Inflación y salarios reales en Perú, 1982-1985

Fuentes: Fondo Monetario Internacional. *Estadísticas financieras internacionales*, varios números y Cox Edwards (1991).

MACROECONOMIA DE LA POBREZA 135

Gráfico 4.8. Inflación y salarios reales en Argentina, 1986-1989

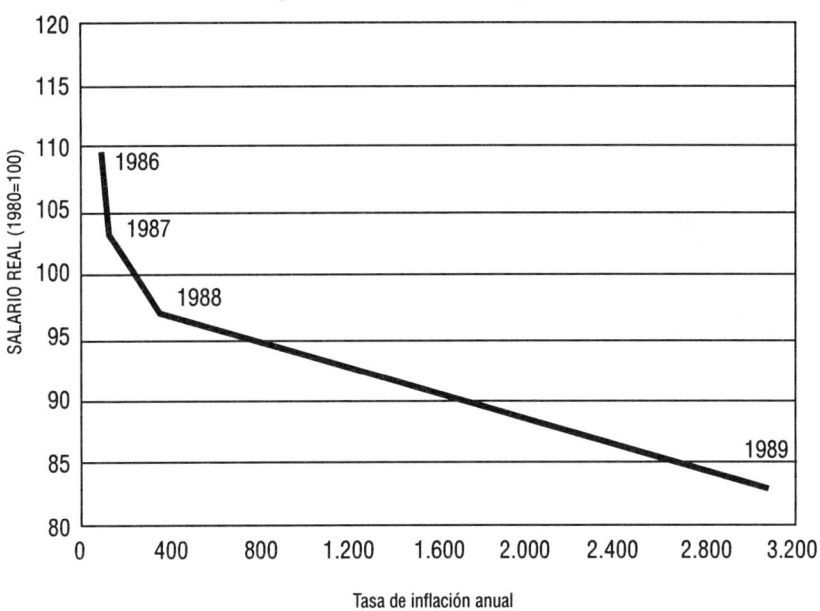

[Gráfico: Eje Y "SALARIO REAL (1980=100)" de 80 a 120; Eje X "Tasa de inflación anual" de 0 a 3.200. Puntos: 1986 (~110), 1987 (~103), 1988 (~97), 1989 (~83).]

Fuentes: Fondo Monetario Internacional, *Estadísticas financieras internacionales*, varios números, y Cox Edwards (1991).

La ecuación (4) se calculó utilizando datos de panel para los salarios reales promedio, tasas promedio de inflación anual y una tasa promedio de crecimiento real anual, entre 1977 y 1989, en siete países latinoamericanos (Argentina, Chile, Colombia, Costa Rica, México, Perú y Uruguay) para los cuales se dispone de salarios reales promedio durante todo el período.[18] La regresión emplea siete países "fantasmas"; w es salario real, π es inflación, y x es crecimiento real del PIB al año.

---

[18] Los datos sobre salarios se recopilaron de Cox Edwards (1991). Desafortunadamente, Brasil y Bolivia, que sufrieron una inflación extrema en el decenio de 1980, no cuentan con datos para salarios promedio agregados. El salario mínimo real de Bolivia muestra una fuerte correlación negativa con la inflación, pero los salarios mínimos son establecidos por el gobierno y su lento crecimiento simplemente podría reflejar el intento por reducir la inflación. Tampoco sé si la legislación sobre salarios mínimos fue efectiva o no. En el caso de Brasil, existen datos para promedios de salarios industriales en Rio de Janeiro y São Paulo. Entre 1986 y 1990, cuando la inflación se acelera, los salarios reales caen en Rio. En São Paulo oscilan con el empleo industrial.

$$\log(w) = 2{,}16 - 0{,}14 \log(\pi) + 0{,}15 \log(1+x) \tag{4}$$
$$\quad\quad\quad\;\; (-8{,}22) \quad\quad\quad (0{,}53)$$

$R^2 = 0{,}57$

Estadísticas t entre paréntesis, 98 observaciones.

En la regresión se incluyen países con tasas muy altas y variables de inflación, como Argentina y Perú, así como países con tasas bajas y relativamente estables, como Colombia. En muchos países se observan años durante los cuales los salarios reales decrecieron con la inflación en respuesta a programas de estabilización. Pero el efecto de la caída de los salarios reales durante períodos de inflación creciente se impone totalmente a las otras influencias. Según la ecuación (3), los salarios reales caen en un 14 por ciento cuando la inflación se duplica. Los Gráficos 4.4 a 4.8 muestran episodios de inflación creciente y salarios reales en baja en Argentina, Costa Rica, México, Perú y Uruguay.

El cuidadoso estudio de la pobreza en Argentina realizado por Morley y Alvarez (1992) confirma la importancia de la declinación de los salarios reales como factor determinante del crecimiento de la pobreza en ese país. El porcentaje de población indigente en el Gran Buenos Aires aumentó del 6 por ciento en 1980 al 11 por ciento en 1986, y al 22 por ciento en 1989. El desglose sectorial y ocupacional de los índices de pobreza agregada efectuado por Morley y Alvarez muestra el aumento de la proporción de capitación dentro de la industria y la ocupación de los trabajadores de la producción. Los autores infieren que durante la recesión de 1989 la pobreza aumentó porque los salarios reales de los trabajadores cayeron tanto en el sector formal como en el informal, y en parte también porque las pensiones y las transferencias fueron indizadas inadecuadamente en función de la inflación. No encuentran que el desempleo per se constituya una importante fuente adicional de pobreza en la Argentina durante el decenio de 1980.

Los costos de la inflación para los trabajadores también incluyen fluctuaciones de su ingreso real. Para los individuos limitados por la liquidez, la considerable oscilación de sus ingresos reales significa que no pueden igualar el consumo o que su ingreso real disponible se verá erosionado si tratan de mantener efectivo de un mes a otro.

El impacto de la estabilización y la necesidad de programas contra la pobreza

Así como el populismo representa el falso sueño de que la producción per cápita puede superar el crecimiento de la productividad, el interrogante de si los pobres sufren ante los programas de ajuste plantea un engañoso dilema. Resulta evidente que los programas de ajuste, que establecen devaluaciones y una reducción del gasto público, disminuyen el ingreso real y aumentan el desempleo en el corto plazo. Pero el ajuste es inevitable en la mayoría de los casos y la declinación del bienestar que se observa durante los programas de ajuste se origina en gran medida en las condiciones que existían antes de esos programas: declinación de los términos de intercambio, reducción del financiamiento externo, aumento del costo del servicio de la deuda, y déficit insostenible.[19] No obstante, es preciso preguntarse si algunos programas son menos onerosos que otros en lo que se refiere a la pobreza.

La respuesta a este interrogante puede encontrarse en la consideración de los costos involucrados en los programas de estabilización que han tenido éxito y que no apelaron a políticas de ingreso en comparación con los que hicieron uso de ellas. La misma puede diferir en el caso de una estabilización moderada o una de alta inflación.

Dornbusch y Fischer (1991) sugieren que el "señoreaje" desempeña en el mejor de los casos un papel modesto en la persistencia de inflaciones moderadas que se explican principalmente por la inercia. Esa inflación solo puede reducirse a un costo sustancial a corto plazo para el crecimiento. Los autores examinan cuatro casos y concluyen que "desafortunadamente existe poco aliento en estos casos para la idea de que un compromiso con el tipo de cambio, o política de ingresos, permite a un país pasar de una inflación moderada a una inflación baja con un costo bajo".

¿Qué conclusión puede sacarse al comparar cuatro casos de estabilización en procesos altamente inflacionarios? Chile en 1974-1976 y Bolivia en 1985-1986 son ejemplos de países que lograron reducir la inflación sin utilizar políticas de ingresos como instrumento central de su política. Brasil en 1964-1965 y México en 1988-1989 son ejemplos de países en los que la política de ingresos se aplicó con éxito para frenar la inflación.

---

[19] Sobre el costo de la estabilización y el ajuste con respecto al bienestar véanse, por ejemplo, Helleiner (1989), Fondo Monetario Internacional (1986), Banco Mundial (1991) y *World Development* (1991). Faini *et al.* (1991) ofrecen un análisis estadístico de los programas de ajuste en el crecimiento.

El desempleo y la pobreza aumentaron en forma considerable en Bolivia y en Chile durante los años de estabilización, pero ambos programas coincidieron con una enorme reducción de los términos de intercambio de ambos países, lo cual explica en parte la severidad de las recesiones y el aumento de la pobreza que ambos sufrieron. Según la CEPAL (1991), el porcentaje de hogares indigentes en Chile ascendía a un total de 6 por ciento en 1970 (3 por ciento urbano y 11 por ciento rural), mientras que en 1987 llegaba al 13,5 por ciento (13 por ciento urbano y 15,7 rural).[20]

En Brasil (1965) y en México (1988), aun cuando la recesión que acompaña el proceso de estabilización de la inflación fue menos pronunciada que en Chile (1974-1975) y Bolivia (1985-1986), no existen pruebas de que la política de ingresos haya ayudado a los pobres. En Brasil, la concentración del ingreso en el decenio de 1960 en gran medida fue resultado de políticas que restringieron los salarios nominales durante el programa de estabilización. En México, el llamado pacto social se aplicó solo después de cinco años de recesión y de una notable declinación de los salarios reales. El gobierno mexicano todavía no ha dado a conocer el estudio de ingresos y gastos por hogar para 1989, pero existen razones para sospechar que en 1989 los pobres no estaban en mejor situación que en 1984 (Cuadro 4.3).

En Brasil (con una política de ingresos) y en Chile (sin una política de ingresos), la estabilización se impuso a los trabajadores por dictaduras militares. En Bolivia (sin una política de ingresos) y en México (con una política de ingresos) el gobierno electo tenía control sobre los sindicatos. En las dictaduras o en las democracias, con o sin políticas de ingresos, el compromiso social es esencial para equilibrar los presupuestos y frenar la inflación. Las demandas de aumentos salariales tienen que ser contenidas, los empresarios deben aceptar menores utilidades y los contribuyentes deben asumir obligaciones adicionales. Solo entonces los bancos centrales estarán en condiciones de monetizar los déficit presupuestarios. Más aún, hasta las dictaduras, si pretenden tener éxito, deben poder desarrollar instituciones para llevar a cabo una acción concertada contra la inflación en sus programas. En los cuatro casos que se analizan, la estabilización fue impuesta por una élite tecnocrática que contó con el apoyo de importantes segmentos de la sociedad y que pudo desarrollar instituciones que dieron sustento a la deflación.

---

[20] La línea de pobreza utilizada es de aproximadamente 1.000 dólares de 1987 por año para un hogar de cuatro miembros y corresponde al costo de una canasta alimentaria calculada en 21,71 dólares mensuales per cápita en zonas urbanas y 16,73 dólares en zonas rurales.

Aun con programas muy bien concebidos, los pobres se ven especialmente afectados por los costos de la transición y cuentan con menos amplitud de maniobra para enfrentar los desplazamientos radicales de política que producen dislocaciones sectoriales de recursos y de empleo. Los cambios en los precios relativos, el desempleo y la reducción en el gasto social afectarán a los pobres. Existen políticas de ingresos que, en principio, contribuirían a la aplicación de un programa de estabilización más equitativo, pero el éxito de dichas políticas requiere que el gobierno sea aceptado como legítimo por los actores sociales que tienen relevancia y que los sindicatos, los industriales y los políticos tengan una estrategia razonablemente compatible.[21]

Las soluciones que parecerían estar bajo el control del gobierno (como el Plan Austral en Argentina o el Plan Cruzado en Brasil) pero que carecen de consistencia macroeconómica están condenadas al fracaso. No hay nada peor para la pobreza que programas fracasados de estabilización que conducen a una inflación creciente y a una mayor recesión. Durante el decenio de 1980, Argentina sufrió dos graves recesiones interrumpidas en 1986 por una recuperación corta y superficial. Para fines del decenio de 1980, la recesión y la inflación se aunaron para producir una fuerte estanflación. Argentina, con solo un 6 por ciento de su población en situación de indigencia, vio incrementarse ese número a un 20 por ciento debido a su errática macroeconomía. En Brasil, la misma combinación desastrosa de inflación e intentos fracasados por conseguir la estabilización condujo a un aumento de la pobreza (Cuadro 4.1).

Después de señalar que la inflación, la estabilización y el ajuste son onerosos, debo aceptar que la única alternativa congruente que le queda a los gobiernos es el mantenimiento de políticas macroeconómicas conservadoras.[22] Sobre esta base, se destaca el ejemplo de Colombia.

El ecléctico sistema colombiano utilizó los controles de cambio, pero se abstuvo de aplicar el proteccionismo extremo al que apelaron otros países latinoamericanos; su ajuste gradual del tipo de cambio mantuvo la paridad a niveles razonables y el gobierno eludió así una situación financiera inflacionaria. Al estimular la construcción de viviendas y acudir a otras exportaciones que no fueran

---

[21] Véase Smith (1989).

[22] Será necesario aplicar programas especiales para los pobres cuando deban ponerse en marcha la estabilización y el ajuste. En su estudio detallado de la pobreza en Perú, Glewwe y de Tray (1991) recomiendan la intervención destinada a reducir la vulnerabilidad de los pobres ante al ajuste.

las de café, Colombia experimentó un crecimiento sostenido y eludió las crisis espectaculares que se produjeron en otros lugares de América Latina. Los datos desde comienzos de siglo hasta 1988 muestran, para Colombia, una curva tipo Kuznets en forma de U, con un agudo deterioro en la igualdad de ingresos hasta el decenio de 1960 y un mejoramiento a partir de entonces.[23] Los factores dominantes que incidieron en ese proceso fueron un desplazamiento de la fuerza laboral de la agricultura a la industria, un mayor acceso a la educación formal y cambios demográficos. El papel desempeñado por la educación en la determinación de la distribución del ingreso fue tal vez más importante que la política macroeconómica. Los datos del decenio de 1970 indican que los salarios de los trabajadores agrícolas aumentaron más rápidamente que el ingreso nacional promedio, en tanto que los salarios de los trabajadores urbanos de menores ingresos aumentaron más rápidamente que los salarios de los obreros urbanos de ingresos superiores y los sueldos de los empleados. Al mismo tiempo, el sistema tributario fue ligeramente progresista en el decenio de 1960, y lo fue más aún tras las reformas de 1974-1975. El ingreso del primer segmento, deducidos los impuestos y las transferencias del gobierno, se duplicó en tanto que la participación del segmento superior en el ingreso se vio reducida. Un reciente estudio realizado por los ministerios de Planeamiento y de Agricultura de Colombia muestra que la incidencia de la pobreza entre las familias rurales cayó de un 52 a un 32 por ciento en el lapso 1978-1988.

Tanto en el decenio de 1970 como en el de 1980, la educación, la salud y los servicios públicos como el agua, la electricidad y los programas de bienestar elevaron los niveles de vida de las familias de bajos ingresos. Durante el período comprendido entre 1973 y 1985, el número de hogares rurales con acceso a la electricidad se elevó de un 15 a un 41 por ciento, y el analfabetismo rural cayó de un 29 a un 23 por ciento. Aun cuando la distribución del ingreso rural continuó siendo abrumadoramente desigual a partir de 1988, la brecha de la productividad entre los pequeños agricultores y los grandes productores se había reducido enormemente como resultado de los esfuerzos del gobierno por canalizar recursos a la modernización del sector campesino.

Liuksila (1991) calcula que el impacto negativo inicial del programa de ajuste de 1985 se vio en gran parte neutralizado por las medidas adoptadas con respecto al salario mínimo y por la exención que se aplicó a los alimentos en el sobretributo del 8 por ciento a la importación. Para 1986, y bajo la influencia del auge cafetalero, los

---

[23] Véanse Londoño (1989), Moreno (1989) y Urrutia (1985).

salarios reales se habían recuperado, y lo mismo había ocurrido con el empleo.

No obstante, el grave problema de la pobreza ha persistido durante este período de crecimiento económico sostenido y de cambio social. La distribución del ingreso demuestra que el 20 por ciento de los hogares en el nivel superior recibe ingresos que son de seis a siete veces mayores que el monto que corresponde al 20 por ciento de los hogares que están en el nivel más bajo. Más aún, los avances de los indicadores sociales ocultan las agudas diferencias en salud y educación que existen entre ricos y pobres. Los avatares de los campesinos sin tierra siguen sin cambiar, aun cuando esas dificultades no se hacen tan evidentes debido a que quedan eclipsadas por la situación de los pobres, cuyo número crece en los barrios de escasos recursos. En consecuencia, el progreso ha sido lento.

¿Cuán difícil es poner fin a la pobreza?

¿Qué se precisa para extraer al grupo más pobre de Macondo (Cuadro 4.2) y llevarlo por encima de la línea de pobreza de 370 dólares al año? La redistribución requeriría un impuesto adicional del 5,2 por ciento sobre los otros cuatro grupos si suponemos que dos tercios del impuesto sobre los ingresos se pierden en el proceso de la redistribución. Un aumento tributario de tal magnitud no es realista.

Por otra parte, el crecimiento neutral requeriría de un crecimiento per cápita del 6,3 por ciento anual durante 10 años para sacar al grupo más pobre de la línea de pobreza. Aun ese crecimiento es optimista, porque da por sentado que todos los pobres perciben por lo menos 200 dólares al año.

La desigualdad entre los individuos en el sector más pobre hace que la declinación en la capitación sea más rápida durante el crecimiento neutral. ¿Qué muestra el ejemplo? En primer lugar, el éxito a corto plazo, medido por el índice de capitación, puede resultar engañoso ya que cuanto mayor desigualdad haya entre los pobres, más visibles serán los resultados a corto plazo cuando se les mide a través de la capitación. Para comprender mejor lo que está ocurriendo con la pobreza, debería compararse la tendencia que muestran los otros índices de pobreza. Si todos ellos mejoran, entonces puede determinarse con seguridad que la pobreza está disminuyendo.

En segundo lugar, los muy pobres se benefician del crecimiento neutral porque comienzan desde una base muy pequeña. Necesitan programas contra la pobreza. El aumento impositivo podría resultar indispensable para financiar esos programas, a menos que los gobiernos puedan depender de ingresos provenientes de la privatización.

Los programas contra la pobreza

Dado el alcance de la pobreza en América Latina, cualquier programa requerirá combinar políticas que permitan a los pobres aumentar el consumo actual, con inversiones destinadas a generar un crecimiento futuro de los ingresos. Estas políticas deben considerar las relaciones que existen entre el ingreso, la salud y la educación, y asignar importancia especial a la educación de la mujer, dada la evidencia de que la educación femenina tiene un efecto fuertemente positivo en la reducción de las tasas de fecundidad y de mortalidad infantil.[24]

Una primera medida al encararse programas contra la pobreza es realizar un estudio de ingresos y gastos en el hogar. Estos estudios ya existen en muchos países latinoamericanos, y la unidad de Estudios y Mediciones de Niveles de Vida del Banco Mundial los ha realizado en computadoras personales. Grootaert y Marchant (1991) proporcionan las pautas para identificar grupos de estudio y supervisión de políticas. En segundo lugar, deben considerarse programas que hayan tenido amplio éxito y determinar su relevancia para otros países y situaciones.[25]

Sen y Dreze (1990) estudian 10 países que han logrado las mayores reducciones de las tasas de mortalidad de niños menores de cinco años entre mediados del decenio de 1960 y mediados del de 1980. Hong Kong, Singapur y Corea del Sur han aplicado estrategias orientadas al crecimiento y han logrado reducir el hambre crónica y la mortalidad infantil a través de un gasto bien dirigido del gobierno. Chile, Costa Rica, China, Jamaica y Cuba han aplicado una estrategia basada en el apoyo gubernamental. Esas economías no crecieron rápidamente, pero sus gobiernos destinaron una gran proporción de sus recursos al mejoramiento de la salud y la educación de los

---

[24] Véase Herz et al. (1991).

[25] Véase Pfeffermann (1991). El Banco Mundial (1992) da abundantes ejemplos. En Colombia, los Hogares de Bienestar Infantil proporcionan un original y promisorio programa entre las iniciativas de necesidades básicas del gobierno que combinan los objetivos de la alimentación suplementaria de los niños en barrios pobres con su cuidado diario y comunitario, organizado por madres voluntarias (Banco Mundial, 1990a). Existen buenas razones para promover esos centros. La principal es la relación que se plantea entre la participación en la provisión de alimentos, el cuidado de la salud, la medicina preventiva y la educación básica. Más aún, la promoción de la distribución de beneficios a los extremadamente pobres ayuda a resolver problemas de información, minimiza la posibilidad de que se llegue a sectores no incluidos, y permite llevar a cabo una acción sostenida.

más necesitados. En el frente de la pobreza, esos países obtuvieron mejores resultados que naciones como Brasil, que registró un crecimiento mucho más rápido. Sen y Dreze concluyen que "solamente la existencia de una compensación recíproca entre apoyo gubernamental y crecimiento económico debilitaría la opción de una participación extensa del Estado en una etapa inicial del desarrollo".

En América Latina, ¿cuáles son las iniciativas de política que se conoce que hayan logrado una distinción eficiente y un suministro adecuado de los servicios sociales? ¿Existen programas de emergencia exitosos después de la estabilización? Los programas aplicados en Bolivia, México y Chile han sido objeto de debates recientes.

Bolivia. En Bolivia, la crisis económica del decenio de 1980 agravó el problema muy enraizado de la pobreza e impulsó al gobierno a poner en marcha el Fondo Social de Emergencia (FSE) con el objeto de neutralizar los efectos adversos del programa de estabilización y ajuste de 1985. El FSE tenía por finalidad proporcionar oportunidades de empleo temporal y reforzar los servicios sociales básicos. El personal del FSE aprobó o rechazó fondos solicitados para proyectos de trabajo intensivo y en pequeña escala que surgieron de gobiernos locales o de organizaciones no gubernamentales (ONG). El FSE finalizó sus operaciones en marzo de 1991 habiendo completado 3.269 proyectos (191 millones de dólares).

Newman *et al.* (1991) estiman que el trabajador promedio del FSE recibió un aumento del 32 por ciento en sus ingresos semanales por encima de lo que habría ganado si no se hubiera aplicado el FSE. El programa de emergencia orientado a la demanda (el organismo no propuso ningún proyecto) contribuyó a disminuir los rigores del desempleo durante el período de ajuste. Este programa también logró un notable éxito en el establecimiento de relaciones con ONG. No obstante, el alivio de la pobreza en Bolivia todavía requiere un mayor esfuerzo y dirección. Con este fin, el gobierno inició el Fondo de Inversión Social en 1991.

México. Como reacción a la crisis de 1982, en México se aplicaron profundas reformas y una política restrictiva de la demanda. Entre 1982 y 1988, hubo decrecimiento acumulado per cápita y el salario mínimo real se redujo a la mitad. Durante la mayor parte del decenio de 1980, el gasto social estuvo condicionado a los graves problemas económicos de México y a lo largo del período de ajuste se produjo un sustancial deterioro de la situación social. El gasto real per cápita en los sectores sociales se redujo en alrededor de un 7 por ciento al año y la inversión pública en el desarrollo rural y regional disminuyó entre un 80 y un 90 por ciento en los años ochenta.[26] En el corto plazo, la recesión de una década, junto con las reformas de libre mercado y las reducciones en el gasto social, han agravado la gran desigualdad que existe en la distribución del ingreso en México.

La respuesta del presidente Carlos Salinas de Gortari fue el Programa Nacional de Solidaridad (Pronasol) iniciado en diciembre de 1988. La iniciativa incluía programas de salud, educación, nutrición, vivienda, empleo e infraestructura. En la determinación de las prioridades se procuró una amplia participación de los beneficiarios: el programa aumentó en forma notable el interés efectivo que los campesinos y los pobladores tenían en los proyectos. Solidaridad pagaba los materiales, pero las familias que compartían una escuela o una calle supervisaban el proyecto así como su presupuesto, y ellas mismas trabajaban en el proyecto con asesoramiento técnico. El programa permitió construir casi 1.200 centros de salud en 1989-1991, pavimentar caminos, tender redes de alcantarillado, remodelar escuelas, instalar sistemas de agua potable, y distribuir crédito rural. Su impacto político ayudó al partido gobernante a ganar las elecciones parciales de agosto de 1991.

Las ideas contenidas en el programa Solidaridad coincidieron con la descentralización de los servicios sociales patrocinada por expertos en ayuda exterior. El Banco Mundial entregará 350 millones de dólares para un programa de fomento regional bajo los auspicios de Solidaridad. El programa estará dirigido a los productores pobres e indígenas de los estados de Chiapas, Guerrero, Hidalgo y Oaxaca, y tendrá tres componentes: inversiones, desarrollo institucional y protección ambiental y de sitios arqueológicos. Los programas de inversión regional se complementan con proyectos recientemente aprobados en materia de salud básica, educación primaria y nutrición. La emigración desde las zonas más pobres a los polos de desarrollo continúa pero, a menos que aquéllos que parten hayan adquirido algún capital humano, pasarán a formar parte del número de trabajadores no capacitados que abundan en los barrios pobres de las grandes ciudades. Es por esta razón que el gobierno se propone proporcionar asistencia especial a los estados subdesarrollados.

La situación social imperante en México se ve eclipsada por una década de enorme declinación. El programa Solidaridad, ya financiado en forma sustancial, no ha logrado borrar las cicatrices que dejó la recesión del decenio de 1980 pero está dejando su marca, aun cuando todavía es demasiado pronto para evaluar su impacto sobre la pobreza.

---

[26] Véase en Lustig (1991a), una evaluación del impacto social del ajuste.

Chile. Las recientes políticas sociales aplicadas en Chile y su impacto sobre la pobreza son controversiales. No sorprende que la oposición democrática al régimen militar haya denunciado que hubo un grave olvido en el frente social, agravando lo que ya era una economía de comportamiento muy deficiente hasta 1984. En 1987, el porcentaje de los hogares chilenos en la indigencia se había duplicado con creces, pasando del 6 por ciento de 1970 a un 13,5 por ciento en 1987. La desigualdad en la distribución del ingreso también se incrementó extraordinariamente y el índice Gini era de 0,63 en 1989. Los protagonistas del régimen militar, en contraste, mostraron evidencias de un mejoramiento en los niveles de vida según los indicadores sociales. La reducción de la mortalidad infantil es extraordinaria —entre 1940 y 1990 bajó casi constantemente desde 193 a 18 por mil nacidos vivos— en comparación con otros países de América Latina, aun cuando ese logro representa la continuación de una tendencia a largo plazo (Cuadro 4.8).

Cuadro 4.8. Indicadores sociales en Chile, 1955-1990

	Mortalidad infantil (por cada mil nacidos vivos)	Esperanza de vida (al nacer, en años)
1955-1960	115	
1960-1965	106	58
1965-1970	88	61
1970-1975	67	64
1975-1980	44	67
1980-1985	24	71
1985-1990	19	71

Fuente: Ministerio de Planificación y Cooperación de Chile (1991).

Cuadro 4.9. Gasto social en Chile, 1955-1990 *(Porcentajes)*

	Gasto social/PIB	Gasto social/gasto total del gobierno
1955	6,0	31,7
1960	8,6	39,6
1965	10,0	45,2
1970	10,5	42,5
1975	10,3	36,0
1980	10,3	37,1
1985	15,1	57,0
1990	10,7	65,2

Fuente: Ministerio de Planificación y Cooperación de Chile (1991).

El debate sigue abierto. Los interrogantes se relacionan con dos problemas. Uno de ellos es la interpretación de una gama de indicadores sociales (Cuadro 4.9), y el otro es cómo entender los cambios en los indicadores. ¿Fueron impulsados por hechos macroeconómicos o por políticas sociales?

En 1974 y 1989, las políticas sociales tuvieron como objetivo a los pobres, eludiéndose las repercusiones sobre la clase media. Más aún, se dio al sector privado un mayor papel en la tarea de proporcionar servicios sociales y se hizo un esfuerzo por utilizar los mecanismos de mercado en la distribución de los servicios.

Castañeda (1990), un enérgico partidario de estas reformas, proporciona una cuidadosa explicación de las medidas de descentralización adoptadas en materia de educación, salud y vivienda.

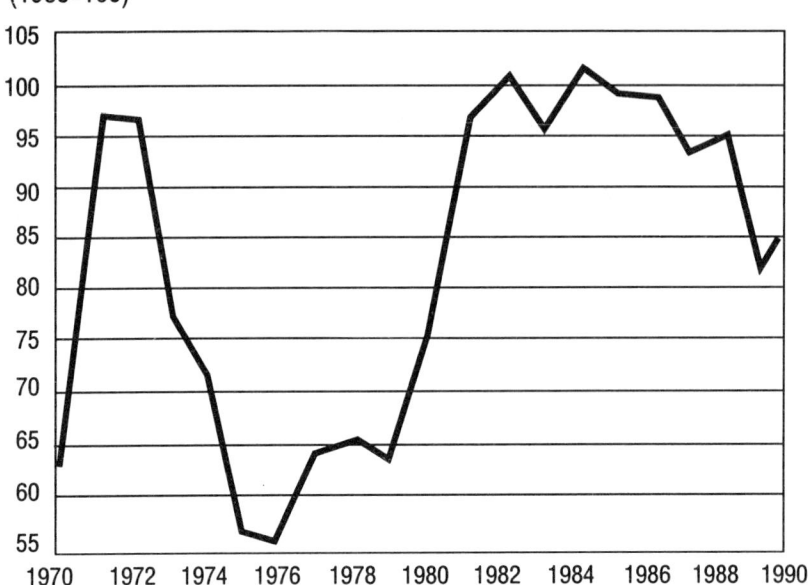

Gráfico 4.9. Gasto social real per cápita en Chile, 1970-1990
(1985=100)

Fuente: Ministerio de Planificación y Cooperación de Chile (1991a).

Chile también privatizó su fondo nacional de pensiones en 1981. En el sistema anterior, los trabajadores, las empresas y el Estado pagaban a un fondo común administrado por el Estado. Los beneficios guardaban escasa relación con las contribuciones, las cuales no mostraban una acumulación en valor. En el nuevo sistema, existen empresas privadas que recaudan los pagos, administran los fondos y supervisan la distribución. Las pensiones han experimentado un considerable aumento. Al mismo tiempo, los pagos a los incapacitados, a las viudas y a los huérfanos son de más del doble de su nivel anterior. Castañeda cree que los resultados generales de las reformas fueron altamente positivos. Para respaldar su opinión, utiliza indicadores sociales amplios (como la declinación en la tasa de mortalidad infantil).

La Corporación de Investigaciones Económicas para América Latina (1991) y el Ministerio de Planificación y Cooperación de Chile (1991a) expresan una opinión contraria. Observan que se interrumpieron los gastos del gobierno. Aun cuando la cuota del gasto social en el gasto total aumentó en forma significativa, la cuota del gasto social en relación con el PIB se mantuvo casi constante (Cuadro 4.9). El aumento de esta cuota a mediados del decenio de 1980 se debe a lo siguiente: con la reforma del fondo de pensiones, el gobierno quedó a cargo de los jubilados del anterior sistema. Los pagos a los jubilados provocaron una cuadruplicación del gasto por este concepto, que fue incluida en el gasto social total. Ello explica gran parte del aumento en el gasto real social per cápita durante el decenio de 1980, tras los severos recortes de 1974-1979 (Gráfico 4.9).

Meller (1991) argumenta que las medidas de ajuste del decenio de 1980 fueron regresivas, aun cuando el gobierno logró dirigir el gasto social hacia los muy pobres. Las autoridades proporcionaron generosos subsidios a los deudores en dólares, al tiempo que reducían los subsidios a los desempleados.

Sin duda la pobreza aumentó en Chile durante el régimen militar debido a la profunda recesión de 1974 y de 1983. Hasta el último estudio de hogares de 1987, la recuperación no había sido suficiente para mejorar la situación de los grupos de bajos ingresos. El gasto social estuvo mejor dirigido, y en este sentido se tornó más eficiente. Pero los programas sociales siguieron siendo demasiado modestos como para contrarrestar los efectos del desempleo, que se mantuvo elevado hasta 1988. Al asumir el poder en 1990, el nuevo gobierno democrático incrementó el esfuerzo social en forma significativa. La nueva administración respalda el punto de vista de que las buenas políticas macroeconómicas complementadas por el colchón de programas sociales bien diseñados constituyen elementos esenciales para el alivio de la pobreza.

REFERENCIAS

Banco Mundial. 1992. *Poverty Handbook.* Washington, D.C.: Banco Mundial.

_____. 1990a. *Colombia: Social Programs for the Alleviation of Poverty.* Estudio de Países. Washington, D.C.: Banco Mundial.

_____. 1990b. *Informe sobre el desarrollo mundial.* Washington, D.C.: Banco Mundial.

Castañeda, T. 1990. *Para combatir la pobreza: política social y descentralización en Chile durante los 80.* Santiago de Chile: Centro de Estudios Políticos.

Corporación de Investigaciones Económicas para América Latina (Cieplan). 1991. Estado, política social y equilibrio macroeconómico. *Colección Estudios Cieplan.* No. 31.

Costa Romão, M. 1991. Distribuição de Renda, Pobreza e Desigualdades Regionais no Brasil. En: J. Camargo y F. Giambiagi, eds. *Distribuição de Renda no Brasil.* Rio de Janeiro: Paz e Terra, p. 115.

Cox Edwards, A. 1991. "Wage Trends in Latin America". *Latin American and the Caribbean Human Resource Division (LATHR)* No. 18. Washington, D.C.: Banco Mundial.

Dornbusch, R. y Fischer, S. 1991. "Moderate Inflation". Cambridge, Massachusetts: Massachusetts Institute of Technology. Documento mimeografiado.

Easterly, W. y Schimidt-Hebel, K. 1991. "The Macroeconomics of Public Sector Deficits". Documento de trabajo 775. Washington, D.C.: Banco Mundial.

Fox, M. y Morley, S. 1991. "Who Paid the Bill? Adjustment and Poverty in Brazil, 1980-85". Policy Research Working Papers (PRE) No. 648. Washington, D.C.: Banco Mundial.

Glewwe, P. y de Tray, D. 1991. The Poor in Latin America During Adjustment: A Case Study for Peru. *Economic Development and Cultural Change.* 40 (1): 27-54.

Grootaert, C. y Marchant, T. 1991. "The Social Dimensions of Adjustment Priority Survey". Documento de trabajo No. 12. Washington, D.C.: Banco Mundial.

Hoffmann, H. 1989. Poverty and Prosperity in Brazil. En: E. Bacha y H. Klein, eds. *Social Change in Brazil, 1945-1985.* Albuquerque: University of New Mexico Press.

Levy, S. 1991. "Poverty Alleviation in Mexico". Working Paper Series 679. Washington, D.C.: Banco Mundial.

Liuksila, C. 1991. "Colombia: Economic Adjustment and the Poor". Washington, D.C.: Fondo Monetario Internacional. Documento mimeografiado.

Meller, P. 1991. Adjustment and Social Costs in Chile During the 1980s. *World Development*, 19 (11): 1.545-1.562.

Ministerio de Planificación y Cooperación de Chile (Mideplan). 1991. *Evolución de las políticas sociales en Chile, 1920-1991*. Santiago de Chile: Mideplan.

Morley, S. y Alvarez, C. 1992. "Recession and the Growth of Poverty in Argentina". Documento de Trabajo 125. Washington, D.C.: Banco Interamericano de Desarrollo.

Newman, J. *et al.* 1991. "Workers' Benefits from Bolivia's Emergency Social Fund". Documento de trabajo No. 77. Washington, D.C.: Banco Mundial.

Ravallion, M. y Datt, G. 1991. "Growth and Redistribution Components of Changes in Poverty Measures". Living Standars Measurement Studies. Documento de trabajo No. 83. Washington, D.C.: Banco Mundial.

Rocha, S. 1990. Pobreza: Renda e Indicadores Sociais como Critérios Complementares. *Planejamento e Políticas Públicas*. 4: 67-82.

Sen, A. y Dreze, J. 1990. *Hunger and Public Action*. Londres: Clarendon Press.

BIBLIOGRAFIA

Atkinson, A. 1991. Comparing Poverty Rates Internationally: Lessons from Recent Studies in Developed Countries. *The World Bank Economic Review*. 5 (1): 3-22.

_____. 1989. *Poverty and Social Security*. Hemel Hempstead, Reino Unido: Havester.

_____. 1987. On the Measurement of Poverty. *Econometrica*, 55 (4): 749-764.

Banco Mundial. 1991. *The World Bank Economic Review*. A Symposium Issue on the Analysis of Poverty and Adjustment. 5 (2).

Cabezas, M. 1988. *Revisión estadística del gasto social en Chile: 1970-1986*. Notas Técnicas 114. Santiago de Chile: Corporación de Investigaciones Económicas para América Latina (Cieplan).

Camargo, J. y Giambiagi, F., eds. 1991. *Distribuição de Renda no Brasil*. Rio de Janeiro: Paz e Terra.

Cardoso, E. y Helwege, A. 1992. Below the Line: Poverty in Latin America. *World Development*. 20 (1).

Comisión Económica para América Latina y el Caribe. 1991. Una estimación de la magnitud de la pobreza en Chile. *Colección Estudios Cieplan (Corporación de Investigaciones Económicas para América Latina)*. No. 31: pp. 107-129.

Coplamar (Coordinación General del Plan Nacional de Zonas Deprimidas y Grupos Marginados). 1983. *Macroeconomía de las necesidades esenciales en México: situación actual y perspectivas al año 2000*. Ciudad de México: Siglo XXI.

Dornbusch, R. y Edwards, S. 1991. *Economic Populism in Latin America*. Chicago: University of Chicago Press.

Faini, R. et al. 1991. Growth-Oriented Adjustment Programs: A Statistical Analysis. *World Development*. 19 (8): 957-967.

Ferroni, M. y Kanbur, R. 1991. "Poverty-Conscious Restructuring of Public Expenditure". Documento de trabajo No. 9. Washington, D.C.: Banco Mundial.

Fondo Monetario Internacional (FMI). 1986. Fund-Supported Programs, Fiscal Policy, and Income Distribution. *Occasional Paper 46*. Washington, D.C.: FMI.

Foster, J., Greer, J. y Thorbecke, E. 1984. A Class of Decomposable Poverty Measures. *Econometrica*. 52 (3).

Helleiner, G. K. 1989. Stabilization, Adjustment, and the Poor. En: R. Bird y S. Horton, eds. *Government Policy and the Poor in Developing Countries.* Toronto: University of Toronto Press.

Herz, B. *et al.* 1991. "Letting Girls Learn: Promising Approaches in Primary and Secondary Education". World Bank Discussion Paper No. 133. Washington, D.C.: Banco Mundial.

Londoño, J. L. 1989. "Income Distribution in Colombia: Turning Points, Catching Up, and Other Kuznetsian Ideas". Cambridge, Massachusetts: Harvard University. Disertación doctoral inédita.

Lustig, N. 1991a. "Poverty Indices and Poverty Orderings: An Application to Mexico". *Brookings Discussion Papers in International Economics, No.85.* Washington, D.C.: The Brookings Institution.

_____. 1991b. "Mexico: The Social Impact of Adjustment: 1983-1989". Washington, D.C.: The Brookings Institution. Documento mimeografiado.

Ministerio de Planificación y Cooperación de Chile (Mideplan). 1991. *Un proceso de integración al desarrollo.* Santiago de Chile: Mideplan.

Moreno, A. 1989. La distribución del ingreso laboral urbano en Colombia. *Desarrollo y Sociedad No. 24.*

Pfeffermann, G. 1991. Poverty Alleviation. En: G. Meier, ed. *Politics and Policy Making in Developing Countries.* San Francisco: International Center for Economic Growth.

Rodríguez-Grossi, J. 1991. Eficiencia económica y equidad. (4) Santiago de Chile.

Sen, A. 1976. Poverty: An Ordinal Approach to Measurement. *Econometrica.* 44 (2).

Smith, W. 1989. Heterodox Shocks and the Political Economy of Democratic Transition in Argentina and Brazil. En: W. Canak, ed. *Lest Promises: Debt, Austerity, and Development in Latin America.* Boulder, Colorado: Westview Press.

Urrutia, M. 1985. *Winners and Losers in Colombia's Economic Growth of the 1970s.* Nueva York: Oxford University Press.

World Development. 1991. Special Issue on Adjustment with Growth and Equity, 19 (11).

Comentarios de Felipe Larraín

Quisiera comenzar diciendo que realmente disfruté leyendo este capítulo. Felicito a Eliana Cardoso por un trabajo muy interesante, informativo y bien documentado, y creo que ella ha señalado las importantes consecuencias que tiene el diseño de políticas.

El artículo analiza cuidadosamente los efectos que la inflación y los programas de estabilización tienen sobre la pobreza, y concluye diciendo que ambos aumentan la pobreza. Una de las conclusiones más importantes es que "la única opción que existe para evitar la inflación y los programas de estabilización es seguir el camino de una política económica conservadora". No puedo menos que estar totalmente de acuerdo con esa conclusión. Desde hace mucho tiempo, los economistas hemos trabajado con funciones de pérdidas en las que procuramos minimizar las desviaciones de la producción respecto de la tendencia, y tratamos de minimizar la inflación. Estamos aprendiendo que ello no solo es una buena estrategia económica desde la perspectiva del crecimiento sostenido a largo plazo, sino también que constituye la política macroeconómica apropiada para combatir la pobreza. Uno de los principales males desenmascarados en en este capítulo son los experimentos populistas de América Latina, donde se adoptaron políticas supuestamente destinadas a ayudar a los pobres, pero al término de la experiencia populista los pobres estaban en peores condiciones que antes. Sin embargo, la verdad es que las políticas macroeconómicas conservadoras son necesarias, pero no suficientes. Para progresar en la lucha contra la pobreza, América Latina también necesita programas sociales extensos, eficientes y bien financiados.

La definición de la pobreza

Pasando de los comentarios generales a temas más específicos, me gustaría hacer un par de observaciones sobre la definición de la pobreza que utiliza Eliana Cardoso. Define la pobreza con un concepto amplio en el que se incluyen aquellas personas cuyo consumo o ingreso está por debajo de un determinado nivel. El concepto más ampliamente empleado es el de la extrema pobreza. Quisiera señalar que existen diferencias significativas dentro del grupo de los pobres.

Dentro de este grupo, encontramos el subgrupo de los indigentes, que son aquellas personas que aun destinando la totalidad de sus ingresos a la alimentación, no logran cubrir sus necesidades básicas de nutrición. Esta es una posición mucho más difícil que la de la pobreza en general. Luego, hay otra categoría también mencionada en este capítulo: la de la pobreza crítica, que está compuesta por los que carecen de la capacidad necesaria para participar en los mercados formales de trabajo. Las investigaciones llevadas a cabo en Chile muestran que el grupo de la pobreza crítica representa entre el 8 y el 10 por ciento de la población del país, lo que constituye un porcentaje bastante elevado. La distinción entre los diferentes grupos que forman la pobreza es importante, porque los esfuerzos deben dirigirse hacia los más necesitados. Al contar con recursos muy escasos, hay que dirigir una mayor proporción de esos recursos hacia los indigentes que hacia el grupo de la pobreza básica.

Más aún, el grupo de la pobreza crítica prácticamente no se beneficia del crecimiento económico. Como no participa del crecimiento porque carece de habilidades para ingresar a los mercados laborales formales, su única esperanza son básicamente los servicios de auxilio social. Ello puede explicar por qué en algunos casos el efecto de filtración no funciona bien, esto es, por qué existe una cantidad importante de personas que están básicamente excluidas de los beneficios del crecimiento económico, salvo que sea por medio de los servicios de auxilio social.

Otro punto importante es la definición de la pobreza misma, donde debemos distinguir entre la medida de la pobreza basada en el ingreso y la basada en el consumo. En principio, ambos tipos pueden ser bastante diferentes. El consumo de los pobres incluye los bienes y servicios proporcionados por los programas de auxilio social, mientras que la medida basada en el ingreso no los incluye. Por esta razón, la medida basada en el ingreso parece ofrecer una mejor descripción de las características de la pobreza de una persona. Pero la medida del consumo es un mejor indicador de la situación real de los pobres. Por ejemplo, dos países que utilizan la medida de pobreza basada en el ingreso pueden tener el mismo nivel de pobreza, pero el que tiene un mejor sector de servicios sociales tendrá menos pobreza de acuerdo con la medida basada en el consumo.

Efectos de la inflación sobre la pobreza

Este capítulo también demuestra que los efectos perjudiciales que produce la inflación sobre los salarios son mucho más importantes para los pobres que los producidos a través del impuesto de inflación. Sin embargo, este resultado es muy sensible a la periodicidad de los pagos; cuando aumenta la inflación, la periodicidad de los pagos en muchos casos disminuye de un mes a una semana. Una inflación del 100 por ciento con pagos semanales implica un impuesto de solo 0,38 por ciento del ingreso. Sin embargo, con pagos mensuales, una inflación del 100 por ciento puede implicar un impuesto de hasta el 2,8 por ciento del ingreso. Lo esencial aquí es la demora con que las instituciones se ajustan a la inflación. En algunos países el ajuste es muy rápido, como es el caso de Brasil. Este es un tema que merece estudios comparativos adicionales. En los casos en que el ajuste demora más, el impuesto que significa la inflación será bastante significativo durante el período de transición a un nuevo marco institucional de pagos más frecuentes, quizá semanales. Pero aún teniendo costos de transición mucho más elevados, ello no pone en duda la conclusión de Cardoso, de que la inflación tiene un efecto mucho mayor sobre los pobres a través de salarios reales más bajos, que a través del impuesto de inflación.

Los programas de ajuste y la pobreza

La autora aborda el problema extremadamente bien, al expresar que si los pobres sufren como resultado de los programas de ajuste, se plantea un dilema engañoso porque en la mayoría de los casos el ajuste es inevitable. Debo agregar que, en muchos casos, el ajuste puede ser deseable, por lo menos desde una perspectiva de largo plazo.

Entonces, la pregunta pertinente es cómo diseñar un programa de ajuste que provoque el menor daño posible a los pobres. Creo que este capítulo mejoraría si se distinguiera más claramente entre los programas de estabilización y los de ajuste estructural. En algunos de los casos mencionados, la mayoría de los argumentos son válidos para los programas de estabilización. En los procesos de ajuste estructural, los problemas son frecuentemente más complicados. Por ejemplo, en los casos de Bolivia y Chile hay una mezcla de ajuste estructural y estabilización. Podría pensarse en varias razones por las que los efectos de los programas de estabilización sobre la pobreza son distintos a los de los ajustes estructurales. Es preciso investigar más este punto, que es digno de ser explorado.

En cuanto a los programas de estabilización, Cardoso señala que a pesar del interés suscitado por las políticas de ingreso durante los años ochenta, dichas políticas no beneficiaron a los pobres. Ello es muy importante, porque algunas personas presentaban las cosas de tal manera que parecía que algunos programas realmente favorecían a los pobres y otros no. En definitiva, las políticas de ingreso no hicieron mucho por los pobres.

Con respecto a la combinación correcta de políticas para lograr la estabilización y las medidas destinadas a reducir los efectos de los programas de estabilización sobre los pobres, la carga debería estar adecuadamente compartida por los distintos sectores de la población. En el capítulo se señala claramente que no todo el peso debe recaer en los salarios reales. De hecho, si se consideran los casos de los programas de estabilización basados principalmente en contracciones del salario real, seguramente se verá que el efecto sobre los pobres ha sido mayor. Por otro lado, en aquellos casos en que se ha distribuido el peso entre los contribuyentes y los trabajadores, puede esperarse que los pobres hayan sufrido menos. Este es un aspecto que no se ha analizado aquí y creo que vale la pena desarrollarlo.

Los sistemas impositivos en América Latina son vulnerables y su problema más grande es la falta de cumplimiento en los pagos. Además, muchas veces el Congreso tiene dificultades para aprobar leyes impositivas. Por ejemplo, en 1985-1986 el Congreso boliviano tardó cerca de un año en aprobar una reforma tributaria destinada a respaldar el esfuerzo de estabilización. Por otra parte, no se comienza a recaudar impuestos de inmediato: requiere tiempo poner en marcha las normas tributarias del caso para que el peso del ajuste sea compartido de manera más justa entre los distintos sectores.

Un factor clave para el éxito de los programas de ajuste es contar con una estructura adecuada de servicios sociales, de la cual muchos países de América Latina carecen. Aquí me gustaría hacer una rápida reflexión acerca de la situación de Venezuela. A pesar de los problemas ocurridos recientemente, mi apreciación de los hechos es que el ajuste era necesario y deseable desde una perspectiva de largo plazo. Sin embargo, creo que se subestimaron las necesidades sociales de la transición, o bien no existía la infraestructura necesaria para atenderlas. Por ello, no me parece que el caso de Venezuela sea el de un ajuste mal orientado. Lo considero básicamente un caso de inhabilidad o de falta de énfasis apropiado en cuanto a los aspectos sociales.

Los programas sociales y el caso de Chile

Existe un amplio consenso en el sentido de que el crecimiento económico resulta vital para resolver el problema de la pobreza, pero es claro que el crecimiento por sí mismo no es suficiente para lograr una solución oportuna. En la Universidad Católica de Chile hemos estimado —dada la estructura de servicios sociales que existía en la segunda mitad de los años ochenta y una tasa de crecimiento del 4 por ciento anual— que se necesitaría medio siglo para eliminar el 75 por ciento de la pobreza. O bien, se necesitarían 20 años, con un 7 por ciento de crecimiento, para reducir la pobreza en la misma proporción. Las cifras son muy elocuentes. El 4 por ciento no es quizá una tasa de crecimiento muy rápida pero, de hecho, es más alta que la tasa histórica de crecimiento de muchos países de la región, incluido Chile.

Por lo tanto, es preciso contar con buenos programas sociales para apoyar la lucha contra la pobreza. Existe aceptación casi universal respecto del principio de focalización para reducir las pérdidas por filtración en los programas sociales, pero el problema no está confinado a la focalización. Por ejemplo, existe un difícil caso de compensación entre los programas de consumo y los de inversión. Los programas de inversión aumentan la posibilidad de que los pobres salgan del círculo de la pobreza por sus propios medios al asignar mucho énfasis a la educación, la salud y la capacitación. El artículo menciona el caso de Colombia, donde al parecer un acceso más amplio a la educación formal revestía más importancia para los pobres que la política macroeconómica.

En Chile, las características de los grupos pobres es bastante reveladora. En el quintil más bajo, el 20 por ciento de la población con menores ingresos, el 92 por ciento de los jefes de familia tenían, cuando más, educación primaria, y ninguno tenía educación universitaria. De modo que los programas de inversión parecen ser preferibles a los de consumo por razones de eficiencia, porque dan una solución duradera al problema de la pobreza, y porque crean un círculo virtuoso, en el que existe una mayor inversión en capital humano, y por ende mejores oportunidades de crecimiento en el mediano plazo. Pero los más pobres entre los pobres necesitan los programas de consumo, porque su situación es crítica y también porque son incapaces de beneficiarse de los programas de inversión. Así, los programas para la pobreza deben mantener un equilibrio delicado entre el consumo y la inversión. Bolivia es un caso interesante, en que un programa muy exitoso, el Fondo de Emergencia Social, funcionó casi enteramente como programa de consumo y no de inversión.

Haré un comentario final sobre la situación de Chile. Ha existido una controversia acerca del resultado de las políticas sociales en el país. Los programas sociales del régimen militar tuvieron ciertos éxitos importantes que hoy son reconocidos en todo el espectro político. Ello se menciona en el artículo de Eliana Cardoso. Uno de los logros más importantes fue la mejor focalización. Dos programas sociales para personas de muy bajos ingresos fueron particularmente exitosos: el programa de distribución de leche y la prestación de servicios de salud a mujeres embarazadas. Estos programas fueron esenciales para la drástica disminución de las tasas de mortalidad infantil, que cayó de 88 por mil nacidos vivos en 1965-1970, a menos de 20 por mil nacidos vivos en 1985-1990.

Pero a pesar de estos éxitos, al final del régimen autoritario parecía claro que el esfuerzo social había sido insuficiente y que una cantidad sustancial de habitantes vivían por debajo del nivel de pobreza, al menos medida desde el punto de vista del ingreso. Algunos analistas serios estimaron que la proporción de pobres llegaba a cerca del 40 por ciento de la población chilena. El aumento en el esfuerzo social después del retorno de la democracia fue, desde mi punto de vista, una política necesaria. También fue una política responsable porque se financió con un incremento moderado de los impuestos, concretado a través de la reforma tributaria de 1990 que fue aprobada con una mayoría extremadamente alta en el Congreso.

Dos peligros potenciales en la solución de la pobreza

Para finalizar, quisiera señalar dos peligros potenciales para la solución de la pobreza que tienen validez generalizada y que van más allá del caso chileno. En primer lugar, un aumento en el gasto social puede ser necesario —como lo fue en el caso de Chile— pero no debería creerse que esta es la solución de la pobreza. Todavía existen muchas ineficiencias en el sector público y entre las instituciones a través de las cuales se canaliza el gasto público. Por ejemplo, en el sector de la salud en Chile queda mucho por hacer para mejorar la baja calidad de los servicios obtenidos por los pobres.

En segundo lugar, existe un problema de expectativas. Es muy difícil controlar el aumento de las expectativas de la gente que cree que un aumento en el esfuerzo social producirá soluciones en el corto plazo. La solución al problema de la pobreza es lenta aun aplicando las mejores políticas y ello genera frustraciones. La única manera de lograrlo es con políticas fiscales cuidadosas, que impongan severas limitaciones sobre la capacidad de financiar programas sociales significativos. Este es un problema que tienen que tolerar los gobiernos, porque el populismo solo empeora la pobreza.

Comentarios de Allan Drazen

Eliana Cardoso ha escrito un trabajo en extremo estimulante y colmado de interés, y en mi opinión plantea con bastante claridad cuáles son los problemas principales. En realidad, considero que si algún inconveniente tiene este capítulo es el de colocarnos en una situación similar a la de una persona que va a un restaurante muy bueno y puede probar apenas un bocado de los muchos platos apetitosos que se le ofrecen. Voy a referirme a lo que quedé con ganas de seguir saboreando y a ciertos temas que encontré sustanciosos. En algunos casos, puedo llegar a ser tan mal educado como para pedir la receta.

En términos de estabilización de la inflación, parece que hubiera dos preguntas fundamentales que formula Cardoso: cuáles son los efectos de la inflación sobre la distribución del ingreso, y cuáles son los efectos de los programas para reducir la inflación sobre la distribución del ingreso.

El efecto de la inflación sobre la distribución del ingreso

Cardoso expone dos importantes resultados en lo que respecta al efecto de la inflación misma sobre la distribución del ingreso. En primer lugar, el impuesto inflacionario definido en términos estrictos tiene un escaso impacto sobre el ingreso de los muy pobres. En segundo lugar, un efecto mucho más importante es la falta de ajuste de los salarios nominales ante la inflación, de forma tal que los salarios reales disminuyen con esta. Concuerdo enteramente con ambas conclusiones, pero me quedan algunas dudas. Antes que nada, ¿cuán importante es la inflación, como magnitud empírica, para afectar la distribución del ingreso debido al deterioro del valor de los activos no monetarios? Hay un importante debate acerca de sus efectos sobre los saldos en efectivo, y se mencionaron efectos de importancia sobre otros activos nominales, pero me agradaría que se insistiese sobre este aspecto.

Acerca del segundo efecto, hallo que la evidencia de la influencia de la inflación sobre los salarios reales es bastante tentadora, pero no es totalmente concluyente. Surgen dos interrogantes acerca de ello. Antes que nada, al considerar la regresión de los salarios reales sobre la inflación, podría preguntarse qué es lo que indica exactamente esta regresión. ¿Cómo debemos interpretar las conclusiones? Una posibilidad, que se mencionaba como explicación alternativa es que, al analizar datos anuales, los años que registraban un elevado promedio inflacionario pueden haber sido también los años en que se intentó aplicar planes de estabilización. De manera que no resulta claro si lo que estamos observando es el efecto de la inflación sobre los salarios reales o la influencia de otros factores sobre los salarios reales que pueden haber guardado una correlación con la inflación.

La pregunta básica que se desea responder aquí, al observar estos datos, es si la inflación reduce directamente los salarios reales, o si se trata de algún otro fenómeno que guarda una correlación con la inflación, que hace que los salarios reales disminuyan. Supongamos, por ejemplo, que hay conflictos acerca de la distribución del ingreso en una sociedad, cuyo efecto es tanto redistribuir el ingreso mediante salarios reales más bajos para los trabajadores como ocasionar inflación. Se vería la correlación entre la inflación y los salarios reales más bajos sin que necesariamente hubiera una relación de causalidad. Creo que lo que se precisa, y lo que personalmente desearía ver, es una evidencia de naturaleza menos acumulativa, lo que significa ahondar más en los datos.

En este punto se me planteó otro interrogante, que es el siguiente: supongamos que la interpretación que se le da a la regre-

sión es la correcta, o sea que la inflación sí reduce los salarios reales
dado que los salarios nominales no se ajustan íntegramente. Ello básicamente
quiere decir que los salarios nominales se indizan solamente de manera parcial. La pregunta se torna entonces en por qué solo
vemos indización parcial, por qué no hubo más indización. El tema
es que el grado de indización no constituye una magnitud determinada de una forma exógena, algo que cae del cielo. La indización en
sí es una decisión política. Aquí también pueden analizarse datos
menos acumulados para procurar entender el proceso mismo de la
indización y entender por qué, en algunas economías, ella no protege los salarios reales.

Pero se trata de un interrogante mucho más general que
subyace al problema íntegro de la política de inflación y de la pobreza. Cuando observamos algo semejante al ajuste incompleto de los
salarios nominales, ¿es este ajuste el resultado de la incapacidad técnica para diseñar primero los mejores programas o el resultado de
limitaciones políticas? En otras palabras, una explicación del ajuste
incompleto es que, de hecho, no podemos diseñar mejores programas de indización debido a la falta de información o de herramientas políticas. La visión alternativa es que quizá contamos con la capacidad para diseñar otros tipos de programas, pero la selección de
un esquema de indización es una selección política entre las opciones disponibles, vale decir, que existió una decisión política de no
indizar más de lo que se hizo. Este es un interrogante que yo creo
que podría formularse en otros terrenos, y eso es lo que voy a hacer.

Efecto de los programas antiinflacionarios en la distribución del ingreso

El segundo interrogante de importancia que Cardoso trata es el efecto que tienen los programas de estabilización, vale decir los programas destinados a reducir la tasa de inflación, sobre la distribución
del ingreso. Considero que Cardoso da justo en el clavo cuando afirma que la tesis de que la estabilización es costosa no tiene nada que
ver con el tema. Si la inflación es alta, ¿qué alternativa se presenta a
un programa de estabilización? En muchos casos, ninguna. Por consiguiente, la pregunta que en realidad se quiere hacer no es cuál es
el efecto de la estabilización en sí, sino cuál es el efecto de un tipo de
programa de estabilización comparado con el de otro programa, o
en relación con la ausencia de un programa.

Antes que nada, tal como sucede con los efectos de la inflación, podría ser útil ver resultados menos acumulativos para comprender mejor lo que está sucediendo. En segundo lugar, cuando se
observan los efectos de la estabilización sobre la distribución del in-

greso, ¿son las consecuencias que se plantean aquí necesariamente producto de los programas de estabilización o son reflejo de decisiones políticas? Vale decir, creo que estoy de acuerdo en que todos los programas efectivos de estabilización van a tener costos importantes, pero ello es solamente una parte de la cuestión. La otra parte es cómo van a distribuirse estos costos entre los diversos grupos económicos, es decir, quién absorbe el impacto. La mayoría de la gente sostendría que hay alguna selección. Por ende, volvemos al problema político de si un programa de estabilización debe tener los costos que aquí se consideran, o si lo que estamos observando son los resultados de alguna decisión política.

Permítaseme que presente otro ejemplo histórico. En las estabilizaciones inflacionarias de Francia, Alemania e Italia en la década de 1920, lo que se observó fue que los trabajadores y los pobres soportaron la parte más gravosa de la estabilización. Sin embargo, el historiador Charles Maier, que estudió minuciosamente esos episodios, sostuvo que esta no fue una consecuencia necesaria de la estabilización en sí. El hecho de que los trabajadores soportaran una carga tan pesada reflejó un giro político generalizado hacia la derecha en todos los países europeos luego de la primera guerra mundial. En otras palabras, el hecho de que el costo de la estabilización recayera en forma tan pesada sobre los trabajadores reflejaba el clima político.

Ello me lleva a mi último tema. Puede caracterizarse a este capítulo como una reflexión acerca de los efectos de los programas de estabilización sobre la distribución del ingreso. Lo que he venido sosteniendo es que la causalidad también transita en la dirección opuesta. Tanto el diseño de un programa de estabilización como la probabilidad de que se adopte y se lleve a cabo dependerán de la distribución real del ingreso y del efecto esperado del programa sobre la futura distribución del ingreso. Esta es la razón por la cual es tan importante ir más allá de los resultados básicos de la regresión para saber si el deterioro de los salarios reales fue una consecuencia necesaria de la inflación o si de hecho reflejaba algo más. Si los trabajadores consideran que la estabilización tiene que reducir los salarios reales, vale decir que la estabilización tiene que perjudicarlos, entonces es más probable que pongan obstáculos a un programa de estabilización. Si, por otro lado, contamos con evidencias de que estos costos pueden ser compartidos de otra forma, que podemos diseñar programas para asignar la carga de otras maneras, entonces la adopción de un programa de estabilización exitoso resultará mucho más fácil. Y será mucho menos probable que se bloquee un programa que conduzca en última instancia a su fracaso.

Tal como Cardoso lo indica, lo más costoso en un programa

de estabilización es que no funcione y, por ende, que sea necesario intentar una estabilización ulterior más gravosa. Ello nos lleva al punto final que trata Cardoso, es decir, que los buenos programas que no solamente protegen la distribución del ingreso sino que cuentan con consenso (y que por consiguiente no fracasan) son, en última instancia, aquellos que están complementados con otros programas sociales destinados a mitigar los costos de la estabilización y del ajuste.

Comentarios de Martín Werner

Una de las externalidades positivas derivadas del éxito de los recientes programas de estabilización adoptados en muchos países de América Latina ha sido el hecho de que los estudios económicos se hayan desplazado del campo de la macroeconomía —temas como la deuda, el ajuste y la inflación— a cuestiones tradicionales relacionadas con el desarrollo, como por ejemplo las desigualdades en la distribución del ingreso y la pobreza. El trabajo realizado por Eliana Cardoso constituye un vínculo interesante entre ambos tipos de estudios, al analizar cuáles fueron los efectos que tuvieron sobre la pobreza las medidas de ajuste adoptadas en América Latina en los años ochenta.

Me gustaría comentar dos aspectos: la relación que existe entre las políticas macroeconómicas y la pobreza, por una parte, y la reciente experiencia de México en lo que respecta a las medidas de alivio de la pobreza, por la otra.

Efectos de las medidas de ajuste sobre la pobreza

Al analizar los efectos de la inflación sobre la pobreza, se toma a la inflación como un parámetro dado y se intenta medir el costo de la inflación como impuesto y la relación entre la tasa de inflación y los salarios reales en los sectores más pobres de la sociedad. Sería interesante retroceder un paso con respecto a la teoría de la inflación de la hacienda pública y analizar cuáles son los factores que subyacen tras las crisis fiscales que padecieron los países de América Latina en los años ochenta.

Si se acepta la idea de que las tasas de inflación, dentro de los niveles observados en América Latina en los años ochenta, son el resultado de una "guerra de desgaste" entre los diferentes grupos sociales que no desean ajustarse a las pérdidas de ingreso derivadas de la crisis de la deuda —ya sea pagando más impuestos o recibiendo menos pagos por transferencias—, cuanto más débil sea el tejido social más probabilidades habrá de que se absorban las pérdidas utilizando el impuesto de inflación.[27]

Como todos sabemos, servirse de la inflación para distribuir las pérdidas de ingreso es un método muy ineficaz, no solo porque —como muy bien señala Eliana Cardoso— permite a los ricos utilizar el sistema financiero para evitar el pago de impuestos, sino también porque cuando las tasas de inflación son altas —y al decir "altas" me refiero a tasas superiores al 100 por ciento anual— aumenta la incertidumbre con respecto a la estructura de precios actual y futura y, cuando los precios relativos se tornan inciertos, la inversión sufre una caída drástica, como lo corrobora la experiencia reciente de los países de América Latina. Por lo tanto, según la teoría del ajuste basada en la "guerra de desgaste" cabría esperar que los países que cuentan con instituciones políticas sólidas puedan aumentar los impuestos y reducir los gastos de forma permanente en una fase suficientemente temprana para evitar que se desborde la inflación.

México, por ejemplo, es un país que cuenta con instituciones sólidas y, aun cuando los costos del ajuste fueron enormes, la inflación se mantuvo por debajo del 100 por ciento, salvo en 1987, año en que el país pagó las consecuencias inflacionistas de la devaluación del tipo de cambio real derivada de la crisis del petróleo de 1986. Para determinar si equilibrando el presupuesto —a principios de la década de 1980— se redujeron al mínimo los costos del ajuste, tendríamos que saber qué proporción de esos costos corresponde al cambio de dirección de las transferencias de recursos al resto del mundo y qué costos son imputables a las ineficiencias de las propias políticas de ajuste. Este cálculo, esencial para cualquier análisis de los efectos que las políticas macroeconómicas tienen sobre la pobreza, es casi imposible de realizar pero, en el caso de México, puede decirse que el hecho de que se evitaran las altas tasas de inflación contribuyó a reducir los costos del ajuste.

Un aspecto que guarda estrecha vinculación con la macroeconomía de la pobreza es la relación que existe entre la distribución del ingreso y las medidas de ajuste.[28] Durante la primera etapa de un programa de estabilización, la distribución del ingreso se deteriora a medida que descienden los salarios reales para que el país pueda recuperar la competitividad. También, cuando el sector público tiene un volumen considerable de deuda interior a tipos flotantes, los pagos de intereses reales correspondientes a dicha deuda

---

[27] Alesina y Drazen (1991) comparan el proceso que conduce a la estabilización con una "guerra de desgaste".

[28] Véase Sachs (1989).

tienden a subir al inicio del programa. Si los contribuyentes son también los tenedores de la deuda (como suele suceder), puede producirse una importante redistribución del ingreso. En estos casos, los tipos de interés real aumentan en un sentido ex-post. Cuando se pone en marcha el programa, las expectativas inflacionarias se sitúan siempre por encima del objetivo fijado por el gobierno y esta predicción se incorpora al tipo de interés nominal. Así pues, si el programa tiene éxito, la tasa de inflación efectiva es inferior a la prevista y los tipos de interés real ex-post son elevados. A medida que el programa adquiere credibilidad, los tipos de interés, tanto los nominales como los reales, comienzan a bajar, si bien se trata de un proceso lento como lo demuestra la experiencia de México[29].

En 1988 y 1989, los primeros años del Pacto, el tipo de interés real registró en promedio cifras del 30 por ciento anual, aunque descendió al 9 por ciento en 1990 y al 2 por ciento durante 1991. Teniendo en cuenta que la deuda pública interior ascendía a cerca del 20 por ciento del PIB en 1988, las transferencias de ingreso asociadas con la vigencia de tipos de interés real ex-post del 30 por ciento fueron del orden del 6 por ciento del PIB. Una redistribución negativa de semejante magnitud es señal de que el gobierno está firmemente comprometido con el programa de estabilización, pero si se prolonga durante demasiado tiempo, puede resultar contraproducente en el sentido de que las presiones en favor de un aumento del gasto público o de la imposición de un gravamen a las obligaciones del Estado desestabilizarían la economía. Pero si aumenta la credibilidad, el excesivo reajuste fiscal imprescindible para evitar una multiplicación de la deuda pública interior puede utilizarse para financiar los programas de alivio de la pobreza, que no solo introducen un elemento de redistribución positiva en el presupuesto del gobierno, sino que además pueden contribuir a crear una base de respaldo al programa de reforma económica entre los grupos de ingresos más bajos.

Experiencia reciente de México en relación con los programas de alivio de la pobreza

En lo que respecta al alivio de la pobreza, el gobierno de México está intentando abordar dos problemas distintos. Uno es el que mencionaba Felipe Larraín al hablar de la pobreza de la población indígena,

---

[29] Véase un análisis de las políticas macroeconómicas más recientes aplicadas en México en el trabajo de Ortiz (1991).

que es un caso de verdadera pobreza extrema. Básicamente, la pobreza rural de México puede aliviarse de inmediato por medio de subvenciones a los alimentos y programas de atención médica. Para resolver estos problemas se puso en marcha el llamado "Programa Nacional de Solidaridad". En los presupuestos generales de 1991, el monto de recursos destinados a este programa ascendió a un 3,5 por ciento del total; sin embargo, tomando en consideración sus repercusiones sobre las pequeñas comunidades, constituye un fuerte desembolso. El gobierno cree que, a mediano plazo puede resolverse el problema de la extrema pobreza empleando un volumen de recursos que resulta importante en relación con su impacto en las pequeñas comunidades, pero que es pequeño en relación con el presupuesto nacional.

Con respecto al problema de la pobreza moderada, que está mucho más extendida puesto que podríamos estar hablando de alrededor del 40 por ciento o del 50 por ciento de la población, la tarea es aún más acuciante y no puede diseñarse un programa especial para resolver la situación. Son problemas que el propio gobierno en su totalidad debería abordar con una perspectiva de largo plazo. Para dar solución a este problema, se está procediendo a una reorientación del gasto público total, a fin de canalizarlo hacia las necesidades sociales, y cuando hablo de necesidades sociales me estoy refiriendo básicamente a tres cosas: educación, cuidado de la salud y protección del medio ambiente. A partir de 1988, a medida que se redujeron los pagos de intereses y pudo dedicarse más dinero a los programas de carácter social, el gasto público en obras de interés social registró un rápido y drástico aumento, pasando del 33 por ciento del presupuesto a casi un 45,5 por ciento en 1991.

Para reducir la pobreza a largo plazo se están aplicando dos programas; ambos tienen por objeto aumentar el valor de los activos que poseen los pobres. Estos activos son básicamente dos: tierras de secano y mano de obra no calificada. El primer programa intenta mejorar el sistema educativo, que es grande si se tiene en cuenta el número de personas que asisten a clases, pero pequeño si se toma en consideración la calidad de la enseñanza que reciben esas personas. El programa está orientado a elevar la calidad de la enseñanza inmediatamente y está recibiendo un volumen considerable de recursos. El segundo programa busca incrementar el valor de las tierras de secano y tardará bastante tiempo en rendir frutos, teniendo en cuenta la cantidad de problemas estructurales que padece la agricultura y que no van a ser fáciles de resolver.

Resumiendo, estoy de acuerdo con Eliana Cardoso en que los gobiernos deben perseverar en la aplicación de medidas de política macroeconómica conservadoras para reducir al mínimo el perjuicio que puedan ocasionar las políticas expansivas. Pero quisiera añadir que es la microeconomía de la pobreza la que resulta crucial para determinar si los países de América Latina podrán ofrecer a los sectores menos favorecidos de la sociedad los medios y los incentivos necesarios para mejorar el nivel de vida.

REFERENCIAS

Alesina, A. y Drazen, A. 1991. Why are Stabilizations Delayed? *American Economic Review* 81: 1.170-1.188.

Ortiz, G. 1991. Mexico beyond the Debt Crisis: Toward Sustainable Growth with Price Stability. En: M. Bruno *et al.*, editores. *Lessons of Economic Stabilization and Its Aftermath*. Cambridge, Massachusetts: Massachusetts Institute of Technology Press.

Sachs, J. 1989. Strengthening IMF Programs in Highly Indebted Countries. En: C. Gwin y R. Feinberg, eds. *The International Monetary Fund in a Multipolar World*. Washington, D.C.: Overseas Development Council.

Capítulo 5

LIBERALIZACION DEL COMERCIO, CAPITAL HUMANO Y POBREZA

Luis A. Rivera-Batiz

Muchos economistas y una gran mayoría de las autoridades consideran el tema de la pobreza y de la liberalización del comercio exterior como una compensación entre los costos a corto plazo y las ganancias a largo plazo. A corto plazo, los costos que entraña el ajuste alimentan la pobreza, mientras que a más largo plazo, la magia de la liberalización del comercio deja sentir sus efectos. El problema que se plantea entonces es determinar con qué rapidez debe procederse y cómo reducir al mínimo los costos derivados del ajuste. Se tiene la impresión de que la liberalización es conveniente porque estimula las exportaciones y reduce la pobreza a largo plazo, pero si de alguna forma se pudieran evitar los costos del ajuste resultaría menos gravosa, y por lo tanto viable desde el punto de vista político.

La certidumbre de esa relación dinámica de sustitución se basa en los innumerables análisis de casos concretos en los que se recoge la experiencia del proceso de liberalización. No obstante, la mayoría de los que se citan coinciden con las crisis económicas que generalmente preceden a uno de estos episodios o con el intento de ponerlo en marcha. En América Latina, se considera que el llamado neoliberalismo que se aplicó en Argentina, Chile y Uruguay entre fines de los años setenta y principios de los ochenta fue un desastre sin paliativos.

La dificultad de interpretación estriba en que no está claro qué proporción del aumento de la pobreza se debe a las condiciones que llevaron a la liberalización y cuál corresponde a la liberalización en sí. Es muy difícil separar los efectos de la crisis macroeconómica conexa sobre el desempleo, los salarios reales, la distribución del ingreso y la pobreza de los efectos derivados de la liberalización del comercio exterior.

En un intento por aislar los efectos de la crisis de los de la liberalización del comercio exterior se estudiaron algunos ejemplos de liberalizaciones realizadas en épocas más favorables, como el caso de Corea a partir de los años sesenta. También se volvió a analizar en su totalidad la experiencia chilena de los años 1973 a 1992 como el único caso de liberalización *bona fide* de las transacciones exteriores en el Cono Sur observado en los últimos decenios. De estos y otros ejemplos —España, Mauricio, México— se desprende con claridad que en general no se justifica el pesimismo que aflige a las autoridades a causa del ajuste. Por el contrario, la liberalización del comercio exterior trajo consigo una reducción del desempleo y una elevación de los salarios reales. Además, si bien es cierto que el ajuste entrañó ciertos costos, ya que la reestructuración industrial —que fue de gran envergadura en el caso de Corea— dio lugar a una constante declinación de muchas industrias, la aparición de otras nuevas y el impacto de las exportaciones compensaron con creces los efectos negativos.

La liberalización del comercio exterior presenta un balance positivo donde algunos sectores ganan y otros pierden, pero en última instancia el número de ganadores es mayor.[1] Cuando los efectos positivos empiezan a sentirse con suficiente rapidez, las magnitudes agregadas reflejan una mejoría, aunque algunos sectores muestren individualmente una tendencia a la baja.

Un problema particularmente importante está dado por los efectos que la liberalización puede tener sobre la pobreza. Estudios recientes sobre los programas de ajuste de los años ochenta indican reducciones de la pobreza y las desigualdades en la distribución del ingreso en varios casos donde la liberalización fue uno de los componentes del programa. La oferta de mano de obra calificada y la retribución relativa de la mano de obra, tanto calificada como no calificada, constituyen un elemento importante frente a la reducción de la pobreza, al igual que los efectos distributivos derivados de la liberalización del comercio exterior. En relación con el caso de Marruecos en los años ochenta, y a pesar del aumento del empleo urbano, Bourguignon, de Melo y Morrison (1991) sostienen que "debido a que la oferta de mano de obra calificada crecía a un ritmo mucho más rápido que la demanda (como consecuencia, en parte, de la política aplicada en materia de enseñanza durante el decenio anterior) se produjo una fuerte caída de los salarios reales de los obreros calificados. Estos factores, junto con la eliminación de las restricciones cuantitativas cuyas rentas de cuota habían ido a manos de marro-

---

[1] Siempre existen costos en forma de tasas de ahorro e inversión más elevadas para respaldar el crecimiento, así como costos políticos y de otro tipo en los que no se hace hincapié en este capítulo.

quíes más acaudalados, contribuyeron a reducir las desigualdades en materia de ingresos".

En los casos aquí citados, no mejoró la distribución del ingreso y el problema de la pobreza siguió siendo acuciante. La apertura hizo que aumentaran las diferencias entre la retribución de la mano de obra calificada y la no calificada, entre el trabajo manual y el de oficina y entre los sueldos de los directivos y los de los empleados. Este cambio en la estructura relativa de las retribuciones según los diferentes tipos de trabajo contribuyó a deteriorar las cifras de distribución del ingreso observadas, cuya interpretación es muy sutil. En Corea, por ejemplo, los salarios reales subieron constantemente, lo que indica un descenso de los niveles absolutos de pobreza. Por otra parte, durante el período examinado, Chile siguió padeciendo el colapso de los salarios reales, característico de las economías de América Latina a partir de los años setenta.

En este capítulo se intenta documentar y explicar, en forma selectiva, esta dinámica tan paradójica de la liberalización del comercio exterior. Para ello, se ha elaborado un modelo de crecimiento endógeno que distingue la mano de obra calificada de la no calificada. El efecto que se busca con una mayor apertura es el aumento de la tasa de crecimiento económico al tiempo que la acumulación inducida de capital humano refuerza el resultado que representa la potenciación del crecimiento.

La distribución del ingreso depende de dos factores: la diferencia entre la retribución de la mano de obra calificada y la no calificada, por una parte, y de sus efectos sobre la situación de pobreza de los grupos de bajos ingresos por la otra. Con respecto al primer factor, la liberalización incrementa la diferencia entre ambos tipos de trabajo y, por ende, entraña un deterioro de la distribución observada del ingreso, aunque no de los planes de asistencia social. Ese aumento de las desigualdades desaparece cuando la inversión en capital humano reduce la retribución de los trabajadores calificados.

Desde una perspectiva analítica, el fenómeno de la pobreza se plantea en términos de conocimientos poco transables con la presencia de una "solución sin salida" que propicia una situación de inelasticidad con respecto a los diferenciales entre las retribuciones y a otros cambios provocados por las reformas comerciales. Entre los muchos factores limitativos por los que los grupos menos favorecidos se ven en un callejón sin salida cabe destacar la falta de capital para financiar las inversiones en el campo de la enseñanza y que les permita acceder a los nuevos sectores que surgen con la apertura, y el hecho de que los conocimientos prácticos de esos grupos no se ajustan a la demanda de las nuevas actividades.

Desde el punto de vista de la política económica, se argumenta que las autoridades subestiman en gran medida la capacidad de ajuste de las economías a la situación creada por la liberalización del comercio exterior. En conjunto, el desempleo derivado del ajuste estructural y el descenso de los salarios reales pueden ser mínimos, o incluso inexistentes, si la liberalización se hace de forma paulatina, abriendo los mercados y fomentando nuevas actividades de exportación o ampliando las ya existentes, como resultado de las cuales se produce una mayor transferencia de tecnología.

Sin embargo, a corto y a largo plazo será imposible llegar a los grupos de ingreso más bajo si se deja que el mercado actúe por sí solo. La pobreza está en función de la inelasticidad de reacción frente a los nuevos incentivos profesionales y de inversión, y es susceptible de empeorar en el marco de una liberalización del comercio exterior. Por ejemplo, cabe señalar que en la experiencia de apertura al libre mercado realizada en Chile después de 1973 se observa que fue necesaria una intervención del gobierno en favor de los grupos de ingresos más bajos.

En pocas palabras, creemos que las autoridades actúan con demasiada premura al asumir la presencia de unos costos prohibitivos en lo que respecta al ajuste y que son demasiado optimistas al pasar por alto el carácter particularmente persistente de la pobreza. La combinación de ambos factores se traduce en una injustificada pasividad en materia de apertura del comercio exterior y de pobreza, lo que constituye la peor solución desde el punto de vista de la política económica.

Liberalización del comercio: perspectiva tradicional y crecimiento endógeno

Los cauces a través de los que puede instrumentarse la liberalización del comercio exterior son innumerables. Entre ellos cabe señalar la eliminación de las cuotas y de otras restricciones a la importación, la sustitución de las restricciones cuantitativas por aranceles, la reducción de las tasas arancelarias, la fijación de aranceles uniformes para todos los productos, la reducción de los impuestos y de otras restricciones que afectan a la exportación y la liberalización de los precios internos.

Al elaborar los modelos de equilibrio general, se ha hecho hincapié en las ventajas estáticas que reporta el comercio exterior. Los beneficios que conlleva la liberalización del comercio exterior se manifiestan en el aumento de la eficiencia en la producción derivado de la explotación de las ventajas comparativas y de las economías de escala. Pero liberalización del comercio exterior comporta dos tipos de costos: los costos del ajuste y quizá una reducción de los salarios reales que dependerá de la intensidad del uso de los factores. La teoría comercial sugiere que al reducirse los aranceles a la importación, disminuye la remuneración del factor que con más intensidad utilizan las empresas que compiten con las importaciones. Si el país protege la producción de bienes que requieren un uso intensivo de capital, según ese principio, con la liberalización debería disminuir el rendimiento del capital y aumentar la retribución del factor trabajo. Por la misma razón, al igualarse más los precios internacionales de los factores tras la liberalización, la retribución del factor abundante —el trabajo— debería incrementarse en los países en desarrollo como consecuencia del proceso.

La teoría del crecimiento endógeno hace hincapié en los beneficios adicionales que podrían obtenerse en virtud del impulso que proporciona la apertura en materia de innovación, transferencia de tecnología y mayor competitividad internacional. Tanto la teoría analítica como la evidencia empírica indican que cuando la liberalización afecta solo a los intercambios de bienes debe estar acompañada de medidas que estimulen los cambios tecnológicos para que el efecto de crecimiento sea permanente. La importación de bienes de producción que incorporen la nueva tecnología es un mecanismo indirecto para beneficiarse de los avances tecnológicos desarrollados en el exterior. La liberalización de las importaciones de bienes de consumo no supone transferencia de tecnología alguna y, por lo tanto, no hace que la economía sea más productiva ni estimula la aceleración del crecimiento.

Más adelante se vuelve a examinar la teoría económica de la liberalización a la luz de la llamada "nueva teoría del crecimiento". A continuación se examinan algunos ejemplos concretos de liberalización del comercio exterior. Las conclusiones se apartan de las hipótesis habituales: no hemos encontrado evidencia alguna de que, en conjunto, los costos del ajuste y las reducciones de los salarios reales sean necesariamente significativos. Por el contrario, la liberalización parece contribuir a reducir los costos que generan las perturbaciones contemporáneas.

Un ejemplo en el que puede identificarse inmediatamente la existencia de un costo social importante y duradero es el caso de Chile. Este costo social tiene su origen en un aumento sostenido de la tasa de desempleo en el marco de las medidas de política económica aplicadas en el país durante los años setenta. Con frecuencia se lo relaciona con el impacto de la liberalización sobre la pobreza. Sin embargo, no está claro que el aumento del desempleo sea imputable al proceso de liberalización que, aparentemente, actúa como un mecanismo de creación de empleos. En un segundo proceso de liberalización, realizado en el período 1985-1991, se observa un fuerte descenso del desempleo unido a una paulatina aunque sustancial liberalización.

Esquema de un modelo de crecimiento endógeno

Consideramos aquí economías que generan crecimiento a través del gasto en investigación y desarrollo, de la adquisición de innovaciones producidas en otros lugares y de la inversión en capital humano. Un modelo básico muy simplificado se compone de dos sectores diferenciados: el de investigación y desarrollo, que produce nueva tecnología, y el manufacturero, que produce los bienes que incorporan esa tecnología.

El sector de investigación y desarrollo

La tecnología se define como el inventario de diseños de ingeniería, planos y diagramas correspondientes a una serie de bienes de producción duraderos: computadoras, herramientas mecánicas, equipos. El sector de investigación y desarrollo aporta los diseños correspondientes a dichos bienes. A representa el conjunto de bienes de producción duraderos diseñados a escala local y, a la vez, la medida de dicho conjunto, es decir, el número total de diseños. Podemos decir que A es el capital de conocimientos o la tecnología. La producción de nuevo capital de conocimientos puede formularse de la siguiente manera:

$$\dot{A} = \delta H_R A_R \qquad (1)$$

donde H_R es la cantidad de capital humano que se dedica a investigación y desarrollo, y A_R es el inventario total de conocimientos disponibles para llevar a cabo la investigación. Cuando no existe difusión internacional de los conocimientos, A_R será sencillamente igual a los conocimientos generados a escala nacional, A. De lo contrario, A_R puede ser mayor que A.

El modelo de investigación incorporado en la ecuación (1) se denomina modelo "inducido por los conocimientos" puesto que hace hincapié en los insumos intelectuales que participan en la creación de nueva tecnología. La ecuación (1), por su parte, hace una distinción fundamental entre capital humano y tecnología. El capital humano es un bien privado que obtiene un rendimiento de mercado por la prestación de sus servicios. La tecnología, sin embargo, no percibe retribución alguna cuando el sector de investigación y desarrollo emplea los conocimientos tecnológicos. Un investigador puede emplear satisfactoriamente en sus estudios todas las ideas A_R que pueda obtener, por ejemplo, de un documento científico o de una patente. Esta característica representa el lado bueno de la información y la tecnología. Pero para poder fabricar eficazmente un bien concreto a partir de un diseño o de un plano, es imprescindible tener o adquirir los derechos de patente. Por ese motivo, la tecnología es en parte un bien público, pero también un bien privado.

El sector manufacturero

El sector manufacturero produce dos tipos de bienes: un bien de consumo homogéneo y bienes de producción duraderos, cuyo diseño se ha inventado en el sector de investigación y desarrollo. Para simplificar la exposición de la operatividad matemática, suponemos que en los dos casos el proceso de producción es del mismo tipo. En otras palabras, el bien de consumo y cualquier tipo concreto de bienes de producción duraderos pueden convertirse recíprocamente unos en otros de forma individual. En un momento dado, el producto del sector manufacturero, Y, depende del volumen de capital humano empleado en dicho sector, H, de la mano de obra no calificada, L, y del conjunto de bienes de producción duraderos que se empleen en la fabricación, $\{x_a, a \in A_y\}$. Este último conjunto se compone de insumos producidos a escala nacional, $\{x_a, a \in A\}$, y del conjunto de insumos importados $\{m_a, a \in A_y - A\}$:

$$Y = H_Y^\alpha L^\beta \int_A x_a^{1-\alpha-\beta} da + H_Y^\alpha L^\beta \int_{A_y - A} m_a^{1-\alpha-\beta} da \qquad (2)$$

en la que los parámetros α, β, y $(1-\alpha-\beta)$ son positivos y su suma es igual a la unidad, de modo que la función de producción presenta una rentabilidad de escala constante en capital humano, mano de obra no calificada y bienes de producción duraderos. Cada insumo duradero del tipo $a \in A_y$ se inventa y produce dentro del país o se importa del extranjero. Si no existen intercambios internacionales de bienes duraderos, A_y será exactamente igual a A, el conjunto de insumos producidos dentro del país. De lo contrario, A_y puede ser mayor que A, en cuyo caso, habrá A insumos nacionales y $A_y - A$ insumos importados. Para simplificar, se supone que todos los insumos entran de forma simétrica en la función de producción del sector manufacturero.

Estructura del mercado y precio de las patentes

Un aspecto de la producción de tecnología que presenta este modelo en relación con la organización industrial central es que el mercado de productos tecnológicos es un mercado de competencia imperfecta. Los fabricantes de productos de alta tecnología y de otros productos innovadores obtienen rentas monopolísticas cuando venden sus productos o sus servicios en el mercado. La función económica de esas rentas es proveer fondos para hacer frente a los gastos que comportan las actividades de investigación y desarrollo. Los costos fijos que entraña la producción de nueva tecnología significan la posibilidad de que no se cumpla estrictamente la regla de que un costo marginal sea igual a un ingreso marginal. En este caso, la producción de tecnología ha de verse respaldada por algún tipo de poder monopolístico.

En la siguiente exposición, se supone que los mercados de bienes duraderos son mercados de competencia monopolística y que los mercados de bienes de consumo, mano de obra y capital humano son mercados de competencia perfecta. Dado que vamos a concentrar la atención en las trayectorias de crecimiento equilibrado, limitaremos nuestro ejercicio ilustrativo a los equilibrios en los que el tipo de interés real, r, sea constante a lo largo del tiempo.

Supongamos que una empresa ha adquirido la patente para fabricar un bien de producción duradero de diseño nacional, donde p es el precio que cobra la empresa como alquiler. La demanda del bien duradero por parte del sector manufacturero del país estará dada por la ecuación $p = (1-\alpha-\beta)H_Y^\alpha L^\beta x^{-\alpha-\beta}$. Lo que indica simplemente esta ecuación es que el precio de alquiler de un insumo duradero es igual a su producto marginal. La demanda de los países extranjeros está dada por la ecuación $p(1+\tau^i) = (1-\alpha-\beta)H_Y^\alpha L^\beta m^{i\,-\alpha-\beta}$, donde τ^i es el arancel impuesto por el país $i = 2...N$. Si todos los sectores de manufacturas del mundo tienen los mismos parámetros α y β, la función mundial de demanda tendrá la misma elasticidad-precio que la de cada uno de los países tomados individualmente. Por lo tanto, la función de demanda mundial de un bien duradero producido, por ejemplo por el país 1, puede expresarse como:

$$p = EX^{-\alpha-\beta} \tag{3}$$

siendo $X = x^1 + m^2 ... + m^N$ la demanda mundial del insumo y la letra E

LIBERALIZACION DEL COMERCIO, CAPITAL HUMANO Y POBREZA 175

el "entorno" económico que incorpora la magnitud de los sectores manufactureros de todo el mundo y el nivel de los aranceles que otros países imponen a los diferentes bienes duraderos. Cuanto mayor sea la magnitud de los sectores manufactureros y más bajo el nivel de los aranceles, mayor será la demanda del insumo duradero específico. Dicho de otra manera, un entorno más favorable equivale a una E mayor en la ecuación (3). Por ejemplo, si el país productor está aislado del resto del mundo, E será igual a $E^{min} = (1-\alpha-\beta)H_M^\alpha L^\beta$, que es el valor mínimo que alcanza en las condiciones que se examinan en este caso. De no existir subvenciones a la importación o a la exportación, E alcanza su valor máximo en un régimen de libre comercio.

El productor de bienes duraderos elige un precio de maximización del beneficio p, tomando como dado el valor del entorno E. Como una unidad del bien de consumo puede producir una unidad de insumos duraderos, el costo que ha de pagar la empresa como renta para producir una unidad de servicio del insumo duradero es exactamente igual a la tasa de interés real, r. Por consiguiente, el precio de maximización del beneficio es igual al diferencial estándar de Chamberlin sobre el costo marginal, que está dado por $p = r/(1-\alpha-\beta)$. Siendo $\overline{X}$ la cantidad demandada a escala mundial al precio de maximización del beneficio, el beneficio resultante es igual a $p\overline{X} - r\overline{X} = r\overline{X}(\alpha+\beta)/(1-\alpha-\beta)$.

En una situación de equilibrio, el valor actual de la corriente total de beneficios que pueden obtener las empresas fabricantes de bienes duraderos ha de ser igual al costo que hay que pagar para adquirir la patente de fabricación del insumo duradero específico. Supongamos que todos los insumos diferenciados de diseño nacional están sujetos a los mismos aranceles, quizá de nivel cero. La simetría de estos insumos en los sectores manufactureros asegura que el valor de las patentes correspondientes a esos diseños sea el mismo y, por lo tanto, se le puede designar por una notación común P_A:

$$P_A = \int_0^\infty \pi e^{-r\tau} dt = \frac{\pi}{r} = \overline{X} \frac{\alpha+\beta}{1-\alpha-\beta} \tag{4}$$

La simplicidad de la fórmula (4) se debe a que hemos supuesto que toda patente tiene una vida infinita, lo que significa que el precio de un diseño está en proporción con la demanda que del insumo inventado haga el mercado a escala mundial.

Preferencias y equilibrio de mercado

Las preferencias pueden representarse por medio de una función de utilidad de tipo Ramsey con elasticidad intertemporal constante de sustitución. Concretamente, la función de utilidad instantánea está dada por $u(c) = c^{1-\sigma}/1\text{-}\sigma$. Es bien sabido que esta función de utilidad produce una relación entre la tasa de interés y la tasa de crecimiento o de consumo de la forma: $r = \rho + \sigma g_c$, siendo ρ la tasa de preferencia temporal. En una trayectoria de crecimiento equilibrado, la tasa de crecimiento del consumo es igual a la tasa de crecimiento de la tecnología, $\dot{A}/A = \delta H_R A_R/A$. Por lo tanto, tenemos:

$$r = \rho + \sigma \delta H_R \left(\frac{A_R}{A}\right) \tag{5}$$

La ecuación (5) indica una relación positiva entre la tasa de interés y la tasa de crecimiento $g = \dot{A}/A$, debida al efecto positivo del interés sobre el ahorro. Para que el mercado esté en equilibrio, es necesario que la retribución del capital humano en el sector manufacturero sea igual a la que recibe en el sector de investigación y desarrollo. Esta condición indica una relación negativa entre la tasa de interés y la tasa de crecimiento, que se conoce como relación de tecnología. Cuanto más baja sea la tasa de interés, más alto será el valor de las patentes, mayor la inversión en innovaciones, y el capital humano se desplazará hacia el sector de investigación y desarrollo. El equilibrio se produce a partir de la interacción de la relación ahorro-inversión y de la relación de tecnología que acabamos de describir (Romer, 1990b, y Rivera-Batiz y Romer, 1991a, presentan un examen en profundidad de estos modelos).

Efectos de la integración y de la reducción de los aranceles sobre el crecimiento

En los años ochenta y los noventa se popularizaron dos tipos distintos de liberalización del comercio exterior. Uno de ellos se manifiesta en forma de reducciones unilaterales de los aranceles mientras que el otro se basa en formas de integración económica mediante acuerdos comerciales y uniones aduaneras. Examinemos en primer lugar esta segunda modalidad.

Rivera-Batiz y Romer (1991a) han demostrado que la integración entre países simétricos tiende a aumentar la tasa de crecimiento de las dos partes contratantes. Las ventajas que supone actuar a una mayor escala —la disminución de la redundancia y los efectos de distribución que expanden las actividades de investigación y desarrollo— se aúnan para estimular el crecimiento. La duda se plantea al ponderar los efectos de la integración a largo plazo, cuando esta se produce entre países desiguales por medio del intercambio de bienes e ideas, pero no permite el libre movimiento de la mano de obra de un país a otro.

Examinemos la transformación de una economía totalmente aislada que culmina en una integración plena en materia de bienes y servicios, pero que no permite la movilidad de la mano de obra. En el modelo que hemos analizado antes, la integración no acelera el crecimiento si no se produce difusión de tecnología entre los países. El motivo es que la integración conduce a un crecimiento más rápido al aumentar el caudal total de conocimientos disponibles en los países que se integran y el volumen de los recursos que se destinan a investigación y desarrollo. Si no existe esa difusión, la integración no afecta al acervo de conocimientos y, por lo tanto, no se produce ningún efecto de escala. El que se produzca o no una asignación depende de la simetría de los países en cuestión.

Si los países son simétricos, la integración no aumenta el atractivo del sector de investigación y desarrollo frente al sector de bienes finales, por el simple motivo de que la integración hace que ambos sectores sean más productivos, pero en este modelo dichos efectos se anulan, de tal manera que no se produce ningún tipo de redistribución hacia uno u otro sector. El resultado es que se registra un efecto de escala en el sector manufacturero, pero no una redistribución de los recursos hacia el sector de investigación y desarrollo. El efecto de escala en el sector manufacturero produce un efecto de nivelación de la renta per cápita, pero no afecta permanentemente a la tasa de crecimiento.

Cuando los países son asimétricos y no hay difusión, la integración mediante el intercambio de bienes genera un efecto distributivo que desplaza recursos hacia el sector manufacturero en el país que cuenta con mayor capital humano y reduce la tasa de crecimiento con respecto a los valores registrados en la situación de aislamiento. El efecto contrario se produce en el país que registra un bajo nivel de crecimiento. En conclusión, la tasa de crecimiento resultante se sitúa entre el nivel más alto y el más bajo en situación de aislamiento (Rivera-Batiz y Xie, 1992b). En otras palabras, cuanto mayor sea la integración, más limitado será el crecimiento en las regiones donde este es alto y se acelerará más en las que registran crecimiento bajo. Sin embargo, la integración plena de bienes e ideas induce una tasa de crecimiento más alta aun en el caso de países asimétricos.

El otro caso, el de la liberalización exterior, se manifiesta a través de reducciones de los aranceles. El análisis parte de la suposición que la plena difusión de la tecnología se produce antes de que se reduzcan los aranceles. Rivera-Batiz y Romer (1991b) han estudiado la política arancelaria y la integración económica en el caso de dos países que tienen la misma dotación de factores y aplican las mismas medidas de política. El resultado de su estudio es que la relación que existe entre las tasas arancelarias y la tasa de crecimiento no es monotónica. Hay una tasa crítica τ^*, por debajo de la cual la reducción de los aranceles da lugar a un crecimiento más elevado y por encima de la cual, si se siguen aumentando los aranceles, se desacelera el crecimiento.

La tasa crítica τ^* crece a medida que aumenta el número de países que participan en la reducción recíproca de las restricciones comerciales. En uno de los ejemplos, un aumento de la participación de dos a 10 países hace que la tasa arancelaria crítica suba del 300 al 800 por ciento. Por lo tanto, un grupo de 10 países quedará por debajo del valor crítico aun cuando dos países por sí mismos no lo estuvieran. Este resultado hace pensar que es más probable que las negociaciones multilaterales para reducir las barreras arancelarias aceleren más el crecimiento que los acuerdos bilaterales.

En el caso de reducciones unilaterales de aranceles por parte de un pequeño país en desarrollo que no genera tecnología, también ocurre que los aranceles más bajos aumentan la tasa de crecimiento económico del país. Asimismo, cabe señalar que este tipo de modelo es favorable al comercio exterior más que al libre comercio. Si se ofrecieran subvenciones al comercio exterior, se beneficiarían tanto los países a título individual como la comunidad mundial en su conjunto. La expansión de los mercados por medio del comercio exterior aumenta la rentabilidad de los nuevos inventos y estimula una mayor innovación.

La distribución del ingreso y la pobreza en un modelo de crecimiento endógeno

La pobreza puede examinarse a dos niveles distintos: sobre la base de comparaciones internacionales de los niveles de vida y según las condiciones internas de absoluta pobreza y la distribución del ingreso entre los grupos sociales. Es obvio que los coeficientes de Gini y la igualdad del ingreso pueden constituir indicadores sociales muy inexactos. Bangladesh, Cuba, India y Sri Lanka muestran coeficientes de Gini que son tan bajos como los de cualquier economía industrial, incluidos Estados Unidos, Japón, Francia e Italia. Sin embargo, los bajos niveles de renta per cápita reflejan indicadores de la pobreza generalizada que reina en esos países en desarrollo. Los indicadores sociales basados en la distribución relativa de las variables económicas entre los grupos sociales se tornan aún más inexactos en un contexto de crecimiento. Los efectos de la expansión económica en el crecimiento prevalecen sobre los de redistribución social, a menos que los propios programas sociales impulsen el crecimiento en los grupos afectados.

Los efectos que produce la liberalización en términos de crecimiento y nivelación del ingreso reducen las desigualdades, pero diversos factores pueden generar otras transitorias aún mayores. Por ejemplo, la diferencia entre la retribución de la mano de obra calificada y la no calificada aumenta con la liberalización. Por su parte, la economía orientada hacia las exportaciones estimula la concentración geográfica en las regiones con salarios bajos, que permiten la producción a un costo unitario también bajo, y respalda a los sectores que compiten internacionalmente en base a estos salarios. Con el tiempo, estas desigualdades se corrigen mediante las inversiones en capital humano y la movilidad regional o sectorial de la mano de obra. Sin embargo, los grupos de ingreso más bajo pueden quedar presos en una trampa de equilibrio de bajos ingresos, que constituye precisamente el núcleo principal del problema de la pobreza a largo plazo.

La apertura acelera la convergencia de los salarios hacia niveles internacionales mientras que la transferencia de tecnología, el acceso a insumos más productivos y una reasignación eficiente de los recursos de capital humano se traducen en un aumento de la retribución de la mano de obra. La importación ilimitada de insumos duraderos que incorporen nuevas tecnologías puede propiciar la convergencia hacia la tasa mundial de crecimiento y de renta per cápita. El efecto derivado de una mayor apertura es, en consecuencia, aumentar el nivel de renta per cápita y elevar su tasa de crecimiento. De esta manera la retribución de la mano de obra en todas sus formas aumenta a un ritmo más rápido y, por ende, se reducen los niveles absolutos de pobreza.

La trayectoria de crecimiento de los salarios de la mano de obra calificada y de la no calificada será más acusada tras la liberalización, al tiempo que la acumulación inducida de capital humano reforzará el efecto de potenciación del crecimiento. Ahora bien, hay que tener presente que, al principio, la distribución del ingreso registra un deterioro después de la liberalización. Esa tendencia al deterioro se debe a que la liberalización provoca un incremento de la diferencia de mercado entre la retribución de la mano de obra calificada y la retribución de la no calificada. La expansión de los mercados induce una intensificación de las actividades de investigación y desarrollo y una reasignación del capital humano hacia las actividades innovadoras en detrimento de la producción directa de manufacturas, provocando un aumento en la retribución de la mano de obra calificada en términos absolutos y en relación con la de la mano de obra no calificada. De esta manera, la liberalización tiende a causar un deterioro de la distribución registrada del ingreso, aunque no de los niveles de bienestar de los diversos tipos de mano de obra.

En lo que respecta a los efectos a más largo plazo, es preciso tener en cuenta la forma en que reacciona la acumulación de capital humano. Cuanto mayor sea el diferencial entre las retribuciones, más incentivo habrá para que el capital humano invierta en educación. La acumulación de capital humano resultante reduce la escasez relativa de mano de obra calificada y anula los efectos de desigualdad derivados de la liberalización.

En nuestro análisis se hace hincapié en que la liberalización afecta a la rentabilidad relativa de la mano de obra, tanto calificada como no calificada y, por ende, a la distribución del ingreso y a la acumulación de capital humano. Con el tiempo, estos efectos tienden a aliviar la pobreza, pero es necesario que el análisis sea suficientemente amplio para abordar el problema de la pobreza en general. Analíticamente, el fenómeno de la pobreza puede plantearse en términos de conocimientos poco comerciables en el mercado y de la presencia de una "solución sin salida" que crea inelasticidad con respecto a los cambios que entraña el proceso de liberalización.

Si bien la liberalización aumenta de la diferencia entre la retribución de la mano de obra calificada y la de la no calificada, esta diferencia produce efectos dinámicos adicionales que ofrecen mayores incentivos para la acumulación de capital humano y, por ende, una distribución más equitativa del ingreso. No obstante, en los niveles de ingreso más bajos, las consecuencias son negativas debido al papel que desempeñan las soluciones sin salida. La liberalización crea las condiciones necesarias para que la acumulación de capital humano sea más rentable, pero no las requeridas para que los grupos sociales de ingresos más bajos puedan sacar provecho de ese aumento del diferencial de rentabilidad, ello depende de factores tales como el acceso de estos grupos al crédito. A las familias de bajos ingresos no les resultará rentable invertir en su capital humano o en el capital humano de sus hijos. Las soluciones sin salida que enfrentan las familias cuyos miembros carecen de capacitación profesional las retiene presas en una trampa de equilibrio de bajos ingresos. A medida que suben los salarios, el resto de la economía progresa e invierte más en esos grupos, pero la distribución del ingreso se deteriora debido a su situación sin salida. Para abordar estos problemas especiales es necesario instrumentar soluciones auspiciadas por el gobierno orientadas a estimular el sector público o el privado.

Otro aspecto relativo al tema de la distribución es el referente al papel que desempeña la ubicación geográfica de las actividades económicas, aspecto por otra parte muy descuidado en la mayoría de los casos. El rigor de la competencia internacional favorece a las regiones y sectores industriales de salarios bajos que pueden producir bienes de exportación a bajo costo y que son los más dinámicos. El resultado es un repunte de las actividades que se retribuyen con salarios bajos y un posible deterioro de la distribución del ingreso en medio de una expansión económica.[2]

Por último, con el tiempo se produce una tendencia a la igualación de los salarios y a la convergencia económica. Los estudios de convergencia entre las regiones indican que se trata un fenómeno lento y parcial. La convergencia entre los estados de la unión americana, por ejemplo, es un fenómeno de varias décadas: durante más de un siglo ha existido libre comercio entre Illinois y Mississippi, pero no hay una convergencia plena. No se justifica, por lo tanto, esperar una situación distinta en el caso del crecimiento regional de países en desarrollo.

Ejemplos ilustrativos: Chile y Corea

La asociación de la crisis con la liberalización del comercio exterior es un fenómeno ampliamente observado. La experiencia de la liberalización producida en los años ochenta constituye un buen ejemplo para documentar esta conexión. El poder político de las empresas que se beneficiaban de contar con mercados cerrados se redujo sensiblemente al estallar la crisis, estancarse la economía y generalizarse la pobreza. La significación marginal de los mercados internos desapareció, al tiempo que los mercados externos registraban un sólido crecimiento. La liberalización del comercio exterior llegó a aceptarse como el precio que había que pagar para que aumentase el ingreso interno y lograr la recuperación de la economía. Por este motivo, los exportadores y las empresas productoras de bienes sustitutivos de las importaciones han empezado a respaldar la liberalización de los intercambios en todos los países de América Latina.

El hecho de que la liberalización del comercio exterior suele ponerse en marcha en épocas de crisis tiende a sesgar la evaluación de sus efectos. La liberalización es contemporánea del estancamien-

---

[2] Gordon H. Hanson (1991) examina el caso de las maquiladoras mexicanas.

to, el aumento del desempleo, la reducción de los salarios reales y el aumento de la pobreza. Por ello, la evaluación de sus efectos independientes viene sesgada por el deterioro de la situación que lleva aparejado. Es muy normal asociar las crisis económicas con episodios de liberalización y así, el "efecto de la crisis" sobre el ingreso, el desempleo y la pobreza se entremezcla con el "efecto de la liberalización del comercio exterior". Para obtener una evaluación útil de los efectos de la liberalización, la solución es aislarla de otros factores.

Los experimentos realizados en Argentina, Uruguay y Chile terminaron con un cambio de rumbo de la tendencia liberalizadora al declararse la crisis de la deuda a principios de la década de 1980. La idea de que la liberalización representa una peligrosa solución de compromiso entre el elevado costo del ajuste a corto plazo y los beneficios que pueda traer un futuro indeterminado está presente, como telón de fondo, en todos los debates de política económica en los que se analiza la inviabilidad política de la reforma. Además, la creencia de que la liberalización es perjudicial porque engendra pobreza refuerza la resistencia a poner en marcha iniciativas que persigan la reforma.

La culpa por asociación y la mala publicidad han hecho que la liberalización del comercio exterior tenga una pésima reputación en los países sudamericanos. Cabe preguntarse si esa reputación está justificada; yo creo que no. En los últimos tiempos, el único ejemplo auténtico de liberalización en el Cono Sur es el de Chile, que se ha descrito como un caso desastroso de reforma con *shocks* del comercio exterior (más adelante argumentamos que no hubo tales *shocks* y que el proceso no fue desastroso). Por otra parte, en el caso de Argentina y Uruguay el proceso duró muy poco, no se hizo en el momento oportuno y se aplicó mal: por consiguiente, los resultados no sirven de mucho a los efectos del presente análisis. Otro ejemplo de liberalización del comercio exterior en América del Sur, con reformas moderadas es el de Colombia cuyo proceso, iniciado a instancias del Banco Mundial, ofrece conclusiones muy distintas.

Al examinar de nuevo los efectos de los procesos de liberalización del comercio exterior es conveniente recordar los casos en que se ha realizado en momentos de prosperidad, a fin de evitar la confusión tan difundida entre la crisis y los efectos de la liberalización. Hemos elegido el caso de Corea para ofrecer un ejemplo en el que no se ve la sombra de la crisis económica.

Las conclusiones obtenidas de esta muestra sumamente seleccionada son un tanto sorprendentes, pero son aplicables al proceso de liberalización de España y de otros países. Los costos derivados del ajuste, en forma de aumento del desempleo y reducción de los salarios reales, no parecen ser un rasgo característico en los episodios de liberalización examinados. Solo en el caso de Chile encontramos un aumento duradero del desempleo que se mantiene más allá del período de estabilización. Sin embargo, un segundo episodio de liberalización, posterior a 1985, coincidió con una reducción del desempleo que llegó a niveles ligeramente más altos que los vigentes en los años sesenta. Por otra parte, confirmamos que los procesos de liberalización no conllevan automáticamente un alivio de la pobreza.

Ejemplos de apertura en Chile

La liberalización del comercio exterior en Chile se realizó en dos episodios separados. El primero tuvo lugar entre 1974 y 1979, y el segundo desde 1985 hasta la fecha.

En la primera fase de la liberalización, Chile encaró un proceso profundo mediante la reducción de los aranceles y la eliminación de las barreras no arancelarias al comercio exterior. El programa se puso en marcha en marzo de 1974 y en el marco de su aplicación se redujo el nivel medio de los aranceles de un 90 por ciento inicial al 44 por ciento en 1975, al 27 por ciento en 1976 y al 10 por ciento en junio de 1979. Durante este período también se redujeron por etapas los aranceles máximos hasta lograr una tasa uniforme del 10 por ciento en 1979.

Durante la crisis de los años 1982-1984 se produjo un giro parcial de las medidas de liberalización. En 1982 se aumentaron los aranceles hasta el 20 por ciento y en 1984 volvieron a aumentarse hasta el 40 por ciento. La segunda reducción de los aranceles es un proceso continuo que abarca los últimos años del régimen militar y las primeras iniciativas del gobierno democrático. Esta segunda etapa se diferencia de la primera en que su ejecución fue algo más lenta. Los aranceles se redujeron al 35 por ciento en 1985, y a partir de ese año fueron reduciéndose por etapas al 30 por ciento, al 20 por ciento y finalmente al 15 por ciento. El gobierno democrático consolidó el proceso imponiendo un arancel uniforme del 11 por ciento en 1991, con lo que se restableció, en esencia, la estructura arancelaria vigente durante el período 1979-1982.

Resulta difícil interpretar el proceso de liberalización del comercio exterior en el caso de Chile, pues es objeto de una gran polémica que oculta la diferenciación entre el "efecto crisis" y el "efecto liberalización". Sebastián Edwards y Alejandra Cox Edwards (1987) calculan en un máximo equivalente al 3,5 por ciento los efectos de la primera liberalización del comercio exterior sobre el desempleo en el caso chileno.

El primer experimento de liberalización con shocks en Chile se hizo en un mal momento para el cobre, su principal producto de exportación (que, a principios de los años ochenta, todavía constituía entre el 70 por ciento y el 80 por ciento de las exportaciones totales). El precio del cobre sufrió una caída de 93 a 56 centavos de dólar la libra de 1974 a 1975, un fuerte choque de un año de duración que no estuvo seguido de una recuperación. En términos reales, el precio del cobre en 1978 fue aproximadamente un tercio del registrado en 1973. Sin embargo, el aumento de otras partidas de exportación compensó ampliamente este descenso. Por ejemplo, las exportaciones de productos agrícolas se duplicaron entre 1974 y 1979. Las exportaciones de productos manufacturados se triplicaron durante el mismo período, encabezadas por la harina de pescado, la madera, los productos de papel, los productos químicos y las industrias de metal. Como resultado, el valor en dólares de las exportaciones se duplicó con creces durante 1975-1979.

La rápida reacción de las exportaciones chilenas ante el proceso de liberalización resulta todavía más sorprendente, sobre todo teniendo en cuenta el aumento de los salarios reales durante la última parte del proceso, el deterioro de la relación de intercambio, la caída del precio del cobre, la política de tipos de cambio, el ajuste para evitar la hiperinflación y los problemas económicos que padecía no solo el país, sino también la economía mundial en aquellos momentos, como por ejemplo, la crisis del petróleo y la recesión mundial.

Los salarios reales aumentaron rápidamente con el proceso de liberalización, pero también aumentó la pobreza, debido en gran parte al incremento del desempleo que subió del 9,2 por ciento en 1974 al 11 por ciento en 1991. Sin embargo, no siempre se reconoce que las tasas de desempleo bajaron durante la mayor parte del proceso de ajuste.[3] La reacción de las exportaciones ante la liberalización del comercio exterior contribuyó, por lo menos, a compensar la caída de los precios del cobre, propició una mayor diversificación del sector de exportación y facilitó un difícil proceso de ajuste macroeconómico.

En definitiva, el aumento del desempleo fue, más que un com-

---

[3] En el punto más bajo de la depresión de 1975-1976 se introdujo un programa de empleo público de emergencia a través del cual se dio empleo con salario bajo a un 7 por ciento de la población activa del país; además se prorrogó su período de aplicación y se amplió la cobertura para dar cabida a un programa de capacitación. También se introdujo y se prorrogó un programa de subsidios salariales del que se beneficiaron los trabajadores no calificados.

portamiento cíclico o una reacción ante el ajuste derivado de la liberalización, un fenómeno de larga duración. Cabe preguntarse si ello se debió a otros factores o si fue un efecto permanente de la política de liberalización. La nueva tasa de desempleo fue un elemento *bona fide* y no reflejó un incremento de la tasa de ocupación o de la tasa de participación de la población activa, que se ha mantenido alrededor del 50 por ciento desde los años sesenta.

El segundo episodio de liberalización, que se produjo entre 1985 y 1991, hace pensar que el proceso no entrañó una tasa de desempleo permanentemente alta. Si bien se redujeron paulatinamente los aranceles del 35 por ciento al 11 por ciento, el desempleo bajó del 15-18 por ciento a mediados de los años ochenta al 7 por ciento en 1991. Estos datos revelan que el aumento del desempleo que coincidió con las reformas de los años setenta no se convirtió en una característica permanente del mercado de trabajo.

El caso de Chile representa un ejemplo de liberalización profunda del comercio exterior, que estuvo asociado a elevadas tasas de desempleo durante unos quince años. Cabe preguntarse si puede imputarse el aumento del desempleo al proceso de liberalización. Este aumento registrado a lo largo de 17 años no parece ser un fenómeno cíclico. Las prácticas de fijación de salarios solo pueden justificar dicho aumento al principio de los años ochenta, pero no durante todo el proceso. Los cambios en la estructura económica del país, debidos a la política comercial e industrial que se aplicó, parecen ser la variable explicativa natural. Sin embargo, el segundo episodio de liberalización arroja serias dudas sobre la hipótesis de que este fuera el principal factor subyacente tras las elevadas tasas de desempleo.

La liberalización chilena tuvo éxito no porque fuese rápida, sino porque fue global y modificó la estructura económica del país y las condiciones de competitividad. Los datos podrían incluso sugerir que la liberalización fue un factor positivo en la reducción del desempleo y que contribuyó al aumento de los salarios reales durante el proceso de ajuste.

La experiencia chilena se ha caracterizado por la presencia de un elevado diferencial entre la retribución de la mano de obra calificada y la no calificada, aunque quizá haya que tener en cuenta, a este respecto, lo limitado de la actividad sindical. Esto da lugar a una distribución más desigual del ingreso, así como a una tasa de rentabilidad más elevada de las inversiones en capital humano. Como consecuencia de todo ello, se ha producido una expansión de la educación a todos los niveles, incluida la proliferación de centros de enseñanza de inglés en Santiago. Mientras que el gobierno ha concentrado su gasto en la educación de los grupos más desfavorecidos, el sector privado ha cubierto a los otros sectores de la población. La experiencia y la estrategia del gobierno ponen de manifiesto el hecho de que los sectores menos aventajados dependen del respaldo que les brinda el sector público para cosechar los importantes beneficios que ha posibilitado la reforma del comercio exterior.

Crecimiento orientado a la exportación y proceso de liberalización en Corea

La experiencia de Corea en lo que respecta al fomento de las exportaciones, unido a la liberalización del comercio exterior, constituye también un buen ejemplo para analizar muchas de las características examinadas anteriormente. A partir de los años sesenta, el gobierno de Corea aplicó una activa política favorable a los intercambios comerciales. Kwang Suk Kim (1988) ha estimado el impacto que tuvo sobre las subvenciones a la exportación toda una serie de incentivos y de medidas tributarias y no tributarias durante el período 1958-1983. A fines de los años cincuenta, los subsidios a la exportación ascendían a más del 100 por ciento; a comienzos de los años sesenta, esa cifra se redujo hasta una escala del 14 por ciento al 30 por ciento. Las subvenciones a la exportación fluctuaron dentro de esos márgenes durante todo el período que abarca la estimación.

La liberalización del comercio exterior se produjo en varias fases, principalmente por medio de rápidas reducciones de las restricciones cuantitativas y de exenciones a los aranceles sobre la importación. Cabe señalar que los promedios simples de las tasas arancelarias normales solo reflejan en parte esta liberalización. Dichos promedios se mantuvieron alrededor del 40 por ciento en los años sesenta, bajaron hasta el 30 por ciento en los setenta y volvieron a bajar hasta el 20 por ciento a principios de los años ochenta. Las tasas arancelarias reales calculadas como recaudación sobre el valor de las importaciones muestran un descenso de más del 40 por ciento en 1960 a menos del 10 por ciento en 1962; a partir de este año, fluctuaron entre el 5 por ciento y el 9 por ciento. Las tasas efectivas también se sitúan por debajo del 10 por ciento en promedio.

Corea ha mantenido vigente un sistema de aprobación de las importaciones por parte del gobierno. El alcance de la liberalización de las importaciones coreanas suele medirse como la razón entre el número de partidas aprobadas automáticamente y el número total de partidas permisibles. Con arreglo a esta medida, se produjo una liberalización sustancial en 1956-1957 y en 1966-1967, aumentando en ambos casos el número de las partidas permisibles y el de las automáticamente aprobadas.

Un tercer período de liberalización, debido en parte a las presiones internacionales en favor de la apertura de los mercados coreanos, coincide con la crisis macroeconómica y de la deuda de 1980-1982. El "efecto crisis" y el "efecto liberalización" se sitúan uno junto al otro, aunque la rápida recuperación hace pensar que el desempleo no fue una consecuencia del proceso de reforma.

La apertura en el caso de Corea es un proceso paulatino pero constante, en virtud del cual el coeficiente exportación/producto nacional bruto (PNB) aumentó del 6 por ciento en 1960 al 14 por ciento en 1968 y al 42 por ciento en 1986. La tasa de crecimiento del PNB real registrada durante ese período es una de las más rápidas del mundo. La comparación de los dos principales períodos de liberalización en los años sesenta y en los ochenta ilustra muy bien el "efecto liberalización" y el "efecto crisis".

En los años sesenta se redujeron las subvenciones a la exportación y se hicieron recortes sustanciales en las tasas reales de recaudación de los aranceles y en las restricciones no arancelarias impuestas al comercio exterior. Sin embargo, no se registró un aumento del desempleo ni un descenso de los salarios reales como consecuencia de estos acontecimientos. Por el contrario, disminuyó el desempleo y aumentaron los salarios reales. Las únicas reducciones de los salarios reales durante el período se produjeron a principios de los años sesenta; a partir de entonces, los salarios reales registraron un aumento constante hasta la crisis de 1980-1981.

Todo ello sucedió al tiempo que se alteraron sustancialmente las estructuras industriales del PNB y las exportaciones. Durante los años sesenta, Corea exportó productos en cuya fabricación se hacía uso intensivo del factor trabajo y productos industriales livianos. El desarrollo de las industrias de productos químicos y la industria pesada con uso intensivo del factor trabajo se produjo en los años setenta. La proporción de productos manufacturados como porcentaje de la exportación total subió del 18 por ciento en 1962 a más del 50 por ciento en 1964 y sobrepasó el nivel del 80 por ciento en 1970.

El uso de la llamada represión de los salarios como estrategia de exportación debería evaluarse en función de los tremendos aumentos de productividad registrados durante el período, que fueron superiores al continuo incremento de los salarios. En este contexto, el rápido crecimiento de las exportaciones y de la competitividad internacional está en función de los aumentos de productividad. La liberalización del comercio exterior, entendida en sentido amplio, desempeñó un papel fundamental en este proceso, facilitando la importación de los insumos del exterior, así como la transferencia de tecnología procedente del extranjero. Durante las etapas iniciales de crecimiento, el país utilizó eficientemente los pocos recursos calificados disponibles. Para lograr el máximo aprovechamiento, los compartió con un pequeño número de grupos industriales de gran envergadura: *"el chaebol"*. De esta manera, se pudo explotar las economías de escala en la utilización de los conocimientos. Además, se estimuló la transferencia de tecnología y se mejoró la enseñanza. Este enfoque tan inteligente cambió la faz de la economía coreana, que en esa época competía activamente con los países industriales en un conjunto de productos muy diversos.

La liberalización de los años ochenta se produjo en un momento de crisis. El proceso se asoció con breves descensos de los salarios reales y aumentos del desempleo. Sin embargo, la crisis se debió a otros factores, como el elevado volumen de la deuda y la recesión mundial, y en parte se superó rápidamente gracias a una reanudación del crecimiento de las exportaciones. Es difícil detectar una reacción negativa clara de los salarios reales o del desempleo en el marco de este episodio, aunque se asemeja a los modelos de crisis con liberalización de América Latina.

El caso de Corea representa la aplicación de una estrategia basada en una masiva promoción de las exportaciones y acompañada de una liberalización paulatina del comercio exterior. La política macroeconómica ha servido de apoyo a la política industrial en varias formas. Las medidas de política fiscal, por ejemplo, pusieron énfasis en el desarrollo industrial durante los años sesenta y setenta, aunque el presupuesto y la inflación, a principios de los años ochenta, desplazaron la atención hacia el control macroeconómico. Por su parte, la competitividad de las exportaciones se mantuvo mediante una depreciación real en los años sesenta. Esto demuestra que el caso de Corea no se trata de una estrategia de libre comercio y, por lo tanto, constituye un buen ejemplo para demostrar que la liberalización y el libre comercio son dos conceptos diferentes.

La especialización de las exportaciones y la retribución de la mano de obra reflejan la lógica de esta estrategia. La experiencia exportadora de Corea se inició con los sectores de salario bajo y no se hizo extensiva a los de salario más alto hasta los años setenta. La gran diferencia entre la retribución de la mano de obra calificada y la no calificada está presente durante todo el período, aun en los momentos en que se produce una rápida acumulación de capital humano. La mayor retribución que reciben los graduados universitarios ha hecho aumentar la tasa de participación en este tipo de enseñanza hasta niveles muy cercanos al de las sociedades industriales. Con todo, la pobreza sigue constituyendo un problema en una sociedad en expansión y todavía persisten los desequilibrios regionales y urbano-regionales.

Las diferencias salariales entre los distintos niveles de calificación se redujeron entre 1971 y 1986, pero siguen siendo elevadas si se comparan con otros países. El diferencial entre los varones universitarios y los graduados de escuelas secundarias era del 100 por ciento en Corea, mientras que en Japón no pasaba del 30 por ciento. Análogamente, se observan grandes diferencias entre la retribución de los empleados de oficina y la de los obreros manuales, aunque éstas aumentaron en realidad entre 1971 y 1976. Esto quizá ayude a explicar por qué la conflictividad laboral fue en 1987 diez veces mayor que en 1986 (Lindauer, 1991).

Conclusiones

Hemos examinado dos propuestas sencillas, aunque un tanto heterodoxas. En primer lugar, no cabe suponer, puesto que tampoco existen pruebas concluyentes, que la liberalización del comercio exterior produzca, en general, un aumento de la pobreza o del desempleo o una reducción de los salarios reales durante el proceso de ajuste. Normalmente, cuando se afirma lo contrario, la aseveración se basa en la coincidencia simultánea de un proceso de liberalización del comercio exterior con una crisis económica, lo que da lugar a una relación espuria. En segundo lugar, los casos prácticos analizados indican que, si bien es posible que la liberalización del comercio exterior esté acompañada de aumentos más duraderos del desempleo e incluso de una mayor incidencia de la pobreza, no necesariamente ha de ser así. Conforme a esta evidencia, cabe pensar en que la liberalización entraña grandes beneficios agregados a largo plazo, aunque no necesariamente en materia de desigualdades y pobreza.

Puede ocurrir que la liberalización del comercio exterior no se traduzca en un aumento permanente de la tasa de crecimiento si no se acompaña de medidas encaminadas a incrementar la transferencia de tecnología y la capacitación de los recursos humanos en términos de mano de obra calificada. Argumentos del tipo de las soluciones sin salida hacen pensar que, aun cuando un aumento de la diferencia entre la retribución de los trabajadores calificados y los no calificados sea un incentivo para estimular un mayor volumen de inversiones en capital humano, las familias de bajos ingresos y escasos recursos serán incapaces de atravesar el muro de la pobreza.

De nuestro análisis se desprende que, desde el punto de vista de la política económica, no se justifican las prevenciones de las autoridades a la hora de poner en marcha un proceso de liberalización ya que este no es una mera apertura de las fronteras a la importación de bienes de consumo, también promueve las exportaciones. La dilatada experiencia que aportan los casos analizados confirma en parte el "optimismo a largo plazo" de muchos economistas en lo que respecta a la relación entre la liberalización y la pobreza. Además, se reconfirma la relación entre apertura y crecimiento más rápido. La reacción de la economía —rápido crecimiento— frente a la liberalización contradice las bajas estimaciones en cuanto al aumento del bienestar social que puede obtenerse con modelos generales de crecimiento computables. La evidencia indica que la liberalización del comercio exterior tiene un efecto de crecimiento a largo plazo que se pasa por alto en los cálculos del equilibrio general, dado que estos se concentran en una asignación estática de los recursos y en los beneficios que se obtienen en materia de consumo.

Por otra parte, no cabe esperar milagros rápidos, ni siquiera a mediano plazo, de la liberalización del comercio de mercancías exclusivamente. En la actualidad, para alcanzar niveles más altos de crecimiento, no basta con tener acceso a los bienes extranjeros, sino que se precisa capacidad para hacer innovaciones o beneficiarse las que se hacen en otros lugares. La liberalización es una puerta abierta al alivio de la pobreza, pero para lograrlo quizá sea necesario aplicar otras medidas en el sector público o en los mercados financieros. Al beneficiar a la sociedad en su conjunto, la liberalización reduce la pobreza en sentido absoluto, aunque no así en lo que respecta a la distribución observada del ingreso en términos de igualdad.

En esencia, la liberalización del comercio exterior se traduce en un aumento del rendimiento de los programas encaminados a erradicar la pobreza, concebidos en sentido amplio para incluir los aspectos de educación, capacitación y reciclado, acceso de los grupos excluidos al mercado y toda una serie de medidas orientadas a mitigar la situación. Ahora bien, ello no significa en modo alguno que la pobreza vaya a desaparecer por sí sola o que vaya a reducirse automáticamente: la consecución de este objetivo es competencia de las propias autoridades.

REFERENCIAS

Bourguignon, F., de Melo, J. y Morrison, C. 1991. Poverty and Income Distribution during Adjustment. Policy Research Working Papers, Working Papers Series 810. Washington, D.C.: Banco Mundial.

Edwards, S. y Cox Edwards, A. 1987. *Monetarism and Liberalization. The Chilean Experiment*. Cambridge: Ballinger Publishing Company.

Kim, K. S. 1988. *The Timing and Sequencing of a Trade Liberalization Policy: The Case of Korea*. Washington, D.C.: Banco Mundial.

Lindauer, D. L. 1991. Labor Relations in Korea: The Roots and the Crisis. *Impact of Recent Developments on U.S.-Korean Relations & in the Pacific Basin*. Washington, D.C.: Korean Economic Institute of America.

Rivera-Batiz, L. A. y Romer, P. M. 1991a. Economic Integration and Endogenous Growth. *Quarterly Journal of Economics* (106) 2: 531-555.

_____. 1991b. International Trade with Endogenous Technological Change. *European Economic Review*, (35) 4: 971-1.001.

Rivera-Batiz, L. A. y Xie, D. 1992. "World Trading Systems and Endogenous Growth". Montreal: University of Montreal. Documento mimeografiado.

Romer, P. M. 1990. Are Nonconvexities Important for Understanding Growth? *American Economic Review.* (80) 2: 97-103.

BIBLIOGRAFIA

Bhagwati, J. 1991. *The World Trading System at Risk*. Princeton: Princeton University Press.

Bruno, M. 1988. Opening Up: Liberalization with Stabilization. En: R. Dornbusch y F. Helmes, eds. *The Open Economy. Tools for Policymakers in Developing Countries*. Nueva York y Oxford: Oxford University Press.

Dornbusch, R. y Park, Y.C. 1987. Korean Growth Policy. *Brooking Papers on Economic Activity*. Vol. 2.

Feenstra, R. 1990. Trade and Uneven Growth. Documento de trabajo No. 3276. Nueva York: National Bureau of Economic Research.

Fernández, R. y Rodrik, D. 1990. Why is Trade Reform so Unpopular? Status Quo Bias in Policy Reforms. Documento de trabajo 3269. Nueva York: National Bureau of Economic Research. También CEPR Discussion Paper Series, No. 391, marzo de 1990.

Grossman, G. M. y Helpman, E. 1991. *Innovation and Growth in the Global Economy*. Cambridge: Massachusetts Institute of Technology Press.

_____. 1990. Comparative Advantage and Long-Run Growth. *American Economic Review*, 80: 796-815.

Hanson, G. H. 1991. "Geography and Trade in Mexico: Dispersion, Agglomeration and Market Access". Cambridge: Massachusetts Institute of Technology. Tesis doctoral.

Rivera-Batiz, L. A. y Xie, D. 1993. Integration between Unequals. *Regional Science and Urban Economics*. Vol. 23.

_____. 1992. GATT, Trade and Growth. *American Economic Review*. (82) 2: 422-427.

Romer, P. M. 1990. Endogenous Technological Change. *Journal of Political Economy*. 98.

Comentarios de Ramón López

La idea de Rivera-Batiz de integrar los modelos de crecimiento endógeno en el análisis de la pobreza y la distribución de ingreso es muy apropiada. La teoría del crecimiento endógeno ha sido uno de los más importantes avances recientes en el análisis del desarrollo económico. Su uso en el estudio de la pobreza puede resultar potencialmente muy útil, tanto del punto de vista analítico como de política económica. Sin embargo, al utilizar modelos de crecimiento endógeno para analizar la relación entre la pobreza y la liberalización económica, Rivera-Batiz no parece haber logrado una nueva perspectiva. Los principales resultados de Rivera-Batiz no aportan en realidad nada nuevo con respecto a aquellos que se obtienen utilizando esquemas teóricos más convencionales.

¿Cuáles son las conclusiones del estudio de Rivera-Batiz? La liberalización económica *per se* (separándola de los efectos de las políticas de estabilización económica que generalmente se aplican al mismo tiempo) no parece tener efectos negativos sobre la distribución del ingreso o la pobreza. El sector privado tiene aparentemente una muy alta flexibilidad para adaptarse a cambios drásticos en la estructura de incentivos que el proceso de liberalización implica. La respuesta de la oferta de bienes y servicios a los cambios en los precios relativos es aparentemente muy alta. Lo que Rivera-Batiz demuestra es que por estas razones la tasa de desempleo no aumenta, ni los salarios reales (por lo menos en el sector formal), necesariamente caen en episodios de liberalización o apertura económica. Este resultado no es, por supuesto, nuevo y ha sido enfatizado, por ejemplo, en varios estudios publicados por el Banco Mundial en los últimos años.

El hecho de que el desempleo no aumente o que los salarios reales en el sector formal no caigan, no necesariamente significa que la pobreza extrema no empeore a causa de la apertura económica. El desempleo en América Latina es típicamente un fenómeno de clase media (excepto en casos extremos como Chile en los años setenta, cuando llegó a niveles extraordinariamente altos). Los pobres no pueden darse el lujo de mantenerse desempleados. En realidad los pobres trabajan preferentemente en el sector informal, donde los ajustes a cambios en la demanda se dan casi enteramente a través de precios y salarios con relativamente poca variación en los niveles de producción y empleo. Desgraciadamente, la disponibilidad de datos sobre el sector informal es muy escasa, por lo cual resulta muy difícil establecer si este sector es capaz de adaptarse en forma tan flexible a los cambios en los precios relativos como el sector formal de la economía. Si el supuesto de que el sector informal produce preferentemente bienes no transables (por ejemplo servicios o bienes de calidad inferior que no se comercializan en los mercados internacionales), podría esperarse que la apertura económica causaría una caída en los ingresos del sector informal por lo menos en el corto plazo.

Otro aspecto enfatizado por Rivera-Batiz es que la liberalización o apertura económica causa una aceleración del crecimiento económico. Un crecimiento más rápido puede ser, obviamente, un buen antídoto contra la pobreza. En esto los modelos de crecimiento endógeno pueden desempeñar un importante papel al proporcionar una justificación teórica para los vínculos entre apertura y crecimiento. El problema fundamental es, sin embargo, establecer las condiciones en las cuales el crecimiento económico puede tener realmente un efecto significativo contra la pobreza. La experiencia histórica de algunos países que han experimentado períodos prolongados de rápido crecimiento (como el caso de Brasil en los años sesenta y setenta) indica que la población de bajos ingresos se beneficia de una manera muy insignificante. La relación entre crecimiento y pobreza no debe pues examinarse en forma puramente mecánica.

El efecto de la apertura económica sobre la pobreza depende críticamente, a mi juicio, del grado de flexibilidad de los sectores pobres frente a los cambios en la estructura de incentivos económicos. La apertura económica no solo genera cambios drásticos en los precios relativos, sino que también engendra un ambiente económico mucho más dinámico. Al incorporarse mucho más integralmente a los mercados mundiales, tanto de bienes y servicios como financieros, la economía queda mucho más expuesta a frecuentes *shocks* generados en aquellos mercados. Si los pobres en el sector informal tienen dificultades para responder a estos cambios, es muy probable que su nivel de bienestar económico se reduzca en una apertura económica. En esta perspectiva, es esencial considerar a los pobres como pequeños productores, ya sea minifundistas agrícolas, pequeños artesanos, comerciantes o asalariados en pequeñas empresas del sector informal.

Pueden postularse por lo menos cinco hipótesis que explicarían una menor flexibilidad de los productores pobres para responder a cambios en los precios relativos, y por lo tanto un deterioro de su situación en condiciones de apertura económica (una menor flexibilidad de respuesta a incentivos económicos no necesariamente implica falta de racionalidad, sino que más bien refleja una mayor limitación en las posibilidades de producción de los pobres):

• Los bajos niveles de educación básica de los pobres limitan su flexibilidad. Los cambios en los precios relativos típicamente requieren iniciar nuevas actividades, adquirir nuevas especializaciones técnicas, producir nuevos rubros y dejar de producir o restringir la escala de producción de rubros tradicionales. El hecho de que los niveles básicos de educación sean tan limitados hace que a los pequeños productores les resulte muy difícil lograr lo anterior, lo que a su vez restringe mucho su capacidad de respuesta a los cambios en los precios. En general, la habilidad para absorber la nueva información y tecnología necesarias para cambiar la estructura productiva se ve sumamente limitada cuando los niveles básicos de educación son restringidos. La demora en adaptarse a las nuevas condiciones de mercado significa que los pequeños productores verán su ingreso sensiblemente disminuido en un ambiente de constantes cambios.

• Fallas de mercado. Los productores pobres tienen acceso restringido a los mercados de capital o de crédito. Los cambios en las condiciones de mercado exigen nuevas inversiones para readecuar la capacidad productiva. Un productor pobre de semisubsistencia cuenta con fondos propios muy limitados para financiar estas inversiones, aun cuando estas sean modestas. Por lo tanto, si los pequeños productores no tienen acceso al crédito no les va a ser posible readecuar su capacidad productiva frente a los cambios en los precios relativos. Ello, a su vez, causará una insuficiente respuesta de oferta con las consiguientes pérdidas de ingreso.

• Los factores de producción con que cuentan los pequeños productores son generalmente marginales, cualitativamente inferiores a aquellos usados por los sectores de más altos ingresos. Por ejemplo, la calidad de la tierra usada por los minifundistas agrícolas es muy inferior a la utilizada por los productores medianos y grandes (la falta de riego y la erosión son problemas típicos que afectan a los productores más pobres). Esta baja calidad de la tierra limita considerablemente la gama de productos que los agricultores pobres pueden producir. Por lo tanto, en situaciones en las que la apertura económica implica una caída de los precios de los cultivos tradicionales, los pequeños productores encontrarán muchas dificultades para desplazar su producción hacia rubros no tradicionales (ahora más rentables) si estos últimos requieren riego o tierras de superior calidad.

• Discriminación racial. El color de la piel y el grado de pobreza parecen estar altamente correlacionados en América Latina. La pobreza se concentra más intensamente en los sectores indígenas o mestizos de la población. Al parecer la discriminación en el trabajo, la educación y las oportunidades empresariales desempeñan un importante papel en la explicación de lo anterior. Creo que el hecho de que Argentina y Uruguay tengan una mejor distribución de ingresos que el resto de América Latina y que al mismo tiempo sean los países racialmente más homogéneos no es una casualidad. Pienso que es tiempo de investigar seriamente el papel de la discriminación racial como fuente de pobreza en América Latina.

• El fenómeno llamado histéresis es potencialmente mucho más serio para los pobres que para el resto de los productores. Un deterioro puramente temporario de los precios de los bienes producidos por los pobres, por ejemplo, puede causar una caída permanente en su ingreso. La reducción temporaria del ingreso puede causar un considerable deterioro de la salud de los pobres si esta reducción no les permite solventar sus gastos médicos preventivos y/o curativos más esenciales. Ello a su vez va afectar su capacidad productiva presente y futura. Otro ejemplo de histéresis está asociado con el deterioro de los recursos naturales y los suelos, que ocurre cuando los productores agrícolas de semisubsistencia carecen de los recursos necesarios para aplicar prácticas mínimas de conservación con el fin de mantener la capacidad productiva de los suelos. El daño al suelo y otros recursos naturales es generalmente muy difícil de revertir, y por lo tanto la falta de conservación durante un período de precios bajos puede causar un daño permanente a la capacidad productiva y al ingreso de los pequeños productores.

Del análisis anterior surgen las siguientes conclusiones:

• Se debe considerar explícitamente el hecho de que los pobres son productores sujetos a condiciones muy diferentes a las del resto de los productores.

• El estudio empírico de los pobres como productores es esencial y va a requerir la generación de información no tradicional basada en encuestas específicas; para atender el problema de la pobreza es necesario ir más allá de los análisis puramente descriptivos basados en información agregada.

• Es muy importante verificar empíricamente la validez de las hipótesis descritas para poder tomar las medidas más efectivas que mejoren la situación de los pobres en el nuevo ambiente económico liberalizado y abierto.

• Dado el análisis anterior, declarar frívolamente que la apertura económica es "buena" para los pobres es simplemente irresponsable y dogmático; un análisis más profundo sugiere que el ingreso de los pobres probablemente se deteriora en un ambiente de liberalización económica.

• El gran desafío es diseñar las políticas más efectivas y menos costosas para mitigar los efectos negativos de la apertura sobre los pobres. El análisis empírico serio de las hipótesis analizadas anteriormente es una condición necesaria para diseñar tales políticas.

Comentarios de Alberto Petrecolla

El trabajo de Rivera-Batiz penetra con inteligencia los problemas de la liberalización, la distribución y la pobreza, los ubica donde hay que hacerlo y los analiza con originalidad e imaginación. Por otra parte, su enfoque del tema no excluye otros modelos más tradicionales, lo que hace que su trabajo resulte muy estimulante. Manteniéndome dentro de esta consideración básica, voy a tratar dos temas relacionados con el trabajo del profesor Rivera-Batiz, analizándolos dentro de la lógica de su modelo.

El primero se refiere a la afirmación de que los problemas de distribución y pobreza que se observan en algunos casos de liberalización podrían en realidad estar más relacionados con las condiciones previas que llevaron a ella o con algún otro tipo de problemas ajenos a la liberalización en sí misma. El otro tema que me interesa tratar aquí es el papel de la acumulación de capital humano como determinante de este proceso endógeno de crecimiento y los efectos de este proceso sobre la distribución del ingreso y la pobreza.

En primer lugar, quiero plantear una distinción que en el fondo me va a llevar a tratar el tema de la "enfermedad holandesa" o de algo parecido a ella. Me parece útil para los propósitos de mi comentario dividir los programas de liberalización, en principio, en dos grupos. El primero está constituido por aquellos programas donde la liberalización del comercio está ligada de alguna manera a un programa de estabilización, ya sea formando parte explícitamente del diseño del programa o a través de un proceso histórico tal vez no demasiado claro pero muy real. En estos casos el proceso de liberalización se vincula a un programa de estabilización, de manera que en realidad el objetivo principal no es tanto la eficiencia de la asignación de recursos en el largo plazo, sino el control de la tasa de variación del nivel de precios. Las experiencias del Cono Sur de fines de los años setenta, y también algunas posteriores, se encuadran precisamente en este caso. El otro conjunto de programas de liberalización es el más tradicional, el más limpio, es aquel en el cual se procede a liberalizar partiendo de condiciones iniciales no inflacionarias, con vistas a mejorar la eficiencia de la asignación de los recursos. El primer caso es el que puede derivar en una "enfermedad holandesa" esencialmente porque en los hechos, los programas de estabilización, además de sus componentes fiscal y monetario, suelen utilizar alguna variable como ancla del nivel de precios: puede ser el salario o muy frecuentemente en los últimos años, el tipo de cambio. Veamos en qué medida esta situación puede analizarse mediante el modelo que nos presenta el profesor Rivera-Batiz.

Cabe destacar que esta familia de programas es relevante porque hay casos numerosos y crecientes de matrimonio estabilización-liberalización. No se trata aquí de entrar en una descripción pormenorizada de este tema ya conocido y discutido. Simplemente basta con mencionar que en esta clase de programas de liberalización se procede a la eliminación de una serie de restricciones arancelarias y no arancelarias al comercio, es decir, a abrir la economía no tanto porque ello ayuda a la asignación de recursos y al crecimiento volcando la producción hacia bienes transables, sino simplemente para poner un tope al aumento del nivel de precios.

Al reducirse o eliminarse las restricciones hay una apertura, pero es una apertura muy sui generis porque los precios relativos derivados de anclar el tipo de cambio hacen que se expanda el sector de bienes no transables con relación al de transables, o sea el resultado opuesto al que se obtendría con un programa de liberalización pura. Las consecuencias, vistas con el esquema que nos presenta el profesor Rivera-Batiz, son inmediatas y claras. La inversión se vuelca más al sector de bienes no transables que al de transables, justamente porque los precios relativos inherentes al programa así lo indican. No hay incentivos para invertir en capital humano ni en capital físico en los sectores sujetos a la competencia internacional. Cualquier recuperación de la economía se basa en la expansión de la construcción residencial, los servicios —particularmente los monopólicos— y otras actividades no sustitutivas de importaciones volcadas al mercado interno.

En estos casos, la pobreza y la distribución del ingreso no se ven afectadas desfavorablemente en un primer momento por varias razones. Primero, porque estos programas de estabilización, en la medida que sean exitosos, permiten mantener y aun aumentar los salarios reales. En todo caso, lo que se observa es un aumento del salario real en una primera etapa, seguido por un aumento del consumo y de la absorción financiados con ingresos de capitales, y ningún efecto inmediato sobre la pobreza y mucho menos sobre el sector informal, que por otra parte está prácticamente volcado al sector de bienes no transables. Por supuesto que esta situación se revierte cuando la entrada de capitales cesa: la recesión resultante cambia los efectos, repercutiendo negativamente sobre la pobreza y la distribución del ingreso.

En el caso alternativo, cuando el programa de liberalización no está vinculado a un programa de estabilización de este tipo, el análisis del profesor Rivera-Batiz nos dice una cosa totalmente distinta. Sobre esto quiero simplemente hacer dos comentarios.

En primer lugar, el profesor Rivera-Batiz concentra el efecto de la apertura en el crecimiento a través de la expansión del sector de bienes transables, y en particular de los bienes de capital, excluyendo explícitamente los bienes de consumo. Mi impresión es que la expansión del sector de bienes de capital debe tener una gran importancia en la introducción de innovaciones y en la formación de capital humano. Al mismo tiempo, no veo razón para pensar a priori que las industrias de bienes de consumo no puedan tener los mismos efectos. Justamente en este desastre que fue la experiencia argentina de fines de los años setenta, quizá uno de los pocos hechos rescatables fue la transformación de una buena parte de la industria de bienes de consumo a través de la incorporación de nuevos métodos y modelos, y eventualmente de una mayor utilización de capital humano.

El último comentario se refiere al tema de la solución de esquina que se plantea y resulta más dramático cuando existe un sector informal importante, pero que se extiende a todos los casos en que haya racionamiento financiero. Este problema requiere una intervención específica que, en condiciones de restricción financiera, apoye la expansión de capital humano que postula el modelo para determinados grupos de población. No se trata de un respaldo a través de programas generales de educación, sino de programas dirigidos a sectores específicos.

En síntesis, el modelo de análisis que nos presenta Rivera-Batiz pone de relieve un mecanismo interesante y promisorio que promueve no solo la reasignación de recursos, sino el crecimiento a través de la apertura y la liberalización con la condición de que los precios relativos determinados por el programa sean los adecuados.

Capítulo 6

POLITICAS SOCIALES, POBREZA Y DISTRIBUCION DE INGRESOS EN AMERICA LATINA

Adolfo Figueroa[1]

En la última década la pobreza se ha agudizado en América Latina. En 1991 el ingreso per cápita de la región fue apenas similar al de 1977 y un 8 por ciento inferior al de 1980. Un estudio de Fields (1990) apoya la hipótesis de que la pobreza disminuye en períodos de crecimiento económico, al sostener que la pobreza declinó en los períodos de crecimiento registrados en Brasil (1960-1980), Colombia (1971-1978), Costa Rica (1961-1971 y 1983-1986) y México (1958-1977), y aumentó en los períodos de recesión en Brasil (1980-1983), Costa Rica (1979-1982) y Guatemala (1981-1987). El estudio no encuentra ningún caso en que durante un período de crecimiento haya tenido lugar una agudización de la pobreza, ni tampoco un período de recesión que haya estado acompañado de una reducción de la pobreza.

Los datos sobre la última década indican que el número de personas que viven en situación de pobreza extrema en la región aumentó de 136 millones en 1980 a 183 millones en 1989 (CEPAL, 1990). En Brasil (1981-1987) dicho número pasó de 23 a 33 millones; en Colombia (1978-1988) de 6 a 7,5 millones y en Venezuela (1978-1987) de 3,8 a 5,7 millones. En Costa Rica (1983-1986) en cambio decreció, pasando de 900.000 a 600.000 personas (Banco Mundial, 1990).

Sin embargo, los problemas de estabilidad social que suelen estar asociados a la pobreza no dependen sólo de las tasas de pobreza, sino también del grado de desigualdad prevaleciente, situación sobre la cual los datos son más escasos. Se sabe que los salarios reales han caído y por ello los ingresos entre los trabajadores deben haberse hecho más homogéneos, acercándose además al ingreso promedio de los trabajadores por cuenta propia. Pero los ingresos provenientes del capital no parecen haber caído, y menos probable

---

[1] El autor agradece los valiosos comentarios de Oscar Dancourt e Iliich Ascarza y asume plena responsabilidad por el contenido del trabajo.

aún en proporciones similares a los salarios. Estimaciones efectuadas por Programa Regional de Empleo de América Latina y el Caribe (PREALC, 1990) señalan que la participación de las ganancias en el ingreso nacional aumentó en toda la región del 55 por ciento en 1980 al 58 por ciento en 1989.

Una hipótesis plausible es que comparando sólo un punto en la curva de Loreni, y para un percentil alto de la distribución, digamos 95 o 98, la desigualdad debe haberse incrementado. La pirámide de ingresos se ha ampliado en su base, mientras que en sus capas superiores se ha estrechado o ha permanecido invariable. Como consecuencia, la "sociedad de excluidos" en la región es ahora flagrante.

El proceso de superación de la crisis es lento. En 1991, el PIB per cápita aumentó apenas 1 por ciento y fue el primer año de crecimiento después de cuatro años. Los programas de ajuste, al parecer, producen los efectos deseados sólo en el largo plazo. En este contexto, surge la pregunta: ¿habría que esperar la recuperación económica para atacar el problema de la pobreza?

En las siguientes secciones de este trabajo se intenta dar una respuesta a esa pregunta. En particular, se analizará el papel de las políticas sociales.

Políticas sociales y de ajuste

Políticas convencionales

La política social consiste en un conjunto de medidas destinadas a proteger y promover el desarrollo de los recursos humanos de un país (Dreze y Sen, 1991). Existe acuerdo en que los bienes y servicios básicos que representan insumos para el desarrollo de los recursos humanos y el bienestar de la población incluyen el empleo, los servicios de salud y educación, el saneamiento ambiental y los alimentos. La política aplicada para combatir la pobreza apunta a que esos bienes y servicios sean ofrecidos a los pobres como bienes públicos.

Durante los períodos de recesión disminuye la oferta de bienes públicos, y entre ellos los bienes y servicios sociales. Para la región en su conjunto, el gasto social real per cápita cayó un 18 por ciento entre 1980 y 1985, mientras que como proporción del gasto público (excluyendo los intereses de la deuda) bajó del 23 al 20 por ciento en ese mismo período (Banco Mundial, 1990).

Programas de compensación social

Un política de ajuste tiene la finalidad de acabar lo antes posible con la recesión y reiniciar el proceso de crecimiento económico. En esta nueva situación, el grado de pobreza disminuirá. En consecuencia el crecimiento económico es, según la hipótesis señalada arriba, un requisito para reducir la pobreza. La cuestión es, entonces, cómo definir una política que facilite el tránsito de la recesión o el estancamiento al crecimiento sostenido en el más breve plazo.

Existe, sin embargo, el peligro de que durante ese tránsito la pobreza empeore a tal punto que el proyecto deje de ser socialmente viable. Por esta razón, generalmente se propone un programa complementario que compense a los pobres por el costo del ajuste. Es preciso proteger del costo del ajuste, en el corto plazo, a quienes supuestamente habrán de beneficiarse de él en el largo plazo. Esta es la lógica económica de los diseñadores de las políticas de ajuste y así ha surgido en los últimos años la modalidad de crear los llamados programas de compensación social.

El primer programa de compensación social de este tipo se aplicó en Bolivia, aunque recién 15 meses después de iniciado el ajuste de shock, al establecerse el Fondo de Emergencia Social en noviembre de 1986. Para administrar las finanzas del Fondo se creó una institución autónoma, alejada de la burocracia estatal, pero vinculada directamente al Presidente de la República. En general los recursos se destinaban a proyectos de infraestructura en pequeña escala emprendidos por gobiernos locales o por organizaciones no gubernamentales (ONG), los cuales generaban empleos transitorios. La ejecución de los proyectos estaba a cargo de empresas privadas, mediante subcontratación. Todo el sistema de distribución de los recursos se organizó como si se tratara de una actividad privada y funcionó con rapidez y eficiencia. En cuatro años el Fondo transfirió 230 millones de dólares. Este modelo boliviano se ha difundido a otros países, tomando los nombres de Fondo de Compensación y Desarrollo Social (FONCODES) en Perú, Fondo de Inversión Social en Honduras y Fondo de Desarrollo Social en Venezuela.

Para evaluar el impacto de un programa de compensación social pueden utilizarse varios criterios, los cuales guardan relación con los objetivos del programa. Conforme a lo señalado por Newman *et al.* (1991), estos programas pueden dirigirse a (a) contrarrestar de cierta forma la recesión que inducirá el ajuste; (b) canalizar la ayuda externa hacia los pobres; (c) compensar a los que resulten directamente perjudicados por las medidas del ajuste; (d) proteger a los más pobres durante el ajuste.

En el caso de Bolivia se ha efectuado una evaluación en el marco del objetivo (d), considerándose que los beneficiarios del programa de empleo en obras públicas eran los trabajadores de los proyectos. Se estimó que el 30 por ciento de los trabajadores provenían de los dos deciles inferiores y el 70 por ciento de los cuatro deciles inferiores de la distribución del ingreso nacional. De esta manera, una importante proporción de los beneficiarios del programa pertenecían a los estratos de bajos ingresos. Si dicha proporción no fue mayor es porque las empresas ejecutoras operaron con criterio empresarial y por lo tanto pagaron los salarios del mercado y emplearon a trabajadores con alguna calificación. Estas empresas buscaban asegurar la calidad de las obras. Pagando salarios más bajos y utilizando mano de obra no calificada no habrían podido cumplir con las condiciones estipuladas en los contratos.

Debe señalarse que, en este caso, los mineros y los empleados públicos despedidos por la política de ajuste (20.000 y 15.000, respectivamente) no fueron compensados por el Fondo. Si se tiene en cuenta el criterio (c), el programa no fue un éxito.

En el caso de Perú, el ajuste de shock que se aplicó a partir de agosto de 1990 también fue acompañado de un programa de compensación social, el cual tuvo un alcance muy limitado. Inicialmente se habían prometido 418 millones de dólares para atender durante 5 meses a los 7 millones de personas que se hallaban en situación de pobreza extrema. Como en el caso boliviano, en ese período se esperaba controlar la hiperinflación.

La pobreza aumentó drásticamente con el shock. Según estimaciones de entidades independientes, subió a cerca de 12 millones de personas, más del 50 por ciento de la población peruana. Durante esos meses en los comedores populares, que tenían previsto proveer 50 raciones diarias, había colas de 150 personas. Y, sin embargo, en ese período solo se gastaron 90 millones de dólares.

Aún más, en esos mismos meses, el promedio mensual del gasto social convencional se redujo en términos reales a la mitad del nivel registrado en los siete meses anteriores (Figueroa y Ascarza, 1991). Al parecer, el gobierno decidió dejar de gastar en servicios sociales convencionales porque ya existía el programa de compensación social. Se dio así un "efecto de desplazamiento" del programa de corto plazo en favor de los gastos de largo plazo. En 1991, los montos transferidos no llegaron a 100 millones de dólares, o sea cerca del 0,2 por ciento del PIB.

En el caso peruano, la mayor parte de las transferencias (80 por ciento) se ha destinado a los programas alimentarios y cerca del 15 por ciento a programas de empleo. En la ejecución de los proyectos han participado organizaciones privadas (Caritas, Care), fundaciones y ONG. A diferencia del caso boliviano, en el Perú no se ha trabajado en relación directa con los gobiernos municipales ni se ha efectuado hasta el momento una evaluación del impacto del programa sobre la pobreza.

La economía política de la pobreza

La prolongada crisis económica que enfrentan los países de la región no es sólo una cuestión cuantitativa. También se han producido cambios cualitativos. Las sociedades han cambiado y están cambiando. En muchos países la desigual distribución de la crisis ha conducido a una crisis de distribución. Se ha destruido el antiguo equilibrio social y en su lugar no existe todavía nada que lo reemplace. La crisis actual representa una oportunidad para sustituir el sistema social y formular nuevas reglas del contrato social.

Pueden extraerse algunas enseñanzas de los países que ya han pasado la etapa de la estabilización y del ajuste. El caso chileno parece señalar que la salida de la crisis y el ingreso a una etapa de crecimiento sostenido se ha basado en la reducción del nivel de pobreza. Bolivia, en cambio, no sentó esas bases, y por ello su estabilización no ha significado el ingreso a una etapa de crecimiento sostenido. Ciertamente, su programa de compensación social no ha sido suficiente para sentar esas bases sociales.

Perú constituye un caso en que se intenta construir una economía moderna, con crecimiento sostenido, sin prestarle atención alguna a la reducción de la pobreza. Como se indicó antes, los programas actuales son insuficientes para satisfacer las necesidades básicas de los pobres, y carecen de prioridad política. Según las declaraciones del propio Ministro de Economía, el único rubro del presupuesto público que no se gastó totalmente en 1991 fue el programa social.

Por otro lado, después de un año y medio de políticas de estabilización y de ajustes estructurales, la economía no da aún señales de estabilidad ni de crecimiento. La tasa de inflación se ha reducido al 4 por ciento mensual en los últimos meses, pero el 75 por ciento de los depósitos bancarios todavía están en dólares. La tasa de interés en dólares es casi tres veces más alta que la tasa de interés en moneda nacional, evidencia de que todavía no se ha logrado restituir la confianza en la moneda nacional. A pesar de la recesión, la caída de la tasa de inflación no parece ser permanente (Dancourt *et al.*, 1991).

Asimismo, como consecuencia de las políticas de ajuste y de estabilización, la violencia ha aumentado aún más. Pueden distinguirse tres tipos de violencia en Perú: la política (asociada a los movimientos subversivos), la del narcotráfico y la económica. Esta última es la violencia cotidiana relacionada con los esfuerzos de los pobres para buscar por sus propios medios una redistribución del ingreso. Los tres tipos de violencia están relacionados con la expansión de la pobreza. Sendero Luminoso crece en las regiones más empobrecidas del país.

Nuevamente, puede ser que el caso peruano represente un extremo, pero ilustra otra hipótesis fundamental del presente trabajo: para salir de la recesión y entrar en una etapa de crecimiento vigoroso de la economía, es preciso reducir el nivel de pobreza. La dinámica a largo plazo de una economía no puede ser independiente de sus condiciones iniciales. En una economía en crisis productiva y distributiva, como es el caso de América Latina, el nivel de pobreza constituye un elemento fundamental.

Existe una explicación simple para esa hipótesis. La inversión privada, esa variable clave para el crecimiento y que según varios autores depende del "espíritu animal" de los capitalistas, no puede ser independiente de la pobreza y la desigualdad. Tal vez no sepamos lo suficiente acerca de los factores que explican la inversión privada, pero el clima social parece ser un factor esencial.

Sin embargo, en los círculos políticos se razona como si el clima social inestable, asociado a la crisis de distribución, no tuviera importancia alguna sobre la inversión privada. Se ignora el hecho de que en el mundo de los negocios existe el análisis de riesgo por países. Y si estos riesgos son altos, la tasa de rentabilidad de la inversión tendrá que ser realmente elevada para compensar el riesgo. Así, sólo atraerían la atención de los inversionistas privados, nacionales y extranjeros, los proyectos de muy alta rentabilidad. Este no es, entonces, un clima en el que pueda florecer un desarrollo sostenido.

Es común considerar el problema distributivo como una cuestión ética. Si nuestra hipótesis es cierta, la política distributiva constituye también una cuestión de eficiencia. Una situación de desigualdad o de pobreza muy marcada puede resultar económicamente ineficiente, creando un contexto que impide a los individuos explotar todas las oportunidades de intercambio que ofrece el sistema. Los inversionistas no podrían colocar su capital en el sistema ni obtener una ganancia. Es por razones de eficiencia, en realidad de eficiencia dinámica, que los encargados de formular las políticas económicas deberían preocuparse por reducir la pobreza y la desigualdad.

Es en este sentido de eficiencia, y no sólo por un criterio no económico, como el moral o humanitario, que puede considerarse como una falla del mercado la excesiva desigualdad en la distribución del ingreso que resulta del funcionamiento del mercado. En una economía moderna, el mal funcionamiento del mercado indica que el Estado tiene allí un papel que desempeñar.

Los argumentos anteriores sugieren que existen dos relaciones básicas entre la pobreza y la inversión privada. Por un lado, la pobreza depende de la inversión privada, en una relación inversa: a mayor inversión, menor pobreza. La mayor inversión privada expande la capacidad productiva y genera una mayor demanda derivada de mano de obra. Por otro lado la inversión privada depende de la pobreza, en una relación también inversa: a mayor pobreza a partir del umbral, menor inversión. La mayor pobreza genera inestabilidad social y mayor incertidumbre económica. Para que este modelo analítico sea lo más simple posible, estas dos relaciones pueden representarse como dos ecuaciones lineales, ambas de pendiente negativa. Y para que el modelo sea estable habrá que suponer que la pendiente de la primera ecuación es mayor.

La situación actual de la región puede interpretarse, entonces, como un equilibrio de bajo nivel en ese sistema de relaciones. El punto de intersección de las dos curvas del modelo implica que la inversión privada es baja porque la pobreza es muy alta y el nivel de la pobreza es muy alto porque la inversión es baja. ¿Cómo salir de este círculo vicioso? ¿Cuáles son las variables exógenas del modelo?

El argumento de este trabajo es que la política social constituye una variable exógena en la primera relación del modelo. Mediante esta política puede desplazarse la primera curva hacia la izquierda, de modo que al mismo nivel de inversión se tendría un menor nivel de pobreza. Luego, con esta nueva posición de la primera ecuación, y dado que la segunda ecuación se mantiene en su misma posición, la nueva solución del sistema será a un mayor nivel de inversión y un menor nivel de pobreza.

La política social, como protección y promoción de los recursos humanos, desempeña un papel fundamental en la formación de una base social para el crecimiento sostenido. No solo eleva la productividad del trabajo, con lo cual crea nuevas oportunidades de empleo y proporciona opciones al trabajador para que tenga acceso a esas oportunidades, sino que crea condiciones sociales aparentes para que esas oportunidades no queden sin explotar. Pero sobre todo, el gasto social es un instrumento para poner límites a la pobreza.

El gasto social es, en este concepto, un gasto de inversión. Evidentemente, si se dejan de realizar gastos sociales la sociedad no estará reponiendo su capital humano y se producirá no sólo una degradación de un factor productivo, el trabajo, sino una degradación social.

La predicción de este modelo es coherente con los datos. Como se mostró antes, la disminución del gasto social en la región durante la última década ha sido sustancial. Junto con la inflación y la recesión se produjo también una mayor pobreza y una caída de la inversión privada, y ya se han mostrado datos que ponen en evidencia un aumento en los niveles de pobreza. Con respecto a los datos sobre la inversión, tenemos una muestra de siete países donde la tasa de inversión bruta bajó del 26 por ciento del PIB en 1981 al 18 por ciento en 1987 (BID, 1989). Aunque estas cifras se refieren a la inversión total, deben reflejar esencialmente el comportamiento de la inversión privada, ya que ésta tiene un mayor peso relativo que la inversión pública.

Evidentemente, existen otros factores que deben haber influido en la crisis actual de la región y que son responsables de la caída de la inversión y el aumento de la pobreza. El objeto de este trabajo no es dar cuenta de todo el proceso, sino más bien señalar el papel que ha desempeñado el gasto social en ese proceso. En los trabajos publicados sobre la crisis de América Latina, esta variable ha estado ausente o ha sido interpretada de forma incorrecta.

La consecuencia de este modelo para la política económica es evidente: hay que elevar el nivel y cambiar la composición del gasto social. Para encarar seriamente la modernización en América Latina es preciso invertir en la gente, y especialmente en la gente pobre. La cuestión es, sin embargo, cómo hacerlo en un contexto de crisis y de programas de ajuste.

El gasto social como protección de los recursos humanos recibiría prioridad en las actuales circunstancias, orientándose a establecer una plataforma social, un nivel de seguridad social. Una sociedad moderna es aquélla que ha establecido esa plataforma como parte de su sistema social y político, es decir, como parte del mecanismo del mercado y de la democracia. Una economía moderna no involucra sólo producción de bienes privados, sino también la producción de bienes públicos y la solución colectiva de las fallas del mercado. Una economía moderna no representa sólo libertad del mercado y destrucción del Estado, como se la concibe actualmente en América Latina.

La política de ajuste debería incorporar en su programa el problema distributivo, y hacerlo seriamente. Los programas de compensación social no pueden realizar la tarea de atacar las raíces de la pobreza. Es una ilusión pensar que puede compensarse a los perjudicados directamente mediante las reformas económicas, y sólo a ellos, pues sólo los nuevos pobres tendrían derecho a esa compensación. En un mar de miseria, como el que existe ahora en muchos países de la región, es prácticamente imposible establecer prioridades entre los pobres, a menos que los criterios sean socialmente aceptados.

Los programas de compensación social han desempeñado, en realidad, un papel fundamentalmente político: el de hacer viable un determinado programa de ajuste, por un determinado grupo político y tecnocrático. Su lógica es buscar disgregar o reducir la oposición política a los programas de ajuste. Un ajuste con "rostro humano" tiene mayor posibilidad de ser ejecutado, pues permite realizar los cambios dentro de una teoría determinada, en lugar de buscar mejores opciones. Es la anestesia que hace posible todo tipo de intervenciones, necesarias o no, eficientes o no. Por ello, el "rostro humano" tiene que ser politizado, exhibido como propaganda.

En el caso de Perú, por ejemplo, un grupo de consultores de una oficina de las Naciones Unidas propuso un criterio para asignar los fondos sociales según la tasa de mortalidad infantil de los departamentos. Esta propuesta implicaba que Puno recibiría el 11 por ciento de los fondos y Lima el 17 por ciento. El directorio del programa no la aceptó. A fines de 1991, Puno recibió el 1 por ciento y Lima el 60 por ciento (Abugattás, 1991).

Por otra parte, los programas de compensación son de corto plazo, transitorios y de emergencia, por lo cual no se institucionalizan ni crean derechos. Aún más, como se indicó antes, estos fondos desplazan parte del gasto social convencional. Tienen, en suma, una lógica fundamentalmente política.

Los programas de compensación han creado, sin embargo, algo muy positivo para la política social. Han puesto a prueba varios métodos de transferencia de ingresos, lo cual ha permitido algunas innovaciones institucionales importantes, como el uso de entidades con mayor autonomía para manejar los fondos, la vinculación directa con los gobiernos locales, la utilización de programas de empleo con medios de transferencia de ingresos, y la participación del sector privado y las ONG. Todos ellos son elementos valiosos para diseñar, ahora seriamente, políticas sociales que ataquen las causas de la pobreza. A la luz de estas experiencias, a continuación se analizarán algunos programas concretos de política social.

Programas de empleo público

Algunos trabajos recientes publicados en América Latina han mostrado que, contrariamente al argumento de que el desempleo es un lujo y sólo afecta a los sectores medios, una importante proporción de los desempleados pertenece al grupo de las familias más pobres (Figueroa, 1991). Luego, un programa de seguro contra el desempleo contribuiría a establecer la plataforma social. Este programa puede consistir en un subsidio monetario para el desempleado, al estilo del sistema que existe en los países ricos, o en programas de empleo en obras públicas.

En la región se tiene mayor experiencia con los programas de obras públicas. Los más conocidos son el Frente del Trabajo del Nordeste del Brasil, el Programa de Empleo Mínimo y el Programa de Empleo de Jefes de Hogar en Chile, y el Programa de Apoyo al Ingreso Temporal en Perú. En PREALC (1988) puede hallarse una descripción detallada de cada uno de estos programas.

Las evaluaciones que se han realizado de estos programas han dado resultados ambiguos. Entre sus ventajas se cita el hecho de que efectivamente llegan a las familias más pobres, mientras que como desventajas principales figuran la poca productividad del trabajo y las filtraciones de fondos. Se considera que estas dificultades tienen su origen en la debilidad institucional del Estado para aplicar estos programas, como la incapacidad de generar rápidamente buenos proyectos productivos y también para administrar eficientemente un programa que involucra la participación de muchas personas y actividades (Klein y Wurgaft, 1984; Rodríguez y Wurgaft, 1987).

El Programa de Apoyo al Ingreso Temporal, de Perú, puesto en práctica entre 1985 y 1987, proporcionaba empleo en obras públicas por tres meses con el salario mínimo legal. Este programa reveló dos cosas. En primer lugar, atrajo al programa principalmente a mujeres adultas (80 por ciento de los empleados) (Bernedo, 1990). Debido a que las familias cuyo jefe es una mujer se ubican, en una proporción importante, en los estratos bajos de ingresos, el programa llegó principalmente a los pobres, en particular los pobres urbanos.

En segundo lugar, atrajo no sólo a desocupados (24 por ciento del empleo) y a ocupados en otras actividades (42 por ciento), sino también a una gran población de inactivos (32 por ciento). Este hecho parece sugerir la existencia de una población importante en situación de desocupación oculta, es decir, que ha dejado de buscar trabajo. Ante una opción clara de empleo, esta población "desanimada" se reincorpora a la fuerza laboral.

Es posible que un sistema de subsidio al desempleado resulte más eficiente, pero todavía encuentra oposición en muchos círculos políticos, a partir de la teoría que sostiene que los pobres están desempleados voluntariamente. De allí se concluye que los pobres lo son porque son ociosos y, según esta interpretación, esa ociosidad no debería subsidiarse.

Si se parte de la otra teoría sobre el desempleo, la que lo interpreta como involuntario, el desempleo es una imposición social, es el resultado del funcionamiento de la economía. Ante esta falla del mercado, en los países ricos se ha decidido que la sociedad debe asumir parte de ese riesgo, y por ello se ha establecido el subsidio al desempleado. Esta interpretación parece ser también la más relevante para el caso de América Latina.

Desde una perspectiva histórica, la opción de utilizar programas de empleo público para combatir el desempleo es una idea primitiva. En varios países ricos, el seguro de desempleo adoptó originalmente esta forma. En Inglaterra, por ejemplo, los gobiernos locales tenían estos programas de empleo mucho antes de 1908, cuando W. Churchill estableció el seguro de desempleo en su forma actual (Garraty, 1978).

En base a la experiencia acumulada, un programa de empleo público en América Latina podría tener la siguiente forma: a un salario prefijado, que podría ser el salario mínimo legal, se daría empleo temporario a toda persona que lo solicitara. La duración del empleo podría ser, digamos, de seis meses. Las unidades ejecutoras serían los gobiernos locales, a nivel de provincias o distritos, lo cual aseguraría que tanto los trabajadores urbanos como los rurales tuvieran acceso al programa. Los gobiernos locales generarían los proyectos, y la entidad ejecutora podría ser una empresa privada o una ONG. En lo que se refiere a la fiscalización, la autonomía y la descentralización, podría seguirse el modelo del Fondo de Emergencia Social boliviano.

Para que el diseño de las obras tenga respaldo técnico, los gobiernos locales tendrían que recibir este tipo de asistencia. También se buscaría mejorar la capacidad de gestión de los gobiernos locales. Siendo ellos la base de la organización política en cada país de la región, estos programas de asistencia técnica serían una forma de fortalecer las instituciones democráticas.

Una experiencia concreta llevada a cabo por el gobierno municipal de Cuzco se basa en estas ideas. El gobierno diseñó un programa rural-urbano de protección del medio ambiente, que incluía la protección de los suelos agrícolas y el mejoramiento del saneamiento ambiental en la ciudad de Cuzco. Para ello se utilizó como unidad básica la cuenca hidrográfica. En los Andes, la erosión eólica e hídrica de los suelos es aguda y afecta no sólo a la agricultura sino también a las ciudades, por las avenidas que esa erosión origina. La técnica para el tratamiento de la cuenca se tomó de los estudios y propuestas de profesionales y técnicos de la zona.

Una de las tareas ha consistido en plantar un millón de árboles en la cuenca. La entidad ejecutora es una ONG y se ha proporcionado empleo principalmente a familias de bajos ingresos. El municipio está iniciando ahora la segunda fase del proyecto, a una escala mayor, y cuenta con la suficiente capacidad y experiencia como para diseñar, con la asistencia de la ONG, el perfil de la nueva etapa y obtener el financiamiento respectivo.

Oferta de servicios básicos

Como parte de la plataforma social, deberían establecerse metas de cantidad y calidad para una oferta universal de los servicios sociales más básicos. Debería garantizarse el acceso universal a la educación básica y a la atención primaria de salud, así como al agua potable y el saneamiento ambiental. La epidemia de cólera que afecta a Perú es tal vez la prueba más elocuente del costo social que significa el hecho de que una importante proporción de la población no tenga acceso a estos servicios.

El costo de la oferta de estos servicios básicos no es tan elevado como generalmente se cree. Por cierto, no se trata de imitar necesariamente los tipos de servicios con que cuenta la clase media y alta, ni de ofrecer a los pobres servicios de baja calidad. En el caso de saneamiento ambiental y la provisión de agua limpia, por ejemplo, existen métodos que permiten proporcionarlos a costos muy bajos.

En cuanto a los programas de alimentos, la plataforma social implica reducir drásticamente la desnutrición infantil. Un reciente trabajo de Philip Musgrove (1991) muestra las experiencias de los programas de distribución de alimentos en América Latina. Su conclusión es que los recursos financieros que se utilizan en todos esos programas serían más que suficientes para eliminar, o reducir drásticamente, la desnutrición que sufren cerca de 10 millones de niños de la región. Y esto tomando en cuenta la necesidad de llegar a más personas que esos niños, como las madres, por ejemplo. Pero estos programas alcanzan a muchas otras personas, sufren filtraciones y así se diluyen.

Sería preciso modificar la manera en que operan estos programas. Musgrove propone varias medidas. En primer lugar, habría que concentrar la acción de estos programas en los niños desnutridos, evitando de este modo que los recursos se pierdan. En segundo lugar, el diseño del programa debería contemplar una mayor integración del cuidado de la salud y la educación. Por último, deberían realizarse evaluaciones permanentes de estos programas para afinar sus métodos y hacerlos más eficientes.

Financiamiento

Se ha argumentado aquí que una manera de atacar las causas de la pobreza masiva es destinar parte de los gastos sociales a establecer una plataforma social. La organización del financiamiento de estos gastos debe analizarse en ese contexto.

Evidentemente los fondos de emergencia social no podrían cumplir con ese objetivo de largo plazo, dado que persiguen fundamentalmente logros inmediatos. Pero resulta claro que la sociedad necesita contar con fondos para enfrentar situaciones de emergencia social. Los desastres y las epidemias son riesgos que debe enfrentar toda sociedad. Si el fondo de emergencia social cubriera ese tipo de riesgos, contribuiría al mantenimiento permanente de la plataforma social, y estaría integrado a una estrategia de largo plazo.

En varios países de la región se han comprendido las limitaciones que tiene un fondo de emergencia social para atacar los problemas estructurales de la pobreza. Así han surgido programas y fondos con un alcance más permanente, como el Plan Nacional de Rehabilitación de Colombia; el Fondo de Solidaridad e Inversión Social de Chile; el Fondo de Inversión Social de Guatemala y el Programa Nacional de Solidaridad de México. Estos programas contienen varias de las características que se han señalado aquí como necesarias para actuar con eficacia y son parte de las innovaciones institucionales que están ocurriendo en la región, inducidas por la creciente preocupación de la clase política por la pobreza.

El gasto social dirigido a establecer y mantener la plataforma necesitaría un fondo de inversión social, el cual estaría a cargo de un organismo independiente del aparato burocrático del Estado. Se trataría de un organismo financiero y de asesoramiento pero no de ejecución de los programas. La distribución de los recursos se realizaría a través de los gobiernos locales.

Un organismo de este tipo, centralizador y descentralizador de los fondos, tendría un presupuesto único y una lógica económica de asignación. Todos los proyectos competirían por los mismos fondos y no habría efectos de desplazamiento.

El financiamiento del fondo de inversión social provendría del presupuesto público y de las donaciones. La asignación que obtenga el fondo reflejará una elección social, resultado del juego democrático, de un juego donde una proporción importante de los electores sufre carencias básicas. El programa y el fondo respectivo estarían así totalmente institucionalizados.

No es fácil establecer el costo de un programa como el que aquí se propone. El gasto en el programa de alimentos, según Musgrove, es del orden del 0,2 por ciento del PIB de la región. Un programa de empleo público en Perú, que abarcara el 10 por ciento de la fuerza laboral con un salario mensual de 70 dólares, representaría cerca del 1 por ciento del PIB. Dependiendo de los países, el costo de la plataforma social podría ubicarse entre el 1 y el 2 por ciento del PIB. Este orden de magnitud es financieramente viable.

Por último, la política social propuesta aquí requiere que el sistema tributario nacional sea muy progresivo, condición necesaria para poder transferir ingresos a los pobres.

Conclusiones

Si América Latina aspira a convertirse en una sociedad moderna, con una economía de mercado y con un sistema democrático, la política social debería ocupar un lugar central en el actual proceso de ajuste. En la actualidad, los países capitalistas y modernos producen no sólo un gran volumen de mercancías privadas sino también de bienes públicos, además de contar con sistemas de seguridad social muy desarrollados. Si América Latina quiere utilizarlos como paradigma, tiene que adoptar el modelo completo.

Desafortunadamente, no es eso lo que la clase dirigente está haciendo en América Latina. La desigualdad económica y la pobreza todavía no tienen prioridad en la política económica real. Todavía se razona con la teoría de que la pobreza es una cuestión ética y que la recuperación de la economía depende de varios factores, pero es independiente de la agudización de la pobreza. Según esta visión, la mayor pauperización no tiene efecto alguno sobre el funcionamiento del sistema económico. Así, hay precios correctos que debe procurarse alinear, pero entre ellos no figura el salario. La violencia y la pauperización se consideran hechos independientes.

En realidad, el actual proyecto político neoliberal pretende lograr lo imposible: un país moderno en medio de un país atrasado; una isla de prosperidad en medio de un mar de pobreza. Quiere reproducir Belindia, Bélgica dentro de la India, como alguna vez Edmar Bacha describió a Brasil. Este modelo de sociedad también ya fracasó. No puede repetirse el tipo de desarrollo de los años cincuenta y sesenta. Las condiciones iniciales para el futuro desarrollo de América Latina son ahora muy distintas.

En esta época de importantes cambios sociales y políticos, aparecerán nuevas formas de organización de las sociedades. Es la época de las innovaciones institucionales. Hay mucha demanda, pero falta hacer más desde el punto de vista de la oferta.

REFERENCIAS

Abugattás, J. 1991. *La mujer urbana.* No. 15, abril-octubre. Lima: SUMBI.

Banco Interamericano de Desarrollo. 1989. *Progreso económico y social en América Latina.* Washington, D.C.: BID.

Banco Mundial. 1990. *Informe sobre el desarrollo mundial 1990.* Washington, D.C.: Banco Mundial.

Bernedo, J. 1990. *PAIT. Fundamentos, procesos y opciones.* Lima: Fundación F. Ebert.

Comisión Económica para América Latina y el Caribe (CEPAL). 1990. *Magnitud de la pobreza en América Latina durante los años ochenta.* Estudios e informes de la CEPAL, No. 81. Santiago de Chile: CEPAL.

Dancourt, O. et al. 1991. Perú. *Situación latinoamericana.* Vol. 3. Madrid: CEDEAL.

Dreze, J. y Sen, A. 1991. Public Action for Social Security: Foundations and Strategy. En: E. Ahmand et al., editores. *Social Security in Developing Countries.* Oxford: Oxford University Press.

Fields, G. 1990. "Poverty and Inequality in Latin America: Some New Evidence". Nueva York: Cornell University. (Versión preliminar.)

Figueroa, A. 1991. *Programas de las organizaciones financieras para combatir la pobreza.* Informe preparado para el Banco Interamericano de Desarrollo, Washington, D.C., febrero de 1991.

Figueroa, A. y Ascarza, I. 1991. "El efecto distributivo de la política fiscal: Perú 1970-1990". Lima, Perú: Departamento de Economía, Universidad Católica del Perú. Documento mimeografiado.

Garraty, J. 1978. *Unemployment in History.* Nueva York: Harper Colophon Books.

Klein, E. y Wurgaft, J. 1984. *La creación de empleos en períodos de crisis.* Santiago de Chile: PREALC.

Musgrove, P. 1991. *Feeding Latin America's Children. An Analytical Survey of Food Programs.* Washington, D.C.: Banco Mundial, División de Recursos Humanos. Informe No. 11.

Newman, J. et al. 1991. How Did Workers Benefit from Bolivias's Emergency Social Fund. *The World Bank Economic Review.* 5(2).

Programa Regional de Empleo de América Latina y el Caribe (PREALC). 1990. "Empleo y equidad: desafío de los noventa". Documento de Trabajo No. 354. Santiago de Chile: PREALC.

_____. 1988. *Empleos de Emergencia*. Santiago de Chile: PREALC.

Rodríguez, J. y Wurgaft, J. 1987. *La protección social a los desocupados en América Latina*. Santiago de Chile: PREALC.

Comentarios de Roberto Macedo

Quisiera comenzar agradeciendo la invitación a los organizadores de esta reunión. He pasado los últimos 10 meses trabajando en el gobierno de Brasil y me complace especialmente poder tratar algo escrito por otro panelista, ya que, estando en el gobierno, me siento como si siempre hubiera estado escribiendo documentos y recibiendo solamente críticas, de modo que ahora tendré la oportunidad de presentar mis propias críticas. Por lo tanto, el autor deberá andarse con cuidado.

En cualquier caso, comenzaré con un punto en torno al cual hay acuerdo, porque creo que en esta conferencia existe consenso en cuanto a que debemos tratar la política social por su propio peso, sin aguardar a que se produzca el desarrollo, porque éste no garantiza necesariamente que las condiciones sociales mejorarán. Además, en toda América Latina enfrentamos un proceso de ajuste y estabilización que puede deteriorar aún más la situación social, por lo cual concuerdo con que debemos examinar la política social en función de ella misma y diseñar una política social que no tenga por objeto solamente atacar los problemas que surjan durante el proceso de estabilización y ajuste, sino también encarar el tema aunque sobrevenga la recuperación y vuelva a asegurarse el desarrollo.

Permítanme ahora pasar a ciertas discrepancias con el documento. He analizado este modelo y encuentro interesante el planteo según el cual la inversión también depende de la pobreza. Es una proposición que difiere del punto de vista tradicional según el cual si se invierte se logra el crecimiento y se reduce la pobreza. Mi discrepancia deriva de que ustedes utilizaron dos curvas. No creo que necesiten dos curvas, porque pueden lograr lo que tienen pensado recurriendo solamente a una curva y definiendo, sobre ella, el intervalo en el cual puedan tener esta relación a la que hacen referencia. Al utilizar dos curvas se pasa a problemas de existencia y estabilidad en su intersección, y no estoy seguro de que pueda trazarse la segunda cabalmente hasta el eje de las inversiones, porque en ese caso se producirá una situación extraña, en la que la pobreza sea cero o casi cero y la relación se mantenga, lo cual a mi entender carecería de sentido.

Además, pienso que el intervalo en el cual la inversión puede depender de la pobreza es muy reducido, y que no es posible trazar la línea para todo el cuadro que ustedes muestran. Por otra parte, ustedes tratan la estabilidad a partir de un equilibrio que posiblemente no exista. Por lo tanto, pienso que el argumento no desmerecería si utilizaran solamente una curva y definieran luego el intervalo en el cual esta relación no funciona en el sentido tradicional. No creo que tengan dos relaciones. Están tratando la dirección de la causalidad en un intervalo limitado de una relación bien conocida y no otra relación. Como sugerencia, podrían llamar a este intervalo "sendero negro". Tras haber formulado esta crítica, permítanme dejar en claro que comprendo que estén bajo una fuerte influencia de las condiciones locales. Aunque no estoy muy familiarizado con lo que está ocurriendo en Perú, sé que existe una grave situación de pobreza, quizá similar a la del nordeste brasileño aunque no a la del Brasil en general. Puesto que yo estoy bajo la influencia de mis propias circunstancias locales, mi posición en el debate en torno a esta relación entre pobreza e inversión es diferente. Al observar la situación existente en Brasil, sigo ateniéndome al criterio tradicional, vale decir que pienso que debemos estabilizar la inflación y ajustar la economía, y que entonces llegarán las inversiones. De hecho, durante mi gestión en el gobierno he recibido la visita de muchos inversionistas interesados en Brasil. Generalmente no me preguntan si vamos a reducir la pobreza, sino cuándo vamos a estabilizar la economía y añaden que cuando lo hagamos, ellos invertirán. Por eso pienso que la estabilización es la cuestión principal, pero no voy a entrar en los problemas concretos que ustedes tienen en Perú.

En el marco del proceso de estabilización y ajuste, creo que las mejores oportunidades para mejorar la acción social son las que puedan aprovecharse modificando la composición de los impuestos y de los gastos públicos. En síntesis, mi idea consiste en hacer que la estructura tributaria sea más progresiva o menos regresiva, y tratar de actuar en materia de gastos conforme a las prescripciones de una buena política social, es decir, de concentrar los gastos sociales en bienes públicos como la educación primaria, orientando el gasto hacia los pobres y otros grupos vulnerables, y utilizando los recursos existentes en forma más eficiente.

Este es un aspecto cardinal, porque cuando se enfrenta un proceso de estabilización y ajuste, las llamadas limitaciones presupuestarias son aún más decisivas. En este sentido, también discrepo con otra idea sugerida por el autor, en cuanto propone un programa de empleo público en el servicio social en determinadas zonas, el llamado fondo de inversión social, que absorbería del 1 al 2 por ciento del PIB. Creo que no podemos permitirnos esto en una situación de ajuste y estabilización, cuando la corrección del desequilibrio fiscal es una meta importante. En Brasil esos porcentajes representarían anualmente de 4.000 a 8.000 millones de dólares, y eso significaría mucho dinero: no podríamos sobrellevarlo sin agravar el problema fiscal que tenemos. Por eso pienso que debemos hacer hincapié en la modificación de la composición del gasto del gobierno, para tener una política social que merezca llamarse tal, aun con recursos muy limitados.

Una vez más, comprendo que en gran medida están refiriéndose a las condiciones locales. Admitiría que, si vivieran en un país pequeño y muy pobre, podrían atraer dinero del exterior como ocurrió en el caso de Bolivia. Yo trabajé en el Fondo de Emergencia Social de Bolivia y comprobé que la mayor parte de los recursos fue de origen extranjero, por cuanto el gobierno pudo reunir alrededor de 200 millones de dólares, o sea entre el 4 y 5 por ciento del PIB, en un período de tres años, aproximadamente lo que ustedes sugieren con carácter anual. Pero insisto en que la mayor parte del dinero provino desde fuera y Bolivia pudo crear las condiciones para que así fuera. El país es muy pobre y obtuvo el apoyo del Banco Mundial y de varios organismos internacionales. Hay allí aspectos que atraen la atención internacional como el problema de las drogas —que prometieron atacar— y al emprender la lucha contra la hiperinflación obtuvieron el apoyo de la comunidad financiera internacional. Quizá en Perú pueda plantearse un caso similar, pero entiendo que ustedes tienen un PIB 10 veces superior al de Bolivia y de esta forma quedan situados entre Brasil y Bolivia, y en esa posición también necesitarán mucho dinero.

Por lo tanto, no pienso que los donantes extranjeros apoyen un programa con las dimensiones del que ustedes proponen para Perú, de modo que deberán utilizar recursos locales y ello significará modificar el destino de los gastos y cambiar la estructura impositiva. Pero también creo que ustedes pueden obtener por lo menos algunas donaciones, porque tienen este problema político que es el movimiento Sendero Luminoso, sumado al problema de las drogas, el problema del cólera y otros que pueden atraer la atención de algunos donantes internacionales. No sé si éstos ya no calificaron a Perú. Brasil fue calificado y se han cerrado todas las puertas de la ayuda extranjera. Esta es otra razón por la cual hago hincapié en el cambio de orientación de los recursos, sin contar con su expansión.

Por lo tanto —y éste es mi parecer— la solución depende mucho de las condiciones locales, pero en cualquier caso será necesario hacer frente a las limitaciones presupuestarias. He estudiado los fondos de inversión social y considero que son apropiados para Bolivia, pero que en el caso de Perú tendrían mucho menos significado. En general, creo que tienen sentido en algunos países, países muy pequeños de América Latina, afectados por problemas concretos que atraen la ayuda humanitaria y estratégica del exterior. Estoy seguro de que no tienen sentido en Brasil, salvo si se definieran para determinadas regiones del Nordeste. En nuestro país no tenemos otro camino, en lo que atañe a la política social, que el de hacer frente a las limitaciones presupuestarias internas.

Comentarios de Philip Musgrove

Adolfo Figueroa nos ofrece un trabajo menos numérico y mucho más especulativo que algunos otros presentados en esta conferencia. Voy a utilizar eso como licencia para también especular, y liberarme totalmente de los números con el afán de ver si tenemos algunas ideas en común y, si es que las tenemos, si ellas nos sirven.

Al escuchar esta discusión, estaba pensando que las cosas eran más simples en los tiempos medievales porque había, en general, sólo tres tipos de catástrofes que podían ocurrirle a un rey y a su pueblo. Podía producirse una guerra, sobrevenir una epidemia o fallar la cosecha: y las respuestas respectivas también eran muy claras. En el caso de guerra, organizar sus jinetes y defender su pueblo; en el caso de la epidemia (dado que no podían hacer nada contra ella) pedir a la iglesia que interviniese ante a Dios; y en el caso de fallar la cosecha, abrir los almacenes reales y distribuir comida hasta que no hubieran más granos. Se nos ha complicado mucho la respuesta desde ese entonces. No estoy diciendo que deberíamos volver mil años atrás, pero la verdad es que las brechas que hoy tanto discutimos, no existían para la gente en ese tiempo, excepto la simple brecha entre lo que se necesitaba y lo que se disponía para comer. Todo lo demás era bien simple.

Ahora enfrentamos una situación en la que tenemos problemas reales: en eso el título de la conferencia es muy exacto y diría que la situación se nos complica más, porque tenemos algunas confusiones mentales respecto a esos problemas. En ese sentido, quiero aceptar algunas ideas que Adolfo plantea, pero tratar de atacar otras, no atacándolo a él ni a su trabajo, sino a ciertas ideas de las que todos sufrimos en parte. Las he organizado en 10 puntos, lo que me deja cerca de un minuto para cada una, así que voy a ser necesariamente muy breve y muy inadecuado en su tratamiento.

En primer lugar, dudo que el concepto de lo social como algo distinto de lo económico existe o que no sirve para nada. Cuando llegamos al punto de decir que el empleo también es social, hemos acabado con la distinción, y no existe una constelación de sectores bien definidos que permita decir que esto es lo social y lo otro es lo económico. Quizá sería mejor abandonar la distinción retórica y preguntarnos sector por sector qué es lo que tiene que hacerse o lo que debe hacerse. Incluso no me parece que tenga mucho sentido la identificación de lo "social" con lo "humano"; creo que nos confundimos con esto. Y definirlo mecánicamente como que lo social es salud, educación y quizás alguna otra cosa tampoco sirve, porque no separa adecuadamente la cuestión ética y la económica.

Segundo punto. Derivado de lo anterior, o conectado con ello, aceptemos hasta donde funcione, la justificación económica o productiva de gastar en salud y educación. Es extraño que tengamos que hacerlo, que tengamos que decir que la gente que no está enferma y que está educada es más productiva, y entonces eso no es una cuestión solamente de caridad. Es muy cierto que hay muchas inversiones que pueden justificarse en esa línea; y es quizá un problema de América Latina en general el no haber invertido lo suficiente en esos tipos de creación de capital humano. Sin embargo, quiero señalar que existen muchas "inversiones" que no tienen esa justificación económica y que sería peligrosísimo considerar únicamente ese razonamiento. El día que decidimos que la productividad es la razón de ser de estos sectores, no vamos a gastar un centavo en los recién nacidos, y mucho menos en los ancianos, ni en los muy enfermos ni en los que tienen alguna deficiencia y se termina la cuestión. También va a ser bastante cuestionable lo que gastamos en educación, aunque la educación, como inversión productiva, aparecerá mejor en relación a la salud. Aplaudamos el apoyo a la productividad cuando tiene sentido, pero no nos engañemos que con ello vamos a resolver la justificación general de gastar en salud y educación, y mucho menos justificar la manera en que se gasta ese dinero en la actualidad. (Lo ético está siempre allí, pero lo ético también requiere responsabilidad y eficiencia.)

Tercer punto. Me alegra que se haya tocado el tema de la "compensación". Si tuviéramos un mejor sentido de la ironía, nos moriríamos de risa al emplear esa palabra. Tomamos 10 dólares de un pobre y después le devolvemos 2 dólares, y le decimos "sonríe, ya te compensamos". Pero hay un problema peor que esta desigualdad global: le quitamos más de lo que le damos de vuelta. El problema es que lo que se da a través de los llamados programas sociales, no necesariamente compensa el problema específico que la persona tiene. El concepto básico es que estos bienes y servicios otorgados a través de los programas sociales son insustituibles entre sí. A diferencia del dinero o del ingreso ganado en un programa de empleo, por ejemplo, si a una persona que antes tuvo un empleo y fue despedida y se queda sin ingreso, le decimos "no se preocupe, porque vamos abrir una clínica a una cuadra de su casa", eso suena absurdo. Si necesita una clínica, abrámosla, pero a lo mejor ya existía una clínica y su problema no era ése, sino puede ir a la clínica para comer, o no puede derivar de ella su ingreso. Existe una tendencia a suponer que porque el dinero es fungible y puede comprar cualquier cosa, los servicios que compra también son sustituibles entre sí. La compensación no es solamente una cuestión global sino una cuestión de qué se necesita. Donde hace falta atención de la salud, proporcionémosla si es posible, donde hace falta educación, proporcionemos escuelas y maestras; pero no vayamos a suponer por un instante, que la persona a quien le hace falta una cosa, por consumir más de la otra, se siente compensado.

Cuarto punto. Aquí llego más específicamente a algo planteado por Adolfo. El dice que la inversión, y con eso las posibilidades de crecimiento económico, son función (entre otras cosas) de la pobreza. Pero en realidad su argumento no depende meramente de la pobreza, depende de la inestabilidad y el caos social: su argumento es que cuando la pobreza supera cierto nivel, se vuelve inestable, el aparato social deja de funcionar y es por eso que un nivel excesivo de pobreza constituye un peligro para la inversión y el crecimiento. Eliminemos por un instante la palabra "pobreza" de la ecuación, y lo que tenemos es que la estabilidad es función de los hechos, entre los cuales está el hecho de cuántos pobres hay y cuán pobres son, y de las expectativas, lo que la gente espera o cree que tiene derecho a tener o lo que anticipa para el futuro. Eso es quizás demasiado obvio, pero es muy importante, porque una vez que admitimos que la cuestión no es sólo el hecho de hoy sino la esperanza de mañana, es mucho más difícil describir en qué dirección van estas conexiones entre una y otra cosa. El modelo de Adolfo básicamente dice que si la pobreza es demasiado alta, eso crea inestabilidad y podría interpretárselo en términos de expectativas en las que la gente llega a creer que mañana va ser mucho peor que hoy y por eso no aguantan más. No es sólo que no se conforman con la pobreza de hoy, pero cuando ven que todavía están descendiendo, allí es que se produce cierta forma de rebelión o de caos. Es interesante notar que hay teorías que dicen exactamente lo opuesto: el historiador Crane Brinton sostiene que cuando llega la inestabilidad y la posibilidad real de revolución, es cuando las cosas empiezan a mejorar, pero no lo hacen con suficiente rapidez, entonces las expectativas corren adelante de los hechos y se crea una frustración por no resolver todo rápidamente. Mi punto aquí es que una vez que entramos a discutir expectativas, que son gran parte del juego político, son posibles muchísimas diferentes direcciones y fuerzas de interacción entre una variable y otra.

Quinto punto. Relacionado con ello existe un problema político, muy fuerte en el corto plazo. Las expectativas, precisamente porque no son hechos, porque no dependen de la realidad física del mundo, pueden cambiarse con la velocidad de la luz, y es muy difícil hacer que los hechos cambien con la misma rapidez para ir ajustándose a las expectativas. Este es un problema que todo buen político conoce intuitivamente. No siempre es así: también está el hecho de que puede costar mucho tiempo acabar con las expectativas inflacionarias, siendo éste un caso en que los hechos pueden cambiar y las expectativas siguen iguales, hasta demostrar que ese hecho es más o menos estable. El punto aquí es que estas cosas —los hechos y las expectativas— no cambian a la misma velocidad o con la misma dinámica. Entonces gran parte del problema de controlar un proceso de ajuste o aún un proceso de crecimiento, consiste en no dejar que las expectativas y los hechos se separen uno del otro por sus propios caminos. Este es el problema político al que la ciencia económica tiene algo que contribuir, pero mucho más por el lado de los hechos que por el otro.

El sexto punto es que cuando las expectativas se frustran, pueden generar distintas reacciones en la gente. Una es el caso de la pura desesperación, de suponer que mañana va ser peor y pasado mañana peor todavía, y si no se puede comer hoy, mañana será peor, y entonces hay que hacer algo. La idea de un "umbral" en la pobreza, un umbral por encima del cual la situación no puede seguir como antes y la pobreza se vuelve un determinante hasta de la inversión privada, se refiere a ese tipo de desesperación, de una situación que no se aguanta. Pero también las expectativas pueden dar lugar a frustraciones, que nada tienen que ver con la pobreza absoluta. Si se espera ganar un millón, y se termina ganando medio millón puede estarse frustradísimo, puede votarse por candidatos extremistas; basta leer los periódicos de este país para darse cuenta de cuánta frustración existe que está lejísimo de la pobreza real.

Menciono eso para llegar a un séptimo punto: creo que no existe este umbral del modelo. Acaso sería mejor que existiera, porque entonces una vez que se pasa debajo del umbral se tiene la situación bajo control; pero dudo mucho que exista. La razón básica es que las frustraciones pueden ser independientes del nivel real de cualquier variable. No existe una transición después de que se dice, "bueno, ya resolvimos la cuestión de los pobres; en adelante, no tenemos que preocuparnos mucho por la inestabilidad social derivada de la desigualdad o de cualquier otra causa". Desafortunadamente, la situación es más complicada. Ello no constituye una razón para no atender a la pobreza absoluta y real, pero sí es una razón para no quedarse con la ilusión de que existe un umbral estable y bien definido, y que una vez que la pobreza se controla debajo de ese nivel, las funciones cambian en su carácter.

El octavo punto es uno en el que no tengo que insistir mucho: parece que la mejor situación para los pobres es que haya crecimiento regular y estable. Es triste que tengamos que redescubrir eso, porque mucha gente ya lo sabía hace mil o dos mil años, pero es mejor redescubrirlo que seguir olvidándonos de ello. Eso es bueno para los pobres porque el crecimiento entonces continúa en los hechos, es decir, cada año hay 3 o 5 por ciento más de ingreso y los pobres participan aunque no haya ninguna redistribución a su favor. Como bien se dice, marea que sube levanta todos los barcos. (Claro, excepto aquéllos que tienen grandes averías y entonces se hunden. También es necesario para el pobre tener un barco. Por pequeño que sea, a ese "barco" podemos identificarlo con la suma de sus capitales físicos y humanos, su capacidad para producir.) Pero hay una segunda razón que favorece al crecimiento estable, y también es bueno para las expectativas. Quien ve que su ingreso sube, o que su situación mejora, o que la atención de la salud ahora está más cercana, o que la educación es de mejor calidad, se crea expectativas de que el proceso va a seguir así y entonces es más fácil conformarse con los problemas que todavía se tienen. Y esa aceptación es difícil de controlar, tanto en recesión o en crisis, como en auge exagerado. El problema de un "boom" económico es precisamente que desconecta las expectativas de los hechos, y crea expectativas insostenibles hasta que los hechos se vuelven insostenibles también. El crecimiento estable es bueno no sólo en lo real, sino en la percepción de lo real: ése es otro motivo para tomarlo como el mejor de los casos posibles, y no sólo para los pobres, sino para todos nosotros.

Noveno punto. Parte del problema de la situación de los pobres y de la falta de atención es que no tienen derechos y que hay que creárselos: hay que dejarles en una situación en la que no tengan que pedir limosna, en la que el sistema funcione para traerles regularmente, casi automáticamente, los servicios que necesitan. Simpatizo con esa posición. La idea de no tener derechos mientras otros los tienen es sin duda una fuente de inestabilidad. La sensación de que otros no sólo tienen, sino que tienen derecho a tener, y si les hace falta, alguien se los va a compensar, pero a mí no: eso es muy difícil de soportar. El problema es que una vez que se crean los derechos, existe una tendencia a eliminar los incentivos para la producción que hacen viables esos derechos. Hay una tendencia a pedir siempre más, y existe el problema de que es muy difícil crear y mantener derechos que cuesten dinero. Para este punto, la evidencia relevante no proviene de países como Perú, sino de países como los Estados Unidos. Los derechos de votar, de no ser torturado, de tener una vida libre en su casa, son derechos fáciles; los derechos que implican que alguien gaste recursos a mi favor son mucho más complicados y eso se ve en el momento en que discutimos cualquier programa social. Por ejemplo, basta decir que todo el mundo tiene derecho al empleo —pero por cuánto tiempo, a qué nivel de productividad, por qué salario— y llegamos a proposiciones como que uno tiene derecho a un trabajo de emergencia hasta seis meses, y si no se resuelve el problema en seis meses, bueno, ha sido un placer y vaya a buscar empleo en otra parte. Viabilizar los derechos cuando cuestan dinero no es fácil, y lo mejor es tener una situación en que no sea necesario crear tantos derechos explícitos y, en particular, no llamar a la lucha de los intereses, cada uno definiendo un derecho que si le fuera dado, los demás tendrían que perder algo.

El décimo y último punto está relacionado con esta cuestión de los derechos y de quién los tiene y quién no los tiene. Existe mucha evidencia en la historia del mundo, en casi cualquier país, de que políticamente es posible solicitar a la gente que haga sacrificios. Es extraordinario el grado de sacrificio que un país puede realizar en caso de guerra o de un desastre natural. Preguntémonos entonces por qué a veces funciona y otras veces no; y cuáles son las condiciones necesarias o suficientes para que haya un sacrificio social o común en que participan todos. Creo que ello se relaciona con dos cosas muy simples. Primero, es preciso creer que el sacrificio va a ser justificado: hay una diferencia entre admitir la necesidad del sacrificio, y sentirse sacrificado por otro, y si uno se siente sacrificado en el sentido del animal al que se le corta la garganta para derramar la sangre, uno no siente que está participando en algo que le devuelve algo. El tema de la justificación está íntimamente ligado a la cuestión de largo plazo, a la cuestión de tener un horizonte y una expectativa de que después las cosas van a ser mejor. Quizá la situación más triste que se vive en gran parte de América Latina en la actualidad es el achicamiento, el acortamiento del horizonte, porque además de hacer que los gobiernos sean menos responsables, dificulta ese llamamiento al sacrificio, incrementa el cinismo y la sensación de que si no me lo dan hoy o a más tardar mañana, no estoy interesado. También hay otra condición necesaria, y quisiera terminar refiriéndome a ella. El sacrificio tiene que ser y ser visto como un sacrificio compartido. Llamar a los que ya se sienten sacrificados para que sacrifiquen más, mientras no vean ningún sacrificio por parte de los que tienen y no están dispuestos a tener menos, ni temporariamente, eso no es políticamente viable. Entonces la pregunta es: ¿por qué tenemos tanto fatalismo frente al hecho empírico de que cuando existe una recesión y también cuando hay ajuste, los que tienen menos sufren más? Típicamente, los que ya tienen quizá dejen de invertir, pero no dejan de consumir, no sufren tan directamente. En una recesión leve no sufre la clase media, pero cuando ella sí sufre, a los ricos todavía no les llega hasta que se inunda todo el mundo. Debemos pensar qué puede hacerse para que haya sacrificios visibles, compartidos y justificados; quizá eso nos proporcione la manera de salir de esta dificultad, de asegurar en el largo plazo el crecimiento y la reducción de la pobreza.

Capítulo 7

LA POBREZA: CAUSAS Y PROGRAMAS DE ACCION

Mesa redonda

Roberto Macedo

Me concentraré en la política social en el marco de los programas de estabilización y ajuste macroeconómico. Antes de comenzar, permítaseme advertir que mis comentarios reflejarán, en gran medida, mi experiencia personal en el gobierno y las condiciones imperantes en este momento particular en Brasil.

No creo que la política social sea algo ajeno a la política macroeconómica. En cierto sentido, la política macroeconómica es también política social y estoy realmente convencido de que lo mejor que puede hacerse en Brasil en favor de los pobres es estabilizar la economía. Ello es necesario para recuperar el crecimiento económico, lo cual puede aliviar la pobreza, aunque no necesariamente sugiere la distribución de los ingresos.

De hecho, creo que aquí se habla de ambas cosas como si fueran lo mismo, cuando en realidad el alivio de la pobreza es una cosa, la distribución del ingreso es otra y ambas pueden darse conjuntamente o no. La pobreza puede aliviarse con el crecimiento si los ingresos aumentan en términos generales, pero no necesariamente puede producirse una mejor distribución de los ingresos; ésta, inclusive, puede empeorar ya que el ingreso de los distintos grupos varía de maneras diferentes.

En cualquier caso, cuando se encaran políticas de ajuste y estabilización es necesario enfrentar la cuestión social, porque mucha gente pone en tela de juicio los costos sociales de esas políticas y esta reacción puede provocar un giro de 180 grados en ellas. Obsérvese, empero, lo que ocurre si no se realiza ajuste alguno; pienso que también es importante destacar los costos sociales de esta omisión. Brasil perdió más de una década buscando la forma de evitar el ajuste y la estabilización, y recurriendo a políticas equívocas, como las congelaciones de precios, que solamente lograron encubrir los brutales problemas del sector público. Evitamos el ajuste y la estabilización durante mucho tiempo y, luego de algunas estimaciones, llegué a la conclusión de que a lo largo de ese proceso —durante los años ochenta— perdimos el equivalente al producto interno bruto del decenio (una cifra cercana a los 800.000 millones de dólares). Por lo tanto, es importante también calcular los costos de la falta de ajuste, especialmente para hacer frente a quienes se oponen a las políticas de ajuste y estabilización.

Cuando se toma el rumbo correcto en materia de estabilización y ajuste, la cuestión social surge como un importante problema, y no solamente por la reacción contraria a esas políticas. Durante el proceso de ajuste y estabilización, el tema social puede constituir un motivo de seria preocupación por razones éticas, políticas y de otra índole. En función de ellas, creo que es posible seguir políticas económicas y sociales mejores que las habituales.

En este sentido, pienso que muchos países de América Latina aún no han definido una política social clara porque, después de haber dejado atrás el viejo sistema tradicional de caridad en que la política social era elaborada por la propia comunidad y por muchas instituciones vinculadas con la iglesia católica, atravesamos un período de transición. Al margen de su eficacia, este sistema era apropiado para una sociedad vinculada en gran medida a las actividades rurales, a las comunidades pequeñas y a la existencia de estrechos vínculos familiares y sociales. Con la migración a las grandes ciudades, la industrialización y la pérdida de terreno de la iglesia católica, la conformación de una red de seguridad social se transformó en misión del gobierno como parte del llamado "estado asistencial", al igual que en la mayoría de los países desarrollados. Pero nos hallamos en esta fase de transición y lo que hemos observado es que el estado asistencial constituido en América Latina, y en particular en Brasil, está colmado de distorsiones, al punto de que es posible discutir que realmente sea social.

En cualquier caso, pienso que es posible hacer mucho para impartir a la política económica una dimensión social sin comprometer los esfuerzos de estabilización y ajuste. En este sentido, puesto que el equilibrio fiscal constituye un objetivo fundamental que impide la expansión general del presupuesto, es necesario concentrarse principalmente en el cambio de la composición de los impuestos y de los gastos del gobierno. En toda América Latina los sistemas tributarios son por demás regresivos, porque se basan principalmente en impuestos indirectos, impuestos laborales muy altos y otros impuestos.

La administración tributaria es también muy deficiente. Muchos individuos de los estratos de mayores recursos no pagan impuesto alguno sobre los ingresos, y por eso pienso que debemos actuar enérgicamente en materia de administración tributaria. Los economistas llegan al gobierno con ideas que pueden ser muy razonables, pero es necesario encontrar quién las aplique. Si se examina la situación del servicio de impuestos internos de Brasil se percibe la gravedad de la situación: nos enfrentamos a una disminución del personal, porque muchos funcionarios superiores se retiran muy tempranamente (no por razones de edad sino de acumulación de años de servicio) y constituyen firmas consultoras para ayudar a la gente que no paga impuestos. Además, aun hallándose en servicio, muchos funcionarios de la administración tributaria han organizado un sindicato y desempeñan el papel opositor. Puede, sin embargo, esgrimirse el ejemplo de México, donde la administración tributaria ha mejorado enormemente. Allí existe una estructura de poder político muy distinta, en particular un partido muy fuerte, y aunque puede atribuirse gran parte del éxito al Presidente Salinas, creo que la estructura de poder de México tiene mucho que ver con la capacidad del gobierno para hacer cumplir algunas decisiones.

En cuanto a los gastos presupuestarios también hay muchas distorsiones, especialmente en materia de gastos sociales. Algunos de los gastos sociales federales corresponden al ámbito de la seguridad social y la educación superior, los cuales son regresivos porque los beneficiarios de esos gastos no se encuentran en los grupos más pobres.

Hay, en consecuencia, mucho por hacer en cuanto al traslado de impuestos y gastos de un plano a otro. Para modificar el panorama de desigualdad existente y poner en práctica una política social que merezca llamarse tal, es esencial introducir cambios en el sistema tributario y su administración, a fin de que resulten eficaces en materia de recaudación y reducción de la desigualdad. Además, será fundamental fijar nuevas prioridades de gastos, volcándolos hacia los grupos vulnerables y a los bienes y servicios públicos, como la educación. También será importante integrar las acciones de los distintos organismos y orientar el gasto hacia los pobres.

Todo ello constituye una receta particular de política social que fue elaborada durante el pasado decenio por muchas personas, entre las cuales me incluyo, y pienso que vale la pena ponerla en práctica porque debemos comprender cabalmente qué es lo que entendemos por políticas sociales. Cuando se trata de aplicarlas a un país en particular, se plantea un grave problema, porque el concepto imperante en cuanto a política social considera como social cualquier gasto en salud y educación, por ejemplo, sin tomar en cuenta el grupo que se beneficia.

Así pues, llegué al gobierno con estas ideas y mencionaré algunos de los obstáculos más importantes con los que he tropezado al tratar de ponerlas en práctica. El temario de esta sesión se refiere a la acción y, por lo tanto, creo que es muy apropiado incluir el análisis de lo que yo denominaría la política económica de la política social, porque nos encontramos ante un problema enorme cuando tratamos de poner en práctica esas ideas.

En particular, para comenzar, existe una gran diferencia entre nuestro concepto de política social y el que normalmente adoptan los políticos. Creo que, en general, ellos piensan que cualquier gasto que se haga en educación, salud y vivienda es un gasto social. No aceptan fácilmente las ideas de orientación, bienes públicos, etc. Por consiguiente, es necesario modificar su mentalidad.

Con muchas acciones y un gran caudal de persuasión es posible convencerlos. Por hechos yo entiendo, por ejemplo, mostrarles que en la Universidad de São Paulo hay muchos jóvenes ricos que no pagan matrícula aunque cada año le cuestan al gobierno 6.000 dólares, mientras que los pobres estudian en establecimientos públicos de enseñanza primaria y secundaria de baja calidad, donde el costo por estudiante es de 100 a 200 dólares anuales. Si se muestra a los políticos una distorsión de este tipo, es posible que algunos se convenzan y se muestren dispuestos a introducir cambios aunque otros, ligados a intereses políticos que defienden el statu quo, no brindarán su apoyo a pesar de demostrarles que están equivocados. Sin embargo, yo he asistido a muchos cambios de mentalidad en la medida en que se proporciona información acerca de lo que está ocurriendo y por ello pienso que es preciso invertir en estudios que brinden información en una forma muy clara y condensada, como resúmenes, gráficos y artículos periodísticos.

En este sentido, yo he cosechado fracasos pero también algunos buenos resultados, como por ejemplo en el caso de la jubilación por acumulación de años de servicio, que en Brasil constituye una importante fuente de desigualdad. Quienes pueden demostrar que han trabajado durante 30 o 35 años pueden jubilarse, cualquiera sea su edad. Así es como mucha gente de las clases media y alta se jubila en forma temprana, mientras que los pobres no pueden hacerlo porque tienen empleos inestables y no pueden demostrar que han tenido ocupación regular en el mercado de trabajo formal. Por lo tanto, no pueden jubilarse hasta que alcanzan la edad reglamentaria, de 60 años o más. Por ello, debemos cambiar el sistema y Brasil es uno de los pocos países donde aún existe la posibilidad de jubilarse por la acumulación de años de servicio. Cuando planteé esta idea al Congreso, me dijeron que la expectativa de vida en Brasil es de solamente 64 años, de manera que si la gente se jubila a los 60 o a los 65 años no podrá disfrutar de sus beneficios jubilatorios. El error era que estaban acostumbrados a utilizar esta información sobre la expectativa de vida muy difundida por los organismos internacionales y por la Oficina del Censo de Brasil, pero ignoraban que se refiere a la expectativa de vida al nacer. No percibían que la expectativa de vida aumenta con los años y que la información válida en el tratamiento de este tema es la expectativa de vida al momento de jubilarse. Preparamos entonces un cuadro y un gráfico simples mostrando la expectativa de vida por edad y comprobaron que la expectativa de vida de la gente que se jubila cuando tiene entre 45 y 50 años va más allá de los 75 o 76 años. Cuando les mostramos estas proyecciones se convencieron. Los senadores, en particular, se mostraron felices al constatar que su expectativa de vida era mayor que la que pensaban. Por eso pienso que, en parte, algunos de los equívocos existentes en relación con las políticas sociales provienen del hecho de que la información pertinente no está disponible, o a menudo es ignorada.

Ustedes podrán preguntarse cuál es el propósito que me guía al mencionar este ejemplo. Yo diría que si ustedes son académicos que quieren ir más allá del ámbito de la redacción de trabajos que no tengan más consecuencias que las de promover sus carreras, deben manejar factores tales como la información útil, la persuasión y la política. Yo he comprobado que la mayoría de los trabajos académicos que han influido políticamente en Brasil son los que se publicaron en forma de artículos periodísticos breves y cuyos autores han sido entrevistados por la prensa. Por eso pienso que es muy útil esta tarea de proveer información.

También es importante analizar la configuración del público en cada caso. Por ejemplo, en Brasil los jubilados constituyen un sector enorme, porque tenemos unos 12,5 millones de personas en la nómina de pago del sistema de previsión social. Si se supone que en cada hogar hay por lo menos otro votante, tenemos un público de 25 millones, todos ellos opuestos a cualquier cambio del tipo de beneficios que perciben. Si se añade a ellos la gente que aún trabaja, sus familiares y allegados, creo que llegaremos a contar más de 50 millones de votantes interesados en el tema de la jubilación. En el otro extremo, obsérvese el caso de la educación primaria. Como los niños no votan, constituyen un grupo mucho más débil, aunque por supuesto existe la presión de los padres, y algunos dirigentes políticos impulsan el problema. Sin embargo, en mi opinión, en Brasil lo que realmente crea un clima propicio al cambio en este aspecto es la presión que ejercen los hechos. Enfrentamos una serie de problemas, como el de los niños abandonados y la delincuencia infantil, que han atraído la atención interna e internacional, y quizá esta sea la vía por la cual arribemos a un cambio. Pienso que el caso de los indígenas ianomami también es ilustrativo. No votan, pero hay un público internacional que aboga por ellos y Brasil les ha dado ahora una enorme extensión de tierras, a pesar de la oposición de muchos otros grupos del país. Por eso pienso que es importante prestar atención a las oportunidades de cambio que a veces crean los hechos. Debemos aprovechar esas oportunidades.

Permítaseme ofrecer otro ejemplo. Durante mi gestión en el gobierno he instado a que se considere la política macroeconómica con un criterio social, especialmente mediante la modificación de la estructura de los impuestos y del gasto del gobierno. Al principio debí someterme a una suerte de aprendizaje práctico para comprender cómo funciona el gobierno y cómo es posible impulsar las ideas dentro de ese ámbito. Desde que la economía reanudó el crecimiento en el segundo semestre del año pasado, nadie quería oír acerca de algún tipo de política compensatoria, pero ahora la recesión vuelve a manifestarse y obtuve el visto bueno del presidente para trabajar con todos los ministerios a fin de darle una cara humana al proceso de ajuste y estabilización.

Tendría mucho más para decir, pero dispongo de poco espacio. Por lo tanto, quisiera concluir señalando que los principales problemas que percibo en estos momentos en lo que atañe a la política social en Brasil son cómo difundir información, cómo llevar las ideas a la práctica y cómo trabajar dentro del sistema político. Antes de incorporarme al gobierno estaba trabajando, en mi instituto, en un proyecto con el objeto de preparar un resumen de cada trabajo que publicáramos, como lo hace el *National Bureau of Economic Research* (NBER) en Estados Unidos, a fin de presentar las ideas en forma simple a los políticos y a otros interesados.

Pienso además que debemos emplear mucha persuasión y aprovechar las oportunidades. Ahora, por ejemplo, cuando la recesión se hace sentir, es el momento de asumir nuevamente el papel del vendedor y tratar de comercializar políticas sociales, y para hacerlo es necesario tener mucha paciencia. Los progresos son lentos, particularmente en un país tan complejo y diverso como Brasil. En el pasado alguna gente deseaba que siguiéramos el modelo de los llamados "tigres asiáticos". La metáfora que he utilizado para el Brasil no es la del tigre, porque junto con países como India y Rusia podemos ser comparados más apropiadamente con las ballenas, de las cuales cabe esperar solamente movimientos lentos, grandes salpicones sobre los vecinos y, a veces, como ahora, hasta quedar encallados en la arena. Por consiguiente, no preveo en Brasil movimientos muy rápidos, porque no hay una clase política con la fuerza suficiente para concretarlos.

Rudiger Dornbusch

Me referiré al papel del Estado frente al problema de la pobreza. Una corriente de opinión dice que la miseria existe simplemente porque el Estado, todopoderoso y obstruccionista, frena el avance del progreso. Este punto de vista es común entre los ultraconservadores y los críticos de la intervención estatal, y fue expresado muy elocuentemente por Hernando de Soto (1986). La otra corriente de opinión sostiene que el Estado puede, debe y sin duda tiene que contribuir a la consecución de una vida mejor para los integrantes de los estratos inferiores, no a costa del resto de la población, sino en beneficio común. Ha llegado, pues, la hora de reevaluar ambas opiniones.

El péndulo

Estados Unidos ha sido una fuente de ideas que se utilizan en el mundo entero; la cultura y las modas estadounidenses, tanto intelectuales como de otra índole, encabezan las tendencias nacionales desde Francia hasta Rusia y América Latina. Nadie desea admitirlo, pero los hechos están a la vista de todos. En Estados Unidos, el péndulo oscila entre una posición conservadora en extremo y las intervenciones moderadas, y lo mismo sucederá, a su debido tiempo, en América Latina. Los programas para los pobres fueron las principales víctimas del predominio de las políticas conservadoras, pero ahora dichos programas tendrán la oportunidad de reactivarse. La miseria y la deficiente distribución del ingreso, que es injustificada, son los principales problemas económicos de América Latina; existen soluciones, pero la voluntad de ponerlas en práctica constituye una de las responsabilidades económicas que debe asumir un Estado moderno y democrático.

En los años ochenta se puso de moda la política económica de Reagan, conocida como "reaganomía" (*reaganomics*): una economía centrada en la oferta, los mercados libres, la competencia y la desreglamentación. La revolución Reagan-Thatcher prendió como reguero de fuego en el mundo, y contribuyó al derrocamiento del comunismo y a poner coto a decenios de tambaleantes y absurdos proyectos nacionales en América Latina. Una sola década de pujante economía de libre mercado sirvió para transformar el mundo. En Rusia y América Latina, hoy predomina la reforma basada en el mercado, y el lema es ¡abajo el Estado!

En Estados Unidos ya vamos un paso más adelante. Vemos que la competencia excesiva, la desreglamentación descuidada y la falta de intervención estatal han llevado las cosas demasiado lejos. El péndulo se desplaza ahora en dirección opuesta y ya se vislumbra la reaparición del Estado. La elección presidencial de 1992 giró en torno a temas ideológicos, y no cabe duda de que Bush estaba a la defensiva: un decenio de demasiado "reaganismo" ha dejado al país endeudado, exhausto y desmoralizado. De aquí a diez años miraremos hacia atrás y veremos un período de reconstrucción centrado en una cabal concepción del Estado, en la correcta clase de cooperación entre el gobierno, la fuerza laboral y el empresariado, y en la necesidad de que el gobierno desempeñe un papel esencial en la búsqueda de soluciones a los problemas de la coordinación y la explotación de los factores externos. Para América Latina, el peligro es encontrarse en medio del fuego cruzado entre un tardío "reaganismo" y un prematuro "clintonismo" (para darle un nombre concreto y positivo a las nuevas ideas).

Algunos países latinoamericanos que no se han adentrado en la reforma, quizá nunca lleguen a pisar tierra firme. Observan los virajes de Estados Unidos y siguen sus pasos, abandonando la reforma antes de llegar siquiera a un modesto nivel de modernidad en sus economías y gobiernos. Otras naciones, concretamente México, ya han avanzado hacia un terreno intermedio más sólido, en el que la reforma y la concepción moderna del Estado van de la mano. En México los programas destinados a combatir la miseria son parte del programa del sector público; en cambio, los de infraestructura no necesitan serlo. Esta división de responsabilidades es extremadamente práctica y representa una ideología creativa que bien puede ser el barbecho de una sociedad estable y progresiva.

El buen Estado

Desde la amplia perspectiva del progreso económico, y desde la más estrecha de la contención y eliminación de la miseria, el buen Estado debe reunir cuatro características: una sana ideología, una sólida capacidad administrativa, instrumentos aptos y un decidido liderazgo.

Ideología. Una ideología económica, o dicho más suavemente, una filosofía económica, tiene dos objetivos. En primer lugar, es un medio para movilizar la sociedad en torno a una combinación de ideas esenciales y llegar a un consenso, el cual viene luego a constituir el cuerpo de principios orientadores que hacen funcionar a la sociedad. En segundo lugar, la ideología económica contribuye a calificar las medidas y las acciones, y a garantizar que ellas formen un programa coherente, y no solo un grupo de disposiciones aisladas y a menudo contradictorias.

¿Dónde podemos encontrar una buena ideología económica? No en Washington cuando gobernaba Bush, ni en Lima durante la presidencia de Alan García, ni tampoco, por supuesto, en Cuba. Un buen modelo es la "economía social de mercado" de Alemania.[1] En este modelo, se parte de la premisa de que el mercado es el principial organizador central, incluyendo la competencia. Pero también se reconoce en forma predominante que el mercado, por sí solo, no produce los resultados deseados en los tres aspectos señalados. En primer lugar, una economía de mercado no tiene que generar, ni automáticamente ni por sí misma, su propia competencia. Por el contrario, si se entregara en manos de las empresas, estas restringirían dicha competencia. Por consiguiente, se necesita la intervención estatal para garantizar la competencia.

En segundo lugar, el mercado no facilita una distribución del ingreso que sea socialmente aceptable. La intervención del Estado, por lo tanto, es legítima cuando se trata de equiparar la distribución del ingreso producida por el mercado, y una de las formas de hacerlo es aplicar un sistema tributario amplio, eficaz y progresivo. La educación, la salud y la estabilidad forman otra combinación de factores. La igualdad de oportunidades y, en cierta medida, de resultados, constituye no solo un precepto ético, sino una necesidad imperiosa porque cada vez son mayores las evidencias de que la excesiva desigualdad provoca el conflicto social, como sucedió en los disturbios de Los Angeles, por ejemplo. Si de hecho existe tal vínculo, quiere decir que la productividad y el rendimiento mismo exigen algún tipo de cohesión que ayude a moderar las desigualdades. En el pasado, solo se asignó énfasis a la fuerza motivadora de la igualdad visible y manifiesta: mayor remuneración por mayor rendimiento. Hoy existe otra corriente que tiende a reconocer los costos sociales de la desigualdad, cuando esta marginaliza a ciertos grupos y, al hacerlo, crea sus propios costos.

En tercer lugar, hay aspectos obvios para los cuales los factores externos justifican e incluso exigen la intervención pública. Pero,

---

[1] Véanse Wunsche (1992) y Richter (1979).

supuestamente, la intervención requiere una excusa aceptable y específica.

Capacidad administrativa. Generalmente se usa el subdesarrollo para justificar la falta de capacidad administrativa: el desperdicio, la holgazanería y la corrupción se aceptan, cuando no se disculpan, como parte de la cultura del subdesarrollo. Pero queda a la vista que los bajos niveles de ingreso per cápita no guardan una relación directa con una deficiente capacidad administrativa. Existen ejemplos que así lo demuestran, y los grandes cambios que están produciéndose en México o Argentina son una prueba de ello.

Hay dos principios que promueven especialmente la capacidad administrativa: la descentralización y la obligación de rendir cuentas. La descentralización desplaza el poder y la responsabilidad desde el centro omnipotente hasta un punto cercano a los usuarios o destinatarios de la gestión pública. Mientras más próxima al usuario o destinatario esté la administración, más fácilmente podrá esta reconocer necesidades y oportunidades específicas, y tendrá menor posibilidad de eludir la fiscalización directa y la obligación de rendir cuentas. La descentralización no solo fomenta la eficiencia, sino que también representa un importante avance hacia un eficaz control democrático del sector público. Así se elimina la dominación ejercida desde Buenos Aires o la ciudad de México, en favor de los estados o provincias, e incluso de las comunidades locales.

La obligación de rendir cuentas es la otra cara de la moneda. Los que ejercen el control y el poder deben también responder por el manejo que hacen de los asuntos públicos. La rendición de cuentas compensa la ausencia de un sistema regulador de los precios; donde no la hay surge la prebenda política, el despilfarro y la corrupción. En cambio, donde se exige responsabilidad, el público ejerce el control directo y de viva voz.

Pero es imposible edificar una capacidad administrativa eficaz en uno o dos años; se requieren varios años, y hasta una década entera. La nueva administración tributaria de México, o la de Argentina, son ejemplos concretos. Lo que sí sorprende es que, en breve plazo, pueden obtenerse resultados extraordinarios. Solía decirse que recaudar tributos en América Latina era contrario a la cultura, pero México y Argentina han demostrado lo opuesto: en realidad, la población no solo paga sus impuestos, sino que, en su gran mayoría, piensa que es razonable hacerlo.

Instrumentos. Hay tres instrumentos especialmente aptos para combatir la pobreza: la estabilidad macroeconómica, los programas de salud en gran escala y un plan educacional de amplia base.

La estabilidad macroeconómica constituye un factor clave. Sin ella, y especialmente tras la experiencia de los programas populistas, los cortes drásticos en los salarios reales y en los empleos empujarán a grandes segmentos de la sociedad hacia la miseria. Perú, durante el gobierno de Alan García, fue un ejemplo de esto, y hay otros demasiado numerosos para mencionarlos.[2] Obviamente, la recaudación tributaria es el primer paso hacia la estabilidad macroeconómica. Un tipo de cambio real estable es el segundo ingrediente esencial. Sin el primero, se abre el camino hacia la inflación y finalmente la inestabilidad financiera; sin el segundo, la fuga de capitales provoca la crisis en el mercado cambiario y se derrumban los salarios reales.

La salud y la educación son las otras dos prioridades. Lo esencial en este sentido no es concentrarse en universidades y clínicas lujosas, dotadas de la última tecnología médica, sino en escuelas primarias, donde la cosecha será buena, y en el envío de enfermeras a lugares estratégicos, para que enseñen a la población los rudimentos de la salud y la higiene. Bastante se ha escrito como para dejar esto bien en claro, pero en general está haciéndose demasiado poco para transmitir este conocimiento a quienes tienen la facultad de decidir.

Liderazgo. En países en los que los factores fundamentales están básicamente en su lugar, como por ejemplo Suiza, no se necesita un gran liderazgo político; en realidad, si lo hubiera sería motivo de preocupación. Pero en América Latina no existe actualmente país alguno que pueda pretender salir de los aprietos de los años ochenta limitándose a marcar el paso y tratar de avanzar hoy un poco más que ayer. Los cambios que deben hacerse son grandes, y generalmente difíciles e impopulares.

Se requiere, pues, un liderazgo político de inusitada calidad, que pueda producir la chispa, encender la antorcha y llevar adelante la reconstrucción y la edificación del Estado moderno. Hoy ya se ve un liderazgo nuevo y brillante en algunos países de América Latina. Hace pocos años se les llamaba tecnócratas; hoy se les considera estrategas y quizás pronto se les reconocerá como los que forjaron la transformación del siglo.

Pero finalmente se les tendrá por fracasados, si sus empeños por alcanzar la modernización económica no transcienden la estabilidad financiera para concentrarse directamente en la pobreza, que es el problema más grande y apremiante de América Latina. Los economistas saben que existen soluciones para la miseria y que las soluciones eficaces no producen alivio instantáneo porque necesitan

---

[2] Véase Dornbusch y Edwards (1991).

tiempo para consolidarse. El país que decida actuar podrá abolir la pobreza; pero la mitigación de la miseria no debe lograrse a costa de otros objetivos.

Javier Iguiñiz

Lo primero que querría recordar o introducir es un asunto relativo a la conciencia que existe de este problema, tema que ha sido mencionado varias veces durante este seminario. Querría plantear una cronología que no sé si es totalmente estricta en lo que a su sucesión temporal se refiere, pero que creo que es útil para indicar que la sensibilización frente al problema está siendo muy lenta. De ahí, entre otras razones más técnicas, la importancia de esta reunión.

A propósito de los primeros programas de estabilización, se dijo que las preocupaciones respecto de la pobreza eran infundadas debido a que no existían evidencias de que estuviera generándose un problema, simplemente no había información. Después se dijo que el perjuicio causado era evidente, pero de corto plazo. Posteriormente, se reconoció que era de corto y mediano plazo, pero que el aumento de la pobreza era inevitable en los procesos de estabilización y que la responsabilidad estaba en las políticas del pasado. Más recientemente, el argumento anterior se ha complementado con otro que afirma que, efectivamente, hay un incremento de la pobreza, pero que lo adecuado no es comparar el aumento de un período a otro, sino con el que hubiera habido de no haberse estabilizado la economía o de no hacerlo con el programa correcto. En otros términos, la situación sería aún peor si no existiera el tipo de ajuste al que se acusa de haber generado más pobreza. Por último, están adelantándose hipótesis de que a fin de cuentas la política económica no tiene responsabilidad en materia de aumento de la pobreza, porque los factores políticos extraeconómicos son los exógenos en este asunto y tanto la inflación como la caída del salario real son simples consecuencias de esta influencia exógena sobre la política económica. No cabe duda de que estas argumentaciones cada vez más sofisticadas tienen algo de razón y sentido lógico. También es evidente que en muchos casos la defensa de la política económica frente a la acusación de los efectos empobrecedores que produce su aplicación resulta prioritaria respecto de la defensa de las condiciones de vida de la población.

El problema de la sensibilización frente al deterioro de las condiciones de vida de nuestras mayorías, y el del adecuado orden de prioridades que le sigue, figuran todavía en la agenda de la lucha contra la pobreza.

¿A qué llamamos "lo social"?

Mi segundo punto en esta búsqueda de agendas para la acción se refiere a qué llamamos "lo social", y efectivamente, como el señor Macedo recordó antes, creo que es necesario juntar las piezas de la política económica general en donde lo social es crucial. Yo diría que las piezas más evidentes en la actual experiencia latinoamericana son cuatro.

• Es evidentemente "social" el problema de la propiedad y de la reorganización de las entidades públicas y privadas. Precisamente para eso está el llamado ajuste estructural que hoy toma básicamente la forma de desreglamentación, privatización, etc. El punto relevante para nuestro objetivo es preguntarse: ¿qué efecto tiene dicho ajuste sobre la pobreza y la equidad? ¿Concentra o desconcentra propiedad? ¿Reduce o aumenta la participación? ¿Contribuye a la difusión del conocimiento tecnológico? Creo entonces que es crucial en la agenda contemporánea analizar la calidad de la privatización, la descentralización regional de la privatización, la difusión o no de la propiedad que resulta de esa política, etc. En este tema, la privatización por ejemplo no puede ser vista exclusivamente como la manera de obtener recursos fiscales, cosa que no es definitivamente la razón que debe justificarla. El ajuste estructural tiene su razón de ser en una opción de desarrollo a largo plazo y desde ese criterio debe ser evaluado explícitamente. Si a la vez provee recursos, bienvenidos sean. Esa evaluación, hasta ahora, es implícita o muy cargada ideológicamente.

• La propia política de estabilización antiinflacionaria es una política social, pues afecta los derechos de los agentes a un cierto ingreso actual y futuro. Además, la estabilización influye o puede influir decisivamente en el valor económico del capital físico y financiero de los individuos. En otras palabras, genera una retroalimentación sobre el problema de la propiedad, porque la propiedad no es solo una cuestión física o monetaria, sino una cuestión de "cuánto vale" lo que se posee, y ello depende de la política económica. La interacción entre la política de ajuste estructural y la de estabilización es mayor de lo que suele suponerse, y lo social está muy presente en ambas. Si se distribuye o simplemente se legaliza la propiedad, ¿se está valorizando al mismo tiempo por medio de la política de estabilización? Es ampliamente conocida la estatización de "elefantes blancos" en el pasado; hoy puede ocurrir que la privatización de un recurso esté acompañada de una política que le quite gran parte o todo valor económico. Después de todo, la estabilización tiene un efecto de reestructuración productiva. ¿Cómo hacemos el balance social de estos complejos procesos?

- Son sociales los servicios que se relacionan con actividades o funcionamientos básicos como la educación, la salud, la vivienda, etc. Aquí ya entramos a la acepción más tradicional y restringida del término "social". En este campo, la investigación ha avanzado bastante y se nota un refinamiento en el diagnóstico de los problemas y en el diseño de las políticas. La relación con los dos niveles anteriores resulta también cada vez más evidente. Por ejemplo, la capacidad para generar empresas o elevar la productividad y la producción parecen estar muy asociadas a estas políticas. Mayor razón, sin duda, para que esta dimensión de lo social figure en la agenda.
- También llamamos sociales a los programas de emergencia o de compensación social. En este caso estamos en la etapa de estudio de experiencias nacionales o regionales y en su sistematización. Falta mucho camino por recorrer, pero el avance logrado no es solo técnico sino moral, pues tiene el mérito de colocar a la reducción de la pobreza en el primer plano y de medir la eficacia de las acciones sobre la base de dicha reducción. Hay así menos propensión a invertir el orden de prioridades.

En resumen, lo social tiene varios planos que no pueden desvincularse y que si son correctamente enfocados se influyen mutuamente. Establecer esas relaciones es un punto de la agenda.

Cadena estabilidad - crecimiento - pobreza

En tercer lugar, deseo referirme a esta famosa cadena acerca de la cual, además, hemos estado discutiendo durante el seminario. Se supone en cierta medida que la resolución de la pobreza tiene como requisitos previos a los dos primeros temas aquí tratados. El panorama que parece surgir de la reunión, y quizá aquí hago una evaluación personal, me parece muy preocupante y requiere urgente atención. Por un lado, la estabilización está asociada al aumento de la pobreza. Por el otro, el crecimiento no asegura la "filtración hacia abajo", como se ha reconocido varias veces. Es posible que haya que complementar la estabilización con el ajuste estructural, pero también se ha dicho con mucho énfasis en la reunión, que el ajuste estructural también tiene sus propios costos en términos de pobreza. El nexo entre la estabilidad y el crecimiento es poco conocido, y el crecimiento es poco eficaz. Cómo reducir el efecto-pobreza de la estabilización y cómo elevar el del crecimiento constituye un problema crucial de investigación.

Muchas veces, la comprensión de "lo social" en contraposición con los dos últimos niveles de política que indicamos en nuestro segundo punto, oculta la labor que todavía es preciso llevar a cabo sobre la relación entre ajuste estructural y estabilización por un lado, y aumento de la pobreza por el otro. Un ejemplo del tipo de tema que sigue en la agenda es el que señaló Eliana Cardoso y que se relaciona con una afirmación de gran trascendencia: "la inflación es el peor impuesto de todos porque afecta en mayor medida a los más pobres". Un supuesto que subyace aquí es que cuanto más rico es el individuo más líneas de defensa tiene contra la inflación: por la naturaleza de su propiedad, sobre todo la financiera. Pero ¿qué pasa con el que no tiene ahorros cuando analizamos el efecto impuesto de inflación? No solo los más pobres tienen pocas reservas de dinero acumulado, sino que tengo la impresión de que muchos viven endeudados con el bodeguero de la esquina, que a su vez también lo está con el mayorista, o con miembros más adinerados de la familia o del vecindario o de algún organismo asistencial. Es probable que sus ingresos siempre estén rezagados en el tiempo y en su magnitud con respecto a sus gastos y que la deuda aumente hasta el próximo golpe de suerte o hasta la recuperación de la economía. Quizá esos pobres están recibiendo un subsidio como consecuencia del nivel de inflación existente. Habría que analizar más el punto, pero es efectivamente muy probable que el ahorro forzoso por deterioro del salario real —que depende en gran medida de las variaciones de la inflación— sea el que más impacto empobrecedor tiene.

La inflación no afecta en la misma forma a las reservas de dinero que a las propiedades. En los pueblos jóvenes de Perú, por ejemplo, la propiedad efectiva de terrenos y casas debe ser mucho más importante que la acumulación de ahorros en dinero, de manera que analizar el efecto de la inflación sobre las diversas carteras del mundo popular es un asunto de gran importancia.

Otro ejemplo de la necesidad de investigar esta relación estabilización-pobreza se relaciona con la pobreza en el mundo rural. Se supone, en algunos marcos teóricos, que el aumento del tipo de cambio real mejora los términos de intercambio para el agro. Se supone también que si los precios mejoran para el agro, también mejora la situación económica del campesino. ¿Es cierto? ¿Qué porcentaje de campesinos en América Latina son compradores netos de alimentos? Si la mayor parte de los campesinos son minifundistas y "sin tierras" o asalariados, la mejoría de los términos de intercambio para el agro podría estar deteriorando irreversiblemente las condiciones de vida de un sector ya extremadamente pobre. No parecen existir análisis de la estructura social agraria que sean pertinentes para estudiar este problema de la estabilización. Un tema similar surge cuando se relaciona al crecimiento con la pobreza.

Conclusión

En cuarto lugar, creo que la preocupación por la pobreza tiene que alterar el significado, el diseño y la puesta en práctica de la estabilización y del ajuste estructural, del mismo modo que está empezando a alterarlos en el caso de las políticas sociales y de emergencia. No podemos suponer que el ajuste estructural, la estabilización, la política social o la de emergencia tienen cada una por su parte una lógica exclusivamente propia y totalmente autónoma del resto. La cultura que supone que al todo se llega a través de las partes es excesivamente dominante en este caso y debe complementarse con la que toma más en cuenta la concepción global de los problemas. En América Latina hemos pasado demasiado pendularmente de una visión globalista e impráctica de las cosas a una fragmentación extrema de la aproximación a problemas como, por ejemplo, el de la pobreza. Sin duda, hay que evitar la pérdida que significa no tomar en cuenta el rigor del especialista, pero también la incomunicación entre las partes. Mi punto ahora es que si cada ortodoxia o heterodoxia en cada uno de dichos planos de la política hace bien su trabajo, no hay garantía, como sugerimos antes, de que el problema de la pobreza se enfrente eficaz y eficientemente.

Por último, quiero hacer una apreciación extraeconómica que empalma con el primer punto de mi presentación y que debe servir de trasfondo a lo ya indicado. La concepción dominante del problema inflacionario es que los derechos económicos de las mayorías son peligrosos. Así, cuando las mayorías presionan para acceder a ellos se quita autoridad y firmeza a los gobiernos estabilizadores y, a largo plazo por lo menos, reducen los incentivos para invertir y crecer. Mientras esa concepción sea la principal, no hay mucho que hacer en materia de políticas contra la pobreza. Los programas sociales tienen por finalidad evitar, consciente o inconscientemente, ese *empowerment* social, término que parece imposible traducir bien al castellano, y que a mi juicio es fundamental para el éxito de los programas contra la pobreza, incluso de aquéllos en el sentido restringido al que aludimos antes. Esa delegación de responsabilidades —y de poder— permitiría descentralizar, otorgar autoridad y confiar en las organizaciones como condición de eficacia y de legitimidad internacional y nacional de esos programas sociales. Pero creo que también establecería un constructivo equilibrio entre las temidas demandas sociales y la asunción de responsabilidades por parte de la población. Permitiría colocar mejor en el centro de la cultura a una ética del trabajo frente a la cultura rentista que invade todos los sectores sociales de nuestros países y también frente a la versión financiero-especulativa que ha adquirido legitimidad en los últimos años. Al final, la estabilidad de las reformas estructurales en el campo de la propiedad dependerá de una legitimidad que se gana con inversión y generación de empleos y no de la legitimación del derecho a ser propietario y rico con cualquier medio. Creo que ese problema político, o quizá cultural, en la concepción básica sobre estabilización o sobre reforma estructural —esto es, que los derechos de las gentes sean vistos sin mayor discriminación como peligrosos para el déficit fiscal, para la autoridad del Estado o para los incentivos a la producción privada— es un muro fatal. Si no se supera este escollo no habrá una gran posibilidad de ver el problema de la pobreza en los planos que requiere. Tampoco existirá la creatividad necesaria en el diseño de los programas sociales estrictamente considerados ni se reconocerá la creatividad de muchos de los que existen impulsados por la propia población.

BIBLIOGRAFIA

de Soto, H. 1986. *El otro sendero: la revolución informal*. Lima: Editorial El Barranco.

Dornbusch R. y Edwards S. 1991. *The Macroeconomics of Populism in Latin America*. Chicago: University of Chicago Press.

Richter, R. 1979. *Currency and Economic Reform: West Germany After World War II*. Edición especial del Zeitschrfit für die Gesamte Staatyswiussenschaft. (135).

Wunsche, H. F. 1992. *Standard Texts on the Social Market Economy*. Nueva York: Gustav Fischer.

INDICE TEMATICO

A

Abugattás, J., 209
Ahluwalia, M. S., 33
Ajuste antiinflacionario (AA), 13-15
Ajuste de cambio externo (ACE), 13-15
Ajuste estructural
  Argentina, Costa Rica y Venezuela: aumento de la incidencia de la pobreza durante el, 18
  Costa Rica: efecto del largo plazo del, 22
  costos del, 102-3
  costos en la nueva teoría del crecimiento, 171-72
  efecto sobre el desempleo y los salarios reales, 189-90
  efecto sobre la pobreza de las medidas de, 161-63
  efecto sobre los pobres de los programas de, 154-55
  impacto distributivo, 62-64
  reducción de la pobreza durante, 11
  relación con la pobreza, 12-15
Alesina, A., 162n29
Altimir, O., 35, 39, 47, 54, 65, 66, 67, 68
Alvarez, C., 16, 17c, 20c, 23c, 24, 136
Anderson, R. W., 103
Apertura económica
  Corea, 186-89
  efecto sobre la pobreza, 194
  efecto sobre los ingresos, 179-81
  en Chile, 183-86

Aranceles
  Chile: niveles con el progreso de liberalización, 183, 185
  Corea: reducciones con el proceso de liberalización, 186
  efecto de la integración y reducción de los, 176-78
Argentina
  distribución del ingreso, 34-38
  evolución de la pobreza, 40, 45, 48-50, 60-61
Ascarza, I., 204
Atkinson, A., 118n3, 119nn4,6

B

Bacha y Taylor, E., 38n6
Banco Interamericano de Desarrollo (BID), 208
Banco Mundial, 86n2, 119n5, 137n19, 142n25, 201, 202
Barreras al comercio exterior, Chile, 183
Beccaria, L. A., 59
Beneficiarios, Bolivia, 204
Bernedo, J., 210
Bevan, D., 102n12
Bienes
  comparación entre el sector informal y el sector moderno, 90-101
Bolivia
  empresas privadas, 203
Bourguignon, F., 168
Brasil
  distribución del ingreso, 34, 36-38

evolución de la pobreza, 40, 48-51, 60-61
programas contra la pobreza, 138, 139

C

Camargo, J., 123n10
Capital humano
    con la apertura económica, 179-81, 199
Cardoso, E., 118n2, 123n10
Castañeda, T., 145-46
CEPAL (Comisión Económica para América Latina y el Caribe), 47, 60, 61, 67, 69, 70, 201
Chile
    como el ejemplo auténtico de liberalización, 181-86
    distribución de los ingresos, 34, 36-38
    el precio del cobre, 184
    evolución de la pobreza, 41, 48-50, 60-61
    la pobreza crítica como porcentaje de la población, 153
    programas contra la pobreza, 138, 145-47, 155-57
Coeficiente Gini
    en Macondo, 121-22
Collier, P., 102n12
Colombia
    distribución de los ingresos, 34, 36-37, 39
    evolución de la pobreza, 41, 48-50, 60-61
    programas contra la pobreza, 139-40
Comercio exterior
    costos de la liberalización en la perspectiva tradicional, 171
    efecto de la liberalización del, 168
    en la nueva teoría del crecimiento, 171-72
Compensación social
    a los pobres por el costo del ajuste, 203
    impacto, 203-4, 209

Competitividad
    Corea: la estrategia de libre comercio, 188
Consumo
    necesidad de los más pobres de programas de, 156
Coplamar, 122
Corden, W. M., 103
Corporación de Investigaciones Económicas para Latinoamérica (Cieplan), 146
Costa Rica
    evolución de la pobreza, 42, 48-50, 60-61
Costa Romão, M., 120c
Costo social
    Chile: del desempleo durante los años setenta, 171
Cox Edwards, A., 133g, 134g, 135n18, 183
Crecimiento económico
    Corea: con liberalización, 187
    efecto de la integración y reducción de los aranceles en el, 176-78
    efecto en la reducción de la pobreza, 10-11
    problemas de, 11
    regular y estable, 224
Crecimiento endógeno
    en la nueva teoría del crecimiento, 171
    en la perspectiva tradicional, 170-71
    esquema de un modelo de, 172-76
    la distribución del ingreso en un modelo de, 178-81
Crisis económica
    cambios cualitativos, 205
Crisis macroeconómica
    Corea, 187, 188

D

Dancourt, O., 205
Datt, G., 120c, 123
de Janvry, 55, 56, 57, 68
de Melo, J., 168

de Soto, H., 233
de Tray, D., 139n22
Desempleo
  Chile
    antes y después del proceso de liberalización, 172
    en la primera y segunda fase del proceso de liberalización, 184-85
  Corea: con liberalización, 187
  durante los años de estabilización, 138-39
Desigualdad social durante los años ochenta, 57-60
Deuda externa
  con depreciación del tipo de cambio, 85
  Corea, 187, 188
Discriminación racial, 195-96
Distribución del ingreso
  Chile: con la liberalización, 185
  disparidades en los patrones de, 32-39
  efecto de los programas para reducir la inflación, 159-61
  efecto del sector informal sobre la, 88
  el efecto de la inflación sobre la, 158-59
  en un modelo de crecimiento endógeno, 178-81
  factores en la, 111-12, 169
  régimen tributario óptimo, 107
Dornbusch, R., 85n1, 124n11, 137, 233-38
Drazen, A., 157-61, 162n29
Drèze, J., 142-43, 202

E

Easterly, W., 129c
Educación
  Chile: como inversión en capital humano, 185
  como un servicio social básico, 212
  efecto de los bajos niveles de, 194-95
  los programas para los pobres en Chile y Colombia, 156
  papel en la reducción de la pobreza, 142
Edwards, S., 85n1, 124n11, 183, 237n2
Empleo
  en el sector agrícola, 54-56
  en el sector informal, 87-90
  en programas del sector público, 209-12
  evolución en el sector agrícola y no agrícola del (1950-80), 52, 54-56
Empresas pequeñas
  en el sector informal, 87
  los pobres en, 194-95
Empresas privadas, Bolivia, 203
Engel, E., 103
Escobal, J., 87n4
Estabilización
  efecto de los programas de, 159-61
  impacto de la, 137-47
Exportaciones
  Chile: ante el proceso de liberalización, 184
  Corea: con liberalización, 187
  subsidios durante la década de 1950, 186

F

Factores de producción, pequeños productores, 195
Faini, R., 137n19
Fields, Gary, 10n1, 201
Figueroa, A., 57, 204, 210
Fischer, S., 137
Fishlow, A., 38n6
Fondo de Compensación y Desarrollo Social (FONCODES), Perú, 203-5
Fondo de Desarrollo Social, Venezuela, 203
Fondo de Emergencia Social (1986), Bolivia, 203-4, 219
Fondo de Inversión Social, Honduras, 203

Fondo Monetario Internacional, 137n19
Foster, J., 2, 119n6
Fox, M. L., 21n4, 123
Frente del Trabajo del Nordeste, Brasil, 210
Fuente de datos
    para la interpretación del desarrollo de los países latinoamericanos, 31-32
Fuerza de trabajo, el sector informal, 88

G

Garraty, J., 211
Gastos fiscales
    carácter redistributivo de los, 105-7
    reglas sobre normas de gasto óptimo, 103-5
Gastos sociales
    Chile, 145-47, 155-57
    como inversión, 207-8
    financiamiento, 213-14
Giambiagi, F., 123n10
Gilbert, C. L., 103
Glewwe, P., 139n22
Gobierno
    Chile: papel en la educación, 185-86
    efecto de compras de bienes del sector informal, 96-97
    gasto en los sectores moderno e informal, 93-95
    influencia en la distribución del ingreso, 112
    papel en la modificación del sistema tributario, 107
    papel en los programas de empleo público, 211-12
Grootaert, C., 142
Grupos industriales, Corea, 188
Gunning, J., 102n12

H

Hanson, G. H., 181n2

Hausmann, R., 87, 89, 103, 104
Helleiner, G. K., 137n19
Helwege, A., 118n2, 123n10
Herz, B., 142n24
Histéresis, 196
Hoffman, R., 38n8, 59
Hoffmann, H., 120c
Hofman, A., 54

I

Iguiñez, Javier, 238-43
Importaciones
    Corea: con liberalización, 186-87
    liberalización del comercio exterior, 170-71
Impuesto de inflación
    cálculo del, 125-29
    carácter regresivo del, 129-32
    efecto del, 117
Impuestos
    sobre la renta del capital, 95
    sobre la renta del capital y del trabajo, 95-96
    sobre los bienes del sector moderno, 90-101
Incertidumbre
    costo social de las cuentas fiscales, 103
    del ingreso fiscal, 86-87
Indices de pobreza
    Brasil,
    120-24
    por hogar, 119-20
    diferencias entre los, 121-22
    elasticidad con respecto al nivel de ingreso, 11
    México, 122-23
Indigentes, 152
Inflación
    brotes durante la década de 1980, 124
    costo de, 132-36
    efecto sobre la distribución del ingreso, 158-59
    efecto sobre la pobreza, 153-54, 208
    el impuesto regresivo de, 129-32

impuesto de, 124-26
influencia sobre la pobreza, 117-18, 124
Ingreso
crecimiento y desigualdad, 33-39
efecto de los shocks externos sobre el ingreso real, 106
el efecto del ajuste en Argentina, Costa Rica y Venezuela, 18-21
"señoreaje", 125n13
Véase también Distribución del ingreso
Ingreso per cápita
aumento en Costa Rica y Brasil, 10
como determinante del nivel de pobreza, 25
en el sector informal, 88
Inversión privada
con la inflación y la recesión, 208
relación con la pobreza, 207, 222
Inversiones
Chile
en capital humano, 185
programas para los pobres, 156
gastos sociales como, 207-8

K

Kim, K. S., 186
Klein, E., 210
Kuznets, S., 32

L

Langoni, C. G., 38n6
Larraín, F., 102n12, 152-57
Larrañaga, J., 87n4, 88n6
Levy, S., 122
Liberalización del comercio exterior
Corea, 186-89
el ejemplo de Chile, 183-86
Lindauer, D. L., 189
Línea de pobreza
definición de la, 119
población bajo la, 4-9
Liuksila, C., 140

Londoño, J., 39n10, 57n25, 82-84, 140n23
López, R., 193-96
Lucas, R. E., 98n11
Lustig, N., 59, 61, 77-81, 122n9, 144n26

M

Macedo, R., 217-20, 227-33
Malan y Wells, P., 38n6
Mano de obra calificada
Chile: diferencia con la no calificada, 185
con la liberalización del comercio exterior, 178-81
Corea: retribución de la, 188-89
en la reducción de la pobreza, 168-69
Marchant, T., 142
Márquez, G., 87n4, 88n6, 89, 96
Meller, P., 103, 147
Mercado laboral dual, 87-90
México
distribución del ingreso, 34, 36-37, 39
evolución de la pobreza, 42, 48-51, 60-61
los programas de alivio a la pobreza, 164-65
programas contra la inflación y la pobreza, 138, 142-44, 162-65
Mezzera, J., 86n3
Ministerio de Planificación y Cooperación de Chile, 146
Modelo del sector informal
Cobb-Douglas función de producción, 90-92
los hogares, el gobierno, y el sector externo, 92-93
resolución del, 94-95
Montenegro, S., 89
Moreno, A., 140n23
Morley, S., 16, 17c, 20, 21n4, 23c, 24, 123, 136
Morrison, C., 168
Mortalidad
Chile: disminución de la tasa de

mortalidad infantil, 156
los programas en la reducción de la tasa de mortalidad infantil, 142-47
Mujeres con la educación, 142
Mujica, R., 87n4, 88n6
Musgrove, P., 212, 220-26

N

Newman, J., 143, 203
Niveles de vida (1970-1980), 140

O

Obras públicas, 210-11
Ortiz, G., 163n31

P

Panamá, 43, 48-49, 60-61
Perú
  distribución del ingreso, 34, 36-39
  evolución de la pobreza, 43, 48-50, 60-61
Petrecolla, A., 197-99
Pfeffermann, G., 142n25
Población
  Argentina: efecto de la recesión en subgrupos de la, 16-18
  Venezuela: efecto de la recesión en subgrupos de la, 16-18
Pobres
  costo del ajuste sobre los, 102-3
  diferencias dentro de los grupos, 152-53
  en el sector informal, 193-94
  sin acceso al crédito, 195
  sin educación básica, 194-95
Pobreza
  aumento durante la década de 1980, 60-61, 124-26
  Chile
    con el proceso de liberalización, 184
    porcentaje de la población en situación de, 153
  Costa Rica
    efecto de la recuperación económica en el aumento de la, 22-24
    con la recesión en Argentina y Venezuela, 16-18
  definición de la, 118-19, 152-53
  diferencia durante la recesión en los sectores rurales y urbanos, 12
  durante los años de estabilización, 138
  efecto de la liberalización del comercio exterior en la, 168
  efecto de las recesiones en el nivel de, 11-12
  efecto del crecimiento económico en la, 10-11
  efecto sobre la estabilidad social, 207
  efectos de la inflación sobre la, 153-54, 158-59
  efectos de las medidas de ajuste sobre la, 161-63
  en un modelo de crecimiento endógeno, 178-81
  evolución de la (1970-1990), 40-46, 48-51
  los problemas reales de la, 1, 220-26
  los programas contra la, 142
  mediciones de incidencia de la, 46-47, 118-19
  México
    índices de, 122-23
    los programas de alivio de la, 164-65
  número de personas en condiciones de pobreza extrema, 101-5, 201
  Perú: efecto del shock económico, 204-5
  recomendaciones para aliviar la, 196
  reducción durante el ajuste estructural, 11
  relación entre la inversión privada y la, 207
  Véase también Indices de pobreza

Pobreza rural
  evolución de la, 51-54
Política fiscal
  carácter redistributivo del gasto fiscal, 105-7
  Corea, 188
  régimen tributario con el sector informal, 86-90
  requerimientos para el equilibrio de la, 93
Política industrial, Corea, 187-88
Política macroeconómica, Corea, 188
Política social
  compensación a los pobres por el costo del ajuste, 203
  el papel en la formación de una base social, 207
  oferta de servicios básicos, 212
Powell, A., 103, 104
PREALC (Programa Regional de Empleo de América Latina y el Caribe), 61, 68, 86n3, 202, 210
Precios
  del cobre en Chile, 184
  de los bienes en el sector informal y moderno, 90-101
Productos manufacturados, Corea, 187
Programa de Apoyo al Ingreso Temporal, Perú, 210
Programa de Empleo de Jefes de Hogar, Chile, 210
Programa de Empleo Mínimo, Chile, 210
Programas sociales
  en Chile, 156
  necesidad de los programas para los pobres, 137
  para resolver el problema de la pobreza, 155-57

R

Ravallion, M., 2, 16n
Ravallion y Datt, 120c, 123
Ravallion y Huppi, 16
Recesión
  efecto en el nivel de pobreza, 11-12, 208
  Argentina y Venezuela: efectos en los diferentes subgrupos, 16-18
Recuperación económica, Costa Rica, 22-24
Reformas, impacto distributivo, 62-64
Régimen tributario
  consecuencias de la presencia del sector informal en el, 86-90
  efecto de la dualidad del mercado de trabajo sobre el, 87-90
  evasión en el sector informal, 88
  progresivo versus regresivo, 105-6
  redistributivo óptimo, 97-101
Restricciones cuantitativas, Corea, 186
Richter, R., 235n1
Riesgo transferible, 103-4
Rigobón, R., 103, 104
Rivera-Batiz, L. A., 176, 177
Rocha, S., 123
Rodríguez, G. J., 53
Romer, P. M., 176, 177

S

Sachs, J., 163n30
Salarios reales
  Chile: con el proceso de liberalización, 184-85
  como determinantes del nivel de pobreza, 25
  con la liberalización del comercio exterior en la perspectiva tradicional, 171
  Corea
    con liberalización, 187
    de los trabajadores calificados, 188-89
  en la nueva teoría del crecimiento, 171-72
  impacto de la inflación sobre los, 117-18, 158
  reducción con inflación de los, 132-36

Salud
  como un servicio social básico, 212
  con la reducción del ingreso, 196
Sanfuentes, A., 38n9
Schimidt-Hebel, K., 129c
Sector agrícola
  crecimiento, productividad y empleo, 54-56
Sector informal
  efecto sobre la estructura tributaria óptima, 86
  los trabajadores en, 87-90, 193-94
  modelo con dos sectores de producción, 90-101, 112-15
  definición del, 87
  Véase también Modelo del sector informal
Sector moderno, 90-101
Sector público
  programas de obras públicas, 210-11
  Chile: ineficiencias en, 157
Sector rural
  con crecimiento, 11
  evolución durante la década de 1970 de la pobreza en el, 51, 53-54, 60-61
  la pobreza durante la recesión en, 12, 18, 26
Sector urbano
  aumento durante la década de 1980 de la pobreza en el, 48-49, 60-61
  crecimiento económico acelerado en el, 10-11
  la pobreza durante la recesión en, 12, 18, 26
Selowski, M., 102n12
Sen, A., 66, 119n6, 120, 142-43, 202
Sendero Luminoso, Perú, 206
"Señoreaje" ingreso, 125n13, 126, 129
Servicios básicos, 212
Shock económico
  efecto sobre el ingreso real, 106
  Perú: compensación social por el costo del ajuste del, 203-5
Sistema de transferencia directa, 107

T

Tanzi, V., 100, 111-15
Tipo de cambio (depreciación), 85
Tokman, V., 86n3, 87n5
Townsend, A., 67
Trabajo
  impuestos sobre la renta del, 95-96
  tipos con la liberalización del comercio exterior, 169

U

Urrutia, M., 140n23
Uruguay
  distribución del ingreso, 34, 36-37, 39
  evolución de la pobreza, 44, 48-49, 60-61

V

Valor agregado, 96
Venezuela
  distribución del ingreso, 34, 36-37, 45
  evolución de la pobreza, 44-45, 48-51, 60-61
Violencia, 206

W

Werner, M., 161-65
World Development, 137n19
Wunsche, H. F., 235n1
Wurgaft, J., 210

X

Xie, D., 177